보이는
모든 것을
의심하라

Perplexing Paradoxes by George G. Szpiro

Copyright © 2024 Columbia University Press

All rights reserved.

No part of this publication may be used or reproduced in any form or by any means without written permission except in the case of brief quotations embodied in critical articles or reviews.

Korean Translation Copyright © 2025 by Hyeonamsa Publishing Co., Ltd

This Korean edition is a complete translation of the U.S. edition, specially authorized by the original publisher, Columbia University Press.

이 책의 한국어판 저작권은 BC에이전시를 통해
저작권자와 독점계약한 현암사에 있습니다.
저작권법에 의해 보호를 받는 저작물이므로 무단 전재와 복제를 금합니다.

PERPLEXING PARADOXES

보이는 모든 것을 의심하라

상식과 통념을 부수는 60개의 역설들

조지 G. 슈피로 지음 | 이혜경 옮김

현암사

함께 여정을 걸어가고 있는 노가와 우리엘, 그대들에게 이 책을 바친다. 모험으로 가득 찬 인생길을 헤쳐 나갈 때, 이 책의 역설들이 그대들에게 영감을 불어넣고 상상력의 꽃으로 피어나기를 바라며.

차례

서문   12

1장 일상의 수수께끼
바보 같지만 놀라운 역설 이해하기

1   **내 친구들이 나보다 인기가 많다:** 우정의 역설   23
2   **고도를 기다리며:** 엘리베이터 역설   28
3   **행복의 추구:** 쾌락주의의 역설   34
4   **팁, 지금 지불해야 할까 아니면 나중에 지불해야 할까?:** 좋은 서비스의 역설   39
5   **운동으로는 살을 뺄 수 없다:** 운동의 역설   46

2장 언어는 까다롭다
중요한 것은, 당신이 말하는 바가 아니라 그들이 어떻게 듣느냐이다

6   **만족할 수 있는가, 아니면 만족할 수 없는가?:** 모건베서의 이중 부정   55

7	친숙하다고 믿지 말라: 가짜 동족어	61
8	야누스 단어: 동어 반의어의 역설	67
9	5음절Pentasyllabic은 다섯 음절로 이루어져 있다: 그렐링-넬슨의 역설	75
10	장미는 장미는 장미다: 랭퍼드-무어의 역설	82

3장 거짓말 같은 진실
해피엔딩이 전부는 아니다

11	누가 범인인가? 바로 그다!: 서스펜스의 역설	91
12	슬픔에 탐닉하기: 비극의 역설	98
13	감동으로 눈물이 흐르다: 허구의 역설	103
14	인용 부호가 숨기고 있는 비밀: 콰인화의 역설	110
15	남은 오류가 있다면, 그것은 모두 내 책임이다: 서문의 역설	117

4장 수학적으로 생각하라
숫자는 거짓말을 하지 않는다? 허튼소리!

16	쟁반에서 초콜릿 고르기: 선택 공리	127
17	길게 늘어진 소수점 이하 반올림하기: 0.999…	135
18	램프는 켜져 있을까, 아니면 꺼져 있을까?: 톰슨의 램프	142
19	무작위는 무작위가 아니다: 난수의 역설	149
20	0이냐 1이냐? 그것이 문제로다: 그란디의 역설	157

5장 물리학적으로 사고해보자

움직이지 않으면, 아무 일도 일어나지 않는다
_알베르트 아인슈타인

21 밤하늘이 어두운 이유는?: 올베르스의 역설   165
22 가운데로 모이다: 찻잎의 역설   171
23 젓지 말고, 흔들라! 브라질너트 효과   177
24 차갑게, 더 차갑게: 음펨바의 역설   182
25 빨아들일 것인가, 아니면 내뿜을 것인가?: 스프링클러의 역설   188

6장 확률의 가능성

바로 거기서 통계가 출현한다

26 캐딜락이 나올 것인가, 아니면 염소가 나올 것인가?: 몬티 홀의 역설   197
27 치료해야 하는가, 아니면 치료하지 말아야 하는가?: 심프슨의 역설   203
28 전체론적 접근법: 두 봉투의 문제   210
29 은화와 금화?: 베르트랑의 확률 역설   217
30 남아 출생률은 50% 이상인가?: 린들리의 역설   222

7장 자유분방한 철학

심사숙고하자

31 자기 자신을 면도할 것이냐, 면도하지 않을 것이냐: 러셀, 이발사의 역설   231

32 나는 그렇다고 믿지 않는다: 무어의 역설　　　　　238
33 알려진 기지의 것과 알려진 미지의 것: 피치의 역설　　245
34 사막에는 ATM이 없다: 파핏의 히치하이커　　　　　252
35 플러스 연산이냐 쿼스 연산이냐?:　　　　　　　　　258
　크립켄슈타인의 역설

8장 이상한 순환 논리
무의미해 보이는 것에 의미 부여하기

36 신은 존재한다, 그리고 달은 치즈로 만들어져 있다:　267
　커리의 역설
37 아무것도 알지 못한다: 소크라테스의 역설　　　　　274
38 질문을 한다는 것 자체가 무의미한 일인가?:　　　　280
　메논의 역설
39 오직 참인 모든 진리의 입증 불가능성:　　　　　　 287
　괴델의 불완전성 정리
40 모든 까마귀는 검은색인가?: 헴펠의 역설　　　　　293

9장 신앙에 대한 몇 가지 질문들
놓치기 쉬운 경전의 구절들

41 주 하느님의 이름으로 명하노니: 제 3계명　　　　 303
42 들어올리기에는 너무 무거운 돌: 전능의 역설　　　310
43 부를 축적하라 그러나 부를 향유하지는 말라:　　　317
　금욕주의의 역설
44 도둑질을 허하노라: 산상 수훈　　　　　　　　　　322

45 모든 것이 완벽하다: 스마란다케의 역설   328

10장 법적 책임
법률 조항과 적용의 조건

46 합법적인 2가지 행동이 더해져   335
   부정한 결과를 낳을 때: 협박의 역설
47 무죄가 입증되기 전까지는 유죄다: 검사의 오류   342
48 묵비권: 미국 수정 헌법 제 5조   350
49 의심스럽다면, 무죄다: 불특정 범죄의 역설   356
50 불법적인 2가지 행동이 더해지면,   362
   합법적인 결과를 낳을 수 있는가?: 병합 재판의 역설

11장 뜻밖의 경제학
산더미처럼 쌓이고 있다. 균형은 유지되고 있는가?

51 팔면 팔수록 이윤은 제로가 된다: 371
   베르트랑의 경제학 역설
52 효율성이 높아질수록 소비량도 증가한다: 377
   제번스의 역설
53 최적화된 자유주의: 센의 역설   383
54 개인의 악덕, 공공의 이익: 맨더빌의 역설   389
55 허리띠 졸라매기: 절약의 역설   396

12장 수수께끼의 정치
민주주의를 괴롭히는 수학적 난제

56 승자는 누구인가?: 콩도르세의 사이클　　　　　**405**
57 의석수를 늘릴 것인가, 아니면 줄일 것인가?:　　**414**
　　 앨라배마의 역설
58 투표하지 않기: 기권 투표의 역설　　　　　　　**421**
59 묶고 쪼개서 선거 구획을 재편성하라:　　　　　**427**
　　 게리맨더링
60 민주주의자라면 어떤 선택을 내려야 하는가?:　 **434**
　　 울하임의 역설

맺음말　　　　　　　　　　　　　　　　　　　　　**440**
후기　　　　　　　　　　　　　　　　　　　　　　**442**
참고문헌　　　　　　　　　　　　　　　　　　　　**444**

서문

저명한 미국 철학자 윌러드 밴 오먼 콰인은 역설^{paradox}을 "처음에는 부조리하게 들리지만, 그렇게 주장할 만한 어떤 논거를 가진 모든 결론"이라고 정의했다. 이 정의는 대부분의 역설이 지닌 특징을 잘 포착하고 있지만 그렇다고 모든 역설이 그런 것은 아니다. 역설적 진술 중에는 처음에는 완전히 무해한 듯 보이지만 그 의미를 깊이 생각해보면 부조리가 드러나는 경우가 있다. 또는 반대로 처음에는 부조리한 듯 보이지만, 생각해볼수록 완전히 무해한 것으로 드러나는 경우도 있다. 하지만 어쨌거나 대부분의 역설은 공통적으로 놀라움과 불신, 당혹감, 혼동을 불러일으킨다.

역설은 재미있는 수수께끼나 지적 유희, 그 이상이다. 수천 년 동안, 역설은 통념으로 받아들여지고 있던 상식과 세계관에 도전함으로써 새로운 인식론적 전망을 밝히는 데 일조해왔다. 또한 역설은 고대 그리스인들이 철학적 질문에 대해 논하기 시작한 이래로, 사상가들에게 생각할 거리를 제공해왔으며, 오늘날에도 사상가들을 계속해서 매료시키고 있다. 철학^{philosophy}이 "지혜에 대한 사랑"을 나타낸다면(philos는 친구를 sophia는 지혜를 뜻한다), 역설이라는 단어는 어딘가 이상한, 그래서 추가적인 조사가 필요한 무언가를 가리킨다(para는 반대를, doxa는 견해를 뜻한다). 영국 철학자 세인즈버리^{R. M. Sainsbury}의 말처럼 "역설은 사상의 위기, 그리고 혁명적 진보와 관련이 있기" 때문에, 역설은 분명 공을 들일 만한 가치가 있다.

유명한 역설 중 많은 것이 고대 철학자들이 제기한 질문들에서 유래한다. 예를 들어, 테세우스는 수년에 걸쳐 썩은 판자를 하나씩 교체해온 배가 원래의 배와 같은 것인지 아닌지를 질문했으며, 제논은 달리기 챔피언 아킬레스가 거북이를 따라잡을 수 있는지 없는지를 궁금해했다. 또한 에피메니데스는 모든 크레타 섬 사람들이 거짓말을 한다고 주장하는 크레타 섬 사람이 있다면, 그는 진실을 말하고 있는 건가 아닌가를 알고 싶어 했다.

일반적으로 어떤 진술이 외견상 타당한 추론에 기초하고, 명백히 타당한 전제에 기반하는 것처럼 보임에도 불구하고 받아들일 수 없을 때, 우리는 역설에 직면한다. 하지만 그럴 때조차 전제 중 적어도 하나에 결함이 있거나 추론이 부정확함에도, (정말로 놀랍게도) 실제로 결론은 옳은 경우가 있다. 이러한 유형은 참인 역설이라 불린다. 따라서 이 역설들은 부조리해 보이지만, 실제로는 참이다. 반면에 거짓 역설은 거짓처럼 보이고 실제로도 거짓이다. 기본적인 추론 과정에 결함이 있기 때문이다. 하지만 결론에 이르게 하는 추론 과정에 결함이 없더라도, 결론이 부조리하다면 논거가 기반하고 있는 전제 중 일부에 결함이 있거나, 원리들 모두 명백히 타당하지만 그 원리들 사이에 모순이 존재하거나, 그것도 아니라면 말하기조차 무섭긴 하지만 우리의 사고방식에 문제가 있거나 할 수 있다. 하지만 콰인의 말에 의하면 "어떤 명시적인 전술과 신뢰할 만한 추론 패턴을 만들어낼 수만 있다면, 분명 이러한 식의 역설에 빠지는 걸 방지하거나 벗어날 수 있을 것이다." 통상 이러한 역설은 "이율배반"이라 불린다.

다시 한 번 콰인의 말을 인용해보면, "참인 역설은 우리를 깜짝 놀라게 한다. 하지만 우리가 증거를 숙고함에 따라 그런 의외의 놀라움은 빠르게 사라진다. 거짓 역설도 우리를 깜짝 놀라게 하지만 이에 관한 기본적인 오류를 풀고 나면, 놀라움은 일종의 허위

경보와 같았음을 알게 된다. 이율배반 역시 우리를 놀라게 하기는 마찬가지다. 그러나 그때의 놀라움은 우리의 개념적 유산의 일부를 거부해야만 받아들일 수 있는 그러한 종류의 놀라움이다."

어떤 역설들은 영리한 7살짜리 아이들과도 논할 수 있다. 하지만 어떤 역설들은 혼란스럽다 못해 부아가 치밀어 오르게 한다. 아주 잠깐이지만 이제 생각의 흐름이 명확해졌다고 믿는 순간 혼동이 시작되고 전체적인 사고의 윤곽이 연막 뒤로 사라진다. 그러다 보면 모든 사고 과정을 다시 처음부터 시작해야 한다.

역설은 일반적으로 논리학, 수학, 철학의 영역에 속한다고 생각되지만, 실제로 어느 곳에나 편재한다. 인터넷 검색창에 "역설 그리고…"라고 입력해보라. 이때, "…" 자리에는 어떤 주제어를 넣든 상관없다. 그러면 수백 개의 일치하는 결과들을 얻을 수 있을 것이다. 몇 가지만 살펴보더라도, "역설과 낚시"로는 390개, "역설과 치즈"로는 362개, 그리고 "역설과 스포츠"로는 369개의 일치하는 결과들을 발견했다.

이러한 검색 시도는 사실 웃자고 해본 것이다. 검색 결과들을 실제로 걸러보면 얻게 되는 목록은 수십 개로 끝나는 경우가 대부분이기 때문이다. 다음 장들에서 당신은 12개 학문 영역에서 다뤄지는 역설들의 사례를 접하게 될 것이다. 거기에는 물론 논리학, 수학, 철학도 포함되지만, 통계학, 물리학, 법학, 경제학, 정치과학, 언어학, 문학, 신학, 심지어 일상생활 영역까지 포함되어 있다. 주제들은 다소 무작위적으로 선정되었다.

나는 종종 사소해 보이는 질문으로 각 장을 시작했다. 어쩌면, 그러한 질문에 대한 당신의 첫 번째 반응은 "그래서, 요점이 뭔데?"일지도 모른다. 하지만 질문의 함의를 보다 깊이 파고들고 나면, 그래서 질문 속 부조리가 명백해지면 당신의 다음 반응은 "와, 이 문제에 대해 나는 한 번도 그런 식으로 생각해 본 적은 없어!"일지도 모른다. 그러다가 해제에서 틀리거나 모순된 가정들이 밝혀지고 추론 과정의 결함들이 드러나면서 역설이 해결되면, 당신의 마지막 반응은 "아하! 이제 알았다"로 바뀔 수도 있다.

나의 바람은, 이 책이 친애하는 독자 당신에게 어딘가 약간이라도 이상해 보이는 진술들을 흘려듣지 않고 의심할 수 있는 계기가 되는 것이다. 어딘가 불일치하는 말들을 못 들은 척하는 대신에 주의 깊게 귀 기울여 보라. 난해한 주장들을 무시하는 대신에 그 외관의 이면을 응시해 보라. 명백히 무해해 보이는 선언들 속에서 역설적인 요소들을 발견해보라. 다른 한편, 겉보기에는 역설적인 진술이 지닌 무해함을 알아차리도록 해보라.

나는 코로나19 팬데믹이 발발하기 직전부터 다양한 분야의 역설들을 수집해왔다. 수집한 역설들을 이해하려고 애쓰느라 계속 바빴고, 일단 이해했다는 생각이 들면 그때마다 하나씩 써내려갔다. 코로나19 바이러스의 1차 확산으로 두려움에 떨기는 했지만, 그 덕분에 나와 아내 포르튀네는 귀중한 몇 달을 온전히 함께 보낼 수 있었다. 우리는 아침이면 체조를 하고, 점심과 저녁을 먹으며 많은 이야기를 나눴다. 또한 다른 사람과의 안전한 거리를 지키면서도 집 2층 발코니에서 발코니 아래 거리에 서 있는 내 아이들, 그리고 내 손자들과 대화를 나눴다. 그리고 계속해서 역설에 대한 집필을 이어갔으며, 그중 일부가 이 책 속에 담겨 있다.

그러는 동안, 나는 책의 여러 장을 친구와 동료들에게, 심지어 개인적으로 친분이 없는 기자들에게까지 보내곤 했다. 많은 이들이 제안과 격려, 비판과 조언을 주었다. 나는 이곳에 그들의 이름을 알파벳순으로 적어보고자 한다. 혹시라도 내 부주의로 누락한 이름이 있다면, 미리 사과의 말을 전한다.

론 아로니, 메틴 아르디티, 프란시스코 아우크스파하, 쿠르트 바우만, 크리스티안 블라터, 야코프 부락, 에바 버크, 나오미 버크, 배리 시프라, 개리 드라이블라트, 시드니 엥베르흐, 발레리 파브리칸트, 마크 거츠, 샐리 거츠, 사아드 가지푸라, 노가 골란, 니르 그린버그, 토머스 거스, 뤼디거 힐가트너, 안드레아스 허스타인, 지오라 혼, 안드레 후르니, 엘리 야쿠보비치, 우리엘 자우안-즈레헨, 아사프 카라길라, 조너선 클라이드, 노아 라바니체, 에디 랜도, 조지 마차스, 조 마주르, 노먼 메길, 라인하르트 마이어, 에스터 멜라메드, 야콥 멜라메드, 여호람 멜체르, 프랑수아 미셸루드, 르네 노르드만, 레이 페닝턴, 로버트 포츠, 알렉스 라지너, 다니엘 리브스 루도이, 셸린 슈와르츠, 마이클 슈와르츠, 자르 샤이, 카를 지그문트, 낸시 신코프, 찰스 스미스, 크리스티안 스파이커, 다니엘 슈

파이어, 베른하르트 폰 스텡걸, 짐 수플리, 노암 슈피로, 노가 슈피로, 샤리트 슈피로, 루돌프 타슈너, 엘렌 투브노, 샬롯 바디, 찰리 웨그먼, 한스 비드머, 도론 차일베르거, 알리샤 주르-슈피로, 그리고 엘리아나 주르-슈피로. 이들 모두에게 감사의 마음을 전한다.

포르튀네와 우리의 아이들, 즉 샤리트, 노암, 노가는 내가 하나의 역설을 끝내고 또 다른 역설을 설명하기 시작할 때마다 인내심을 가지고 끝까지 경청해주었다. 그리고 내 90대 어머니는 그 역설들 모두를 부지런히 읽어주셨다. 무슨 얘기를 하는지는 모르겠지만 어쨌거나 재미있게 읽었다고 말해주셨다. 2023년 1월, 나는 스키 사고를 당한 내 동생 마이클 주르-슈피로와 스위스에서 여러 날을 함께 보냈다. 그 참에 우리는 이 책의 장들을 재구성했고 목차를 손봤으며 맺음말을 "만들었다(이 책의 맨 끝에 도달하면, "만들었다"와 같이 표현한 이유를 알게 될 것이다)." 컬럼비아 대학교 출판부(CUP)의 담당 편집자 브라이언 스미스에게도 진심어린 감사의 말을 전하고 싶다. 그는 컬럼비아 대학교 출판부에서 출간된 나의 이전 책 작업을 할 때도 그랬듯, 이 프로젝트 또한 열정과 성실함을 다해 이끌어주었다. 글로벌 지식산업 주식회사 KnowledgeWorks Global Ltd.(KGL)의 칼리 하이엇과 그녀의 동료들이 공들여 이 책을 편집해 준 것에 대해서도 감사의 말을 전한다.

무엇보다도, 나는 포르튀네에게 고맙다고 말하고 싶다. 그녀는 값을 매길 수 없는 훌륭한 식사들을 만들고 아름다운 석조상들을 창조해냈을 뿐만 아니라 40년이 넘는 시간 동안 내게 아낌없는 도움(그리고 감히 말하건대 인내심)을 주었다. 끝으로 우리의 아이들과 그 배우자들, 그리고 우리 손자들에게도 감사한다. 언젠가 그 아이들도 이 책을 읽게 되기를 바란다.

2023년 8월, 텔아비브에서

1장

일상의 수수께끼
바보 같지만 놀라운 역설 이해하기

인생은 복잡하고 까다롭다. 모든 일이 늘 타당하거나 앞뒤가 딱딱 맞아떨어지는 것은 아니다. 역설 탐구라는 우리의 모험을 일상에서 매일매일 일어나는 놀랍고도 재미있는 일들에서 시작해보자.

1

내 친구들이 나보다 인기가 많다

우정의 역설

일반적으로 당신의 친구들이 당신보다 페이스북 친구가 더 많다는 사실을 알고 있는가? X(트위터) 팔로워들이 더 많다는 것은? 당신의 남자 친구나 여자 친구가 당신보다 연애 경험이 많다는 건 어떤가? 다시 말해 평균적으로 당신은 친구들보다 인기가 적다는 사실을 눈치 챈 적이 있는가?

이 얼마나 우울한 얘기인가!

그렇다고, 비참해할 필요는 없다. 이러한 결과는 그저 통계적 우연일 뿐이니 말이다.

그럼에도 불구하고, 이는 실재하는 현상이다. 1961년, 사회학자 제임스 콜먼은 저서 『청소년 사회 The Adolescent Society』를 통해 연구에서 자신이 분석한 12개 고등학교의 학생 대부분이 그들의 친구보다 친구 수가 적다는 것을 보여줬다.

디지털 시대를 살아가는 독자라면, 소셜 네트워크 데이터를 통해 이 현상을 쉽게 입증할 수 있다. 아마 당신은 친구들의 평균 친구 수나 당신을 팔로우하는 사람들의 평균 팔로워 수가 자신의 친구나 팔로워 수보다 많다는 사실만 확인해도 충분할 것이다. 2012년에 페이스북 사용자의 평균 친구 수는 245명이었다. 하지만 페이스북 친구의 평균 친구 수는 359명이었다. 자신보다 친구 네트워크가 작은, 그래서 친구 수가 적은 사람을 친구로 둔 사람은 친구 수가 적어도 780명이 넘는 사용자들뿐이었다.

만약 당신이 학술지 논문 게재 압박에 시달리는 과학자라면, 당신의 공동 저자가 당신보다 공동 저자 수도 많고, 실망스럽겠지만 당신보다 논문 발표 건수도 더 많다는 사실을 발견하게 될 것이다. 이 현상은 다양한 맥락에서도 관찰될 수 있다. 예컨대 사람들은 식당, 해변, 공항, 고속도로의 혼잡 정도가 실제 평균 혼잡도보다 훨씬 심하다고 체감하며, 학생들도 강의의 평균 규모가 실제보다 크다고 느끼곤 한다.

사람들은 친구들이 가진 친구 수를 기준으로 자신의 친구 수가 적절한지 아닌지를 판단하는 경향이 있다. 과학자들은 자신의 발표 논문 건수를 동료들의 건수와 비교한다. 유감스럽게도, 그러한 수치들을 사용해 자신의 사회적 혹은 학문적 능력을 측정하는 데 대부분은 상당히 부당하다고 느낄 것이다. 모든 사람이 자신의 친구보다 친구 수가 더 적은 것은 아니지만, 대개는 더 적기 때문이다.

마찬가지로 사회학자인 스콧 펠드는 소셜 네트워크에서 나타나는 패턴의 원인과 결과를 조사하는 과정에서 이러한 역설에 대한 수학적 풀이를 해냈다. 그는 1986년, 캘리포니아주 산타 바버라에서 개최된 선벨트 소셜 네트워크 콘퍼런스$^{Sunbelt\ Social\ Networks\ Conference}$에서 조사 결과를 발표했다. 그 후 꽤 시간이 흐른 1991년, 콜먼의 연구가 발표된 지 30년이 지난 시점에, "당신의 친구들이 당신보다 친구가 많은 이유"라는 제목으로 《미국 사회학회지》에 연구 논문을 게재했다.

펠드가 설명한 이유는 놀랄 정도로 단순했다.

해제

첫째, 많은 친구를 가진 사람일수록 당신의 친구 범위에 속할 가능성이 커진다. 둘째, 그런 사람이 당신의 친구라면, 그들은 당신의 친구들이 가진 평균 친구 수를 크게 끌어올린다.

예를 들어, 인기 있는 사람들, 즉 친구가 많은 사람을 생각해보자. 그들은 많은 모임에 나타난다. 반면에 찾는 이가 적은, 인기 없는 사람들은 얼굴을 비추는 모임이라 해봐야 몇 개 되지 않는다.

그러므로 인기 있는 소수가 내성적인 다수보다 훨씬 더 많은 사람을 만나게 될 것이다.

펠드에 따르면, "40명의 친구를 둔 사람은 서로 다른 40개의 교우관계 네트워크 각각에 모습을 드러냄으로써 40명의 친구에게 상대적 박탈감을 느끼게 할 수 있다. 반면에 친구가 1명뿐인 사람은 단 1개의 교우관계 네트워크에만 모습을 드러냄으로써 그 1명의 친구에게 상대적 우월감을 느끼게 할 수 있다."(디지털 시대 이전에는 40명의 친구도 매우 많은 것으로 여겨졌다.)

비슷하게, 학생들은 강의의 평균적인 규모를 대학 데이터에 따른 실제 규모보다 더 크게 체감하는 경향이 있다. 당연하게도 인기 있는 강의에는 많은 학생이 몰리지만 인기 없는 강의에는 거의 학생이 몰리지 않기 때문이다. 따라서 일반적으로 학생들은 대학의 평균적인 강의 규모를 실제보다 더 크다고 느끼는데, 이는 대부분의 학생이 수강생이 많은 대규모 강의를 듣는 반면 소수의 학생만이 수강생이 적은 소규모 강의를 듣기 때문이다.

예를 들어, 이를 숫자로 풀어보면 다음과 같다. 150명이 수강하는 강의와 10명이 수강하는 강의, 이렇게 2개의 강의가 있다고 가정해보자. 학생 중 150명은 자신이 수강생 150명이 출석한 강의를 듣고 있다고 말할 것이고, 10명은 자신이 수강생 10명이 출석한 강의를 듣고 있다고 말할 것이다. 이 경우, 실제로 진행되고 있는 평균적인 강의 규모는 [150 + 10] ÷ 2 해서 80명임을 알 수 있다. 하지만 학생들이 체감하는 평균적인 강의 규모는 [150 × 150] + [10 × 10] ÷ [150 + 10] 해서 141명일 것이다. 141이라는 체감 수치가 나온 근본적인 이유는 150과 10이라는 숫자를 분자에 두 번 등장시켜 강의 규모의 가중 평균치를 구했기 때문이다. 즉 이들 숫자는 한 번은 평균을 구하고, 다른 한 번은 가중치를 부여하는 데 사용됨으로써 계산에 중복적으로 포함되었다.

부언

당신이 운동광이라거나 보디빌더가 아니라면, 체육관에서 만나게 되는 사람들 대부분은 당신보다 몸매가 좋을 것이다. 다시 한 번 말하지만, 절대로 의기소침해질 필요는 없다. 당신이 체육관에서 제일 처음 만나는 존재가 이 멋진 몸매의 사람들인 이유는 그들이 그곳에서 매일 몇 시간씩을 보내기 때문이다. 따라서 체육관에 갈 때마다 그런 이들을 만나게 될 가능성이 크다. 십중팔구 당신보다 시원찮은 몸매를 가졌을 소파 붙박이들은 체육관에 오지 않을 테니 당신이 그들을 만날 기회란 좀처럼 없을 것이다. 달리 말해, 당신이 체육관에서 만나는 사람들은 일반적인 인구 모집단을 대표하지 않는다.

2

고도를 기다리며
엘리베이터 역설

고층 건물에 살면 경험하게 되는 불편한 점 중 하나는 엘리베이터가 오기를 지루하게 기다려야 한다는 것이다. 옥상 테라스로 올라가거나 지상층으로 내려가려면 방금 막 도착한 엘리베이터를 보내고 다음 번 엘리베이터에 타야 할 수도 있다. 운이 없게도, 당신이 내려가려고 하면 올라가는 엘리베이터가 오고, 당신이 올라가려고 하면 내려가는 엘리베이터가 온다. 그래서 마치 고도를 기다리는 디디와 고고처럼 기다리고, 기다리고, 또 기다린다.

 엘리베이터는 아래에서 위로, 다시 위에서 아래로 왕복한다. 그렇다면, 올라가는 엘리베이터와 내려가는 엘리베이터를 기다리는 평균 대기시간은 틀림없이 엇비슷할 것이다.

 정말로, 그런가?

최상층이나 1층 가까이에 사는 경우라면, 그렇지 않을 것이다.

실제로 만약 당신이 맨 꼭대기 층에 가까운 층에서 내려가려고 할 때, 내려가는 엘리베이터가 당신에게 당도하기까지 걸리는 시간은 아무짝에도 쓸모없는 올라가는 엘리베이터가 당도하기까지 걸리는 시간보다 평균적으로 훨씬 더 길다. 그리고 만약 당신이 저층에 살면서 옥상으로 올라가려 할 때, 올라가는 엘리베이터가 당신에게 도착하기까지 걸리는 시간은 역시나 내려가는 엘리베이터가 도착하기까지 걸리는 시간보다 평균적으로 훨씬 더 길다. 일반적으로 내려가려는 최상층 거주자와 올라가려는 1층 거주자들은 원하는 방향으로 가는 엘리베이터가 아니라 그 반대로 가는 엘리베이터와 더 빨리 마주친다.

어쩌면 이는 심리적인 문제인가? 원하는 방향으로 가는 엘리베이터가 당도할 때까지 기다리는 것에 짜증이 나다 보니 그저 그 시간이 더 긴 것처럼 느껴지는 건가?

아니다, 실제로 그렇다.

이 역설은 7층짜리 건물의 서로 다른 층에서 일했던 물리학자 마빈 스턴$^{Marvin\ Stern}$과 조지 가모$^{George\ Gamow}$에 의해 발견되었다. 가모는 2층에서, 스턴은 6층에서 일했다. 그들은 서로의 사무실을 종종 방문했으며, 그때마다 이 짜증스러운 현상을 꾹 참고 견뎌야 했다. 즉, 반대 방향으로 향하는 엘리베이터가 거의 항상 맨 먼저 당도했다.

몇 년 후, 유명한 컴퓨터 과학자 도널드 크누스가 이 수수께끼를 분석하면서,《오락 수학 저널Journal of Recreative Mathematics》에 해제가 실렸다.

해제

문제를 단순하게 만들기 위해 건물에 엘리베이터가 한 대만 있다고 가정해보자. 이 엘리베이터는 올라갔다 내려가고, 그런 다음 다시 올라갔다 내려오기를 반복하는 가운데 계속해서 층마다 멈춰 선다. 또한 엘리베이터가 한 층에서 다음 층으로 이동하는 데 걸리는 시간은 문이 열리고 닫히는 데 걸리는 시간을 포함해 10초라고 가정해보자(우리는 또한 문이 열리고 엘리베이터가 층마다 서 있는 시간은 0초라고 가정할 것이다).

2층에 있는 가모의 입장에서 보면, 아래층으로 향하는 엘리베이터가 1층에 당도하는 데 걸리는 시간은 10초이며, 다시 2층으로 올라오는 데 걸리는 시간도 10초다. 따라서 위로 올라가려고 하는 2층 거주자가 엘리베이터를 두 번 관찰하는 데 걸리는 시간은 20초다. 즉, 내려가는 엘리베이터를 보고 그 엘리베이터가 다시 돌아오기를 기다리는 데 걸리는 시간은 20초다. 그 후에, 엘리베이터가 7층까지 올라갔다가 다시 2층으로 내려오는 데 걸리는 시간은 100초다. 엘리베이터는 이런 식으로 하루 종일 올라갔다 내려갔다 한다.

가모가 운이 좋아서 20초 사이에 엘리베이터 앞에 도착한다면, 그는 첫 번째 만나는 엘리베이터를 타고 위로 올라가게 될 것이다. 하지만 만약 100초 사이에 엘리베이터 앞에 도착한다면, 원하는 방향으로 가는 엘리베이터를 타기 위해 최대 100초를 참고 기다려야 한다. 그가 엘리베이터 앞에 도착하는 시간은 순전히 무작위적이다. 따라서 그가 만나는 첫 번째 엘리베이터가 위로 올라갈 확률은 겨우 1/6(20/120)밖에 되지 않는다. 하지만 그 첫 번째 엘리베이터가 아래로 내려갈 확률은 5/6(100/120)이다.

지금부터는 6층에 있는 스턴의 입장에서 생각해보자. 엘리베이터는 올라가는 중에 그가 있는 6층에 멈췄다가, 20초 후 아래로 내려가는 길에 다시 6층에 멈춘다. 이제 스턴은 가모의 사무실을 방문하기 위해 엘리베이터에 탈 수 있다. 그러고 나면, 엘리베이터가 그대로 1층까지 내려갔다가 바로 다시 올라오는 실에 6층에 도달하는 데에는 100초가 걸린다. 스턴이 엘리베이터 앞에 도착하는 시간도 순전히 무작위적이다. 따라서 그가 만나는 첫 번째 엘리베이터가 그의 원하는 방향, 즉 아래와 일치할 확률은 1/6인 데 반해, 그가 만나는 첫 번째 엘리베이터가 반대 방향 즉, 위로 갈 확률은 5/6이다.

이것이 바로 아래로 내려가려는 고층 거주자와 위로 가려는 저층 거주자가 만나는 첫 번째 엘리베이터가 대부분 원하는 방향과 반대로 가는 이유이다.

  문이 없는 일련의 상자들이 순환하는 줄에 매달려 빌딩의 위아래로 움직이는 과거의 파터노스터 엘리베이터는 이러한 역설과 아예 무관하다. 상자들이 양방향으로 끊임없이 올라가고 내려가기 때문이다. 하지만 다행스럽게도 대부분의 나라에서 파터노스터 엘리베이터는 더 이상 설치 허가가 나지 않는다. 움직이는 상자들 속으로 들어가고 나가는 데 위험이 따르기 때문이다.

부언

크누스의 분석은 여러 가지 요인으로 인해 다소 복잡해지긴 했지만, 원칙적인 면에서 볼 때 그 결론은 여전히 옳다. 일반적으로 고층 건물에는 2대 이상의 엘리베이터가 설치되어 있다. 그런데다가 피크타임에는 한 방향에 대한 요구가 더 커진다. 예컨대 출근 시간에는 위로, 퇴근 시간에는 아래로 가려는 사람들이 더 많을 것이다. 또한 만약 엘리베이터에 사람이 타고 있지 않다면, 로비로 돌아가도록 프로그래밍되어 있을 수도 있다.

  그리고 물론 보통의 엘리베이터라면 호출되지 않는 한 모든 층마다 멈추지는 않는다. 또한 멈춘다 한들, 0초 동안 멈추는 경우도 없다. 어쩌면 엘리베이터의 역설은 엘리베이터 시스템을 믿지 못해 가려는 방향과 상관없이 위아래 호출 버튼을 무작정 모두 눌러대는 귀찮은 습관을 지닌 세상의 모든 바보에게 그러한 행동을 멈추게 하는 계기가 될지도 모른다.

1가지 더 부언하자면, 거리에서 만나는 사람들에게 숫자를 세어보라고 요청할 경우, 그들은 "1, 2, 3"으로 시작할 것이다. 반면에, 수학자는 "0, 1, 2, 3"으로 시작해서 숫자를 세어나간다. 따라서 유럽 전역에서 그러하듯, 입구와 로비가 있는 건물의 지상층을 0층으로 생각하는 것이 수학적으로 더 타당할 것이다. 하지만 북아메리카에서는 관행적으로 지상층을 1층이라고 부른다. 예를 들어, 파리와 런던에서는 3층을 오르면 3층에 도착하지만 뉴욕시에서는 2층만 올라도 3층에 도달한다.

0부터 계산을 시작해보자. 그러면 수학이 훨씬 더 쉬워진다.

3

행복의 추구

쾌락주의의 역설

미국 독립선언문에는 이러한 내용이 있다. "우리는 다음과 같은 사실을 자명한 진리라고 믿는다. 모든 인간은 평등하게 창조되었으며, 창조주는 모든 인간에게 생명, 자유, 행복의 추구와 같은 타인에게 양도할 수 없는 어떤 특정한 권리들을 부여했다." 미국 독립선언문이 그렇다고 하니, 자기 자신을 존중할 줄 아는 시민이라면 이 모든 자명한 진리들에 동의해야 마땅하다.

맞는가?

아니다, 선언문에 언급된 모든 진리가 자명한 것은 아니다. 무엇보다, "행복의 추구"라는 표현에 의문의 여지가 있다. 덧붙이자면, 독립선언문은 행복할 권리가 있다고 말하는 것이 아니라 행복을 추구할 권리가 있다고만 말하고 있다는 점에 주목하자.

그리스 철학자 아리스티포스는 쾌락과 행복 추구를 삶의 가장 중요한 목표라고 주장하는 쾌락주의 학파를 창시했다. 하지만 쾌락주의자들이 대체 무엇을 위해 고군분투해야 한다는 말인가? 애석하게도, 우리가 살면서 흔히 경험으로 아는 사실 중 하나는 쾌락이나 행복을 추구하는 일 자체가 종종 바라는 목표와 정반대의 결과를 가져오기도 한다는 것이다. 우리는 행복을 추구하는 데 너무나 몰두한 나머지 그 과정에서 초래되는 어려움이나 그로 인해 생겨날 수도 있는 고통을 간과하게 된다.

더욱이 쾌락주의자들에게는 끊임없는 쾌락의 추구가 오히려 쾌락을 경험하는 데 방해가 된다. 따라서 끊임없이 쾌락을 추구한다고 해서 반드시 실제로도 쾌락이나 행복이 실현되는 것은 아닐 수 있다. 그것은 마치 행복이 자연적으로 일어나도록 노력하는 것과 같아서 효과가 있을 리 없다.

19세기의 도덕 철학자이자 경제학자였던 헨리 시지윅은 인간의 본성에 대해 숙고한 끝에 그의 논문 「윤리학의 방법들Methods of Ethics」에서 "쾌락주의의 역설"이라는 말을 만들어낸 것으로 알려져 있다. 또한 그는 심령 연구 학회Society for Psychical Research의 창립자이자 초대 회장을 지내기도 했다. 그는 다음과 같이 썼다.

> 이는 우리에게 쾌락주의의 근본적 역설이라 부를 수 있는 결과를 초래한다. 즉 쾌락을 향한 충동이 지나치게 우세하면, 그 충동으로 인

해 원래의 목적을 잃어버린다. 많은 중년 영국인들은 일이 놀이보다 더 즐겁다고 말하곤 한다. 하지만 일을 통해 즐거움을 찾겠다고 끊임없이 목적의식적으로 일을 처리한다면, 일에서 즐거움을 발견하지는 못하게 될 것이다. 사색과 연구의 즐거움 또한 호기심에 대한 갈망으로 일시적이나마 정신을 자아와 감각으로부터 분리시킬 수 있는 사람들만이 최고조로 향유할 수 있다.

시지윅 혼자만 이러한 생각을 했던 것은 아니다. 1년 전인 1873년, 공리주의 철학자 존 스튜어트 밀은 자신의 자서전에 다음과 같은 글을 남겼다. "이제 나는 행복이란, 행복을 1차적인 목표로 삼지 않을 때만 달성될 수 있다고 생각하게 되었다. 즉, 행복 자체가 아닌 다른 대상들에 마음을 쏟을 때만 사람들은 행복을 느낀다(고 생각하게 되었다). 따라서 무언가 다른 목표를 추구할 때, 그들은 그 과정에서 행복을 발견한다. 당신 자신에게 당신이 행복한지 아닌지를 질문해보라, 그러면 더 이상 행복하지 않게 될 것이다."

해제

오직 행복만을 추구하는 것은 자멸을 초래할 수도 있다. 쾌락을 위해 의식적으로 고군분투한다는 것은 실제로 파괴적일 수 있으며, 쾌락을 극대화하기 위한 지속적인 시도는 사람들을 기쁘게 만들기보다 좌절시키기 쉽다.

시지윅과 밀은 의식적으로 즐거움을 추구하기보다 다른 무언가를 할 때 더 많은 쾌락을 얻게 된다고 주장했다. 쾌락을 얻기를 원한다면, 쾌락을 일으키는 행동에 주의를 집중해야 한다. 그러면 행복도 그 행동을 하는 과정에서 부산물로 얻어지게 된다. 신경학자이자 정신과 의사 그리고 홀로코스트의 생존자였던 빅토르 프랑클은 이를 다음과 같이 설명한다. "행복을 추구할 수는 없다. 행복은 무언가의 '결과'로서 나타나는 것이다. 즉, 자신을 능가하는 더 큰 대의에 헌신할 때, 그것의 의도치 않은 부산물로서만 행복을 얻을 수 있다."

예를 들어 동료들로부터 존경을 받고 명예를 누리고 싶다면, 그러한 찬사를 얻기 위해 고군분투해서는 안 된다. 존경과 명예는 자신이 그것을 얻겠다는 생각 자체를 완전히 망각하는 대신에 타인의 존경과 명예를 드높이기 위한 활동에 참여할 때, 오직 그때만 얻을 수 있는 법이다. 따라서 행복을 얻을 수 있는 가장 좋은 방법은, 쾌락을 의식하지 않고 목표들을 추구하는 것이다. 그러다 보면 그 목표들을 통해 쾌락과 행복을 얻게 된다.

부언

행복의 추구는 어떤 식으로 역효과를 낳을 수 있는가? 몇 가지 메커니즘이 역설적 결과를 초래할 수 있다.

첫째, 음주, 흡연, 단 음식 섭취, 무분별한 성관계 같은 감각적 쾌락의 추구는 알코올 중독, 폐암, 당뇨병, 에이즈를 일으킬 수도 있다. 쾌락 추구는 위험을 무릅쓰고 모험적인 행동에 뛰어들게 할 수도 있다. 번지 점프나 스카이다이빙으로 경험할 수 있는 고도의 쾌락은 재앙으로 이어질 수도 있다. 둘째, 습관화는 필연적으로 실망을 낳는다. 경험이 감각을 무디게 만들기 때문이다. 시간이 흐름에 따라 쾌락 감각이 희미해지면, 쾌락을 추구하는 사람은 훨씬 더 강한 자극제를 찾게 되며, 이는 점점 더 위험한 행동으로 이어질 수 있다. 셋째, 개인적 쾌락을 쫓다 보면 타인의 욕구에 점점 더 무감각해지며, 이는 도덕적 붕괴로 이어진다. 끝으로 네 번째, 이러한 역효과들로도 충분하지 않은가? 그렇다면 여기 앞의 것들을 넘어서는 최악의 역효과도 있다. 쾌락주의는 게으름과 권태를 유발한다.

즐거움은 자아실현의 부산물이기 때문에, 쾌락의 추구로 얻어지는 즐거움은 대의에 헌신하거나 자기개발에 몰두하는 삶에서 얻을 수 있는 즐거움보다 더 적다.

4

팁, 지금 지불해야 할까 아니면 나중에 지불해야 할까?

좋은 서비스의 역설

한 경영 컨설턴트가 외딴 도시로 출장을 갔다가 화려하고 값비싼 레스토랑에 저녁을 먹으러 들어간다. 레스토랑 지배인은 그녀를 좋은 자리로 안내했고 웨이터는 친절했으며 소믈리에는 아주 훌륭한 와인을 추천해주었다. 이 도시를, 그리고 이 레스토랑을 다시 방문할 계획이 없다는 것이 아쉬울 정도다.

계산서가 나왔다. 서비스에 만족한 그녀는 팁을 넉넉하게 남겨둔다.

적절한 행동인가?

아니다, 합리적인 사람이 할 행동은 아니다.

분별력 있고 논리적인 손님이라면, 서비스 직원에게 팁을 남기지 않을 것이다. 도대체 왜 그녀가 팁을 주어야 한단 말인가? 저녁 식사는 끝났고, 그녀가 이 레스토랑에 다시 올 가능성은 없어 보인다. 따라서 그저 식탁 위에 팁을 남겨 두고 떠나는 행동은 매우 비합리적일 것이다. 슈퍼마켓에서 식료품을 구입한 뒤에도 팁을 남기는가? 아니면 차량 관리국에서 운전면허증을 발급받은 뒤에도? 의사의 진료를 받고 나오는 경우는 어떤가? 집으로 가는 비행기의 객실 승무원에게도 작게나마 뭔가를 남길 건가? 그럴 때는 팁을 남기지 않는데, 지금은 왜 팁을 남겨야 하는가?

합리적인 경제학의 관점에서 구매 가격이 사전에 이미 결정되는 상품 및 서비스와 대조적으로, 팁을 주는 행동은 뭐라 답하기 어려운 문제다. 이는 자발적인 동기로 이루어지는데, 순수하게 자기이익이라는 측면에서 본다면 박애, 이타주의, 자선과 마찬가지로 팁 또한 존재할 이유가 없다.

실제로 이 경영 컨설턴트는 레스토랑에 들어서는 순간 좋은 서비스를 기대하면서 이러한 바람을 우호적인 행동으로 전달하고, 팁을 넉넉히 남기자고 자신에게 다짐한다. 그녀는 좋은 서비스라면 그에 상응하는 보상이 따르는 것도 당연하다고 진심으로 생각할 수 있다. 하지만 일단 식사가 끝나고 나면, 왜 꼭 팁을 남겨야 하는 거지?라고 자문할 수도 있다.

팁을 둘러싼 이 문제를 더욱더 풀기 어렵게 만드는 데는 다음과 같은 다른 요인도 작용한다. 합리적인 서빙 전문가인 웨이터는 수년의 경험으로 다듬어진 본능을 통해 손님이 레스토랑에 들어

오자마자 그녀가 외지에서 온 합리적인 사업가라는 사실을 바로 알아차렸다. 그는 매우 논리적이게도 그녀가 팁을 주지 않을 것이라고 결론 내렸다. 따라서, 그로서는 단골손님들에게 자신의 노력을 기울이는 한편으로 그녀에게 건성으로 대하는 것이 더 유리할 것이다.

그러므로 이 지점에서 역설이 생겨난다. 즉, 고객은 좋은 서비스를 원하고 그것에 대해 팁을 지불할 의사가 있지만, 고객이 좋은 서비스를 받으리라는 보장은 없다.

오, 이런… 주장을 수정하도록 하자! 어쩌면 좋은 서비스를 제공하는 것에 회의적인 웨이터를 만났을 때조차 좋은 서비스가 제공되도록 보장할 수 있는 1가지 방법이 있을지도 모른다. 웨이터에게 미리 선불로 팁을 주는 것이다. 그러면 문제가 해결될 것이다. 그렇지 않은가?

아니다, 문제는 해결되지 않을 것이다. 팁을 선불로 주는 것은, 그저 또 다른 문제를 야기할 뿐이다. 합리적인 웨이터라면, 팁을 챙기고 난 뒤에는 더 이상 좋은 서비스를 제공해야 할 어떠한 유인도 없어진다. 따라서 우리의 컨설턴트는 얼마간의 현금만 날린 채 다시 원점으로 돌아간다.

그렇다면 어떻게 해야 하는가? 식사 전에 팁을 주어야 하는가, 아니면 식사를 마친 다음에 팁을 주어야 하는가?

해제

서비스 제공자에게 좋은 서비스의 대가로 보너스를 주겠다는 약속을 언뜻 내비치는 것은, 그림의 떡을 보상으로 내거는 것과 같다. 오직 매우 순진한 사람들만이 그러한 약속에 속아 넘어갈 것이다. 실제로, 몇몇 문화들에서는 팁을 주는 행동이 모욕으로 여겨지기도 한다. 그리고 때로는 불법을 저지르는 것이 될 수도 있다(예를 들어, 속도위반으로 당신을 멈춰 세운 친절한 경찰관에게 팁을 내민다고 상상해보라).

이 역설은 데릭 파핏Derek Parfit의 히치하이커(이 책의 34장을 참고하라) 사고 실험과 비슷하게 원인과 결과 간의 관계를 혼동하기 때문에 발생한다. 일반적으로 원인은 결과를 낳으며, 결과는 바람직할 수도 또 바람직하지 않을 수도 있다. 하지만 예컨대 약물을 복용하면 병에서 회복되고, 범죄를 저지르면 처벌을 받는다 등에서처럼 확실한 것은 원인이 먼저 오고 결과가 나중에 온다는 사실이다. 마찬가지로 좋은 서비스는 끝에 팁이라는 결과로 이어져야 하는 반면, 처음에 주어지는 팁은 좋은 서비스로 이어져야 한다.

그러므로 "식사 전에 팁을 주어야 하는가, 아니면 식사를 마친 다음에 팁을 주어야 하는가"라는 질문에 답하기 위해서는, 먼저 무엇이 원인이고 무엇이 결과인지를 명확히 해야 한다. 만약 팁이 좋은 서비스에 대한 보상을 의미한다면, 좋은 서비스가 원인이고 팁이 결과가 된다. 이 경우라면, 웨이터는 정중할 테고 팁은 그 끝에 주어져야 한다. 하지만, 만약 좋은 서비스가 팁의 결과라면, 팁이 먼저 나와야 하고, 좋은 서비스가 그 뒤를 따르게 될 것이다.

문제는 식사 손님과 웨이터가 다른 관점을 가질 때 발생한다. 식사 손님은 좋은 서비스가 팁의 전제 조건이라고 생각하는 반면, 웨이터는 팁이 좋은 서비스의 전제 조건이라고 생각할 수 있다. 이 경우 팁은 처음에 주어지지 않는다. 그럼으로써 서비스는 끔찍해지고 이에 실망한 식사 손님은 결코 팁을 남기려 하지 않을 것이다.

또는 식사 손님은 좋은 서비스가 팁의 결과라고 생각하는 데 반해, 웨이터는 팁이 좋은 서비스의 결과라고 생각할 수도 있다. 그런 경우라면, 팁은 처음에 주어진다. 그러나 서비스는 또다시 끔찍해진다. 합리적인 웨이터로서는 자신이 아무리 좋은 서비스를 제공한다 한들 더 이상 어떠한 보상도 주어지지 않을 거라 기대하기 때문이다.

이 문제는 양측이 원인-결과 관계에 동의할 때만 사라질 수 있다. 이 경우에, 팁은 처음에 주어질 수도 있고 끝에 주어질 수도 있다. 그리고 팁이 어떤 시점에 주어지든, 식사 손님과 웨이터 모두는 해당 불문율에서 요구되는 자신의 역할을 충실히 수행한다.

하지만 이 문제가 해소되기 위해서는 원인-결과 관계에 대한 합의와는 별개로 추가적인 사항이 요구된다는 점에 주목하자. 앞

문단에서 핵심적인 문구는 "불문율"이다. 그리고 이는 팁 주기의 문제에 관한 한 신뢰와 같은 말이다. 엄밀히 말한다면, 신뢰는 합리적 경제와 양립할 수 없으며, 일회성 상호작용의 경우에는 특히 그러하다. 이것이 바로 외지에서 온 사업가의 상황을 골치 아프게 만드는 이유다. 설령 그녀와 웨이터가 무엇이 원인이고 무엇이 결과인지에 대해 합의를 이룰 수 있다 하더라도, 웨이터는 좋은 서비스를 제공한 뒤에 과연 그녀가 자신에게 팁을 줄 것인지를 신뢰하지 않을 수 있으며, 그녀 역시 팁을 준 뒤에도 과연 웨이터가 좋은 서비스를 제공할 것인지에 의문을 가질 수 있다.

그러므로 신뢰가 부재한 경우에 식사 손님과 웨이터 간의 상호작용이 제대로 작동하게 만들기 위해서는 무언가 다른 것이 필요하며, 이때야말로 계약과 강제적 메커니즘이 요청된다.

부언

물리적 상품을 구매할 때는 일반적으로 제품 값의 지불과 수령이 동시에 발생한다. 반면에 서비스의 경우는 서비스의 제공과 서비스의 비용 지불 사이에 지체가 존재한다. 이 시간 간격이 문제의 근원이다. 팁과 좋은 서비스의 사례가 시사하듯이, 소비자와 공급자 모두가 순전히 합리적으로 행동한다면, 지불이 서비스 제공 전에 이뤄지든 서비스 제공 후에 이뤄지든 모두 문제를 일으킬 수 있다.

다행히 법치 국가에는 비록 신통치 않기는 하지만 1가지 해법이 존재한다. 즉, 양측은 구속력 있는 계약을 체결할 수 있다. 예를 들어, 많은 레스토랑이 메뉴판에 서비스가 마음에 들었다면 최종 계산서에 15%의 팁이 추가된다고 명시하고 있다. 따라서 식사 손님은 팁을 지불해야 한다는 사실을 알고 있으며, 웨이터는 완벽하지는 않을지라도 최소한 손님의 마음에 찰 만한 서비스를 제공해야 한다.

이 장을 마무리 지으려다 보니, 어쩌면 식사하는 동안 계속해서 팁을 주는 것만이 이 모든 문제를 해결할 수 있는 방법이 아닐까 하는 생각이 불현듯 든다.

5

운동으로는 살을 뺄 수 없다

운동의 역설

쿠엔틴은 몇 파운드쯤 체중을 감량하고 싶다. 그래서 체육관으로 가서 달리고 수영을 하고 웨이트 트레이닝을 한다. 얼마 지나지 않아 이전보다 날씬해진 모습이 될 것이라는 사실을 그는 믿어 의심치 않는다. 그가 해야 할 일은 운동을 계속하는 것뿐이다.

맞는가?

아니다, 아마도 십중팔구 틀렸을 것이다!

그렇다고 내 말을 오해하지는 말기 바란다. 이 말이 쿠엔틴은 운동을 그만두어야 한다는 것을 의미하지는 않는다. 운동을 해야 하는 많은 타당한 이유가 존재하지만, 체중 감량이 그중 하나는 아니다. 쿠엔틴이 그의 목표를 달성하기 위해 필요한 것은 첫째도 식이요법, 둘째도 식이요법, 셋째도 식이요법이다. 즉 중요한 것은 식이요법이지 운동이 아니다.

　이는 다소 당황스러운 결론이 아닐 수 없다. 어쨌거나 상식에 따른다면 에너지를 소비하고 칼로리를 연소해야만 체지방을 소모할 수 있다. 그러니 그렇게만 한다면 쿠엔틴도 체중 감량에 성공할 수 있어야 한다. 그런데도, 많은 사람의 경험에 비추어보건대, 운동이 우리를 더 날씬하게 만들지 못하는 이유는 무엇인가?

　인간의 신체가 기능하기 위해서는 에너지가 필요하다. 호흡과 혈액 순환, 신진대사뿐 아니라 감염균을 퇴치하고 두뇌를 활성화하며 성행위를 하는 데에도 에너지가 소모된다. 인체는 음식물 섭취를 통해 필요한 에너지를 만들어낸다. 그 결과, 한편으로 음식물 섭취로 생성되는 에너지가 일상적인 루틴을 수행하는 데 필요한 에너지보다 많다면, 인체는 훗날을 위해 지방을 비축한다. 하지만 다른 한편으로 음식물 섭취로 생성되는 에너지가 소모되는 에너지보다 적다면, 인체는 신체 기능을 유지하기 위해 체내에 비축된 여분의 지방을 끌어다 쓴다.

　따라서 수학적 측면에서 체중 감량은 아주 단순한 문제처럼 보인다. 즉, 쿠엔틴이 음식으로 섭취하는 것보다 더 많은 칼로리를 (일상적인 루틴에 더해 운동으로) 소모한다면, 그럴 때마다 지방 비축분은 줄어들고 그에 따라 체중도 줄어들 것이다. 그러므로 일상적인 루틴을 유지하면서도 체중을 감량할 수 있는 비결은 섭취하는 칼로리보다 더 많은 칼로리를 연소하는 것이다. 쿠엔틴의 몸에 축적된 지방 비축분을 연소시킴으로써 신체는 부족한 칼로리를 메우게 되고 그 결과 그는 더 날씬해질 것이다. 이것이 바로 운동을 해야 하는 중요한 이유다.

그러므로 간단한 산술적 계산에만 따른다면, 그 밖에 다른 모든 조건이 일정하게 유지되는 한 우리는 더 많은 운동과 더 적게 먹는 것만으로도 체중 감량에 성공할 수 있다. 하지만 간단한 산술적 계산은 이야기의 전모를 말해주지 않는다. 수학적 계산은 하루가 됐건, 1주가 됐건, 1달이 됐건 간에 일정 기간을 단위로 이루어진다. 그러다 보니 날씬해지기 위해 운동을 하는 사람 중 많은 이들이 정작 체중 감량은 경험하지 못한다는 역설이 발생한다.

해제

이러한 역설적 결과가 발생하는 이유로 다음의 3가지를 들 수 있다. 그중 2가지는 조금만 생각해보면 수긍이 가지만 나머지 하나는 다소 의외일 것이다. 곧 살펴보겠지만, 앞 문단의 "그 밖에 다른 모든 조건이 일정하게 유지된다면"이라는 구절이 해결의 열쇠다.

1) 운동은 배고픔을 유발한다. 따라서 사람들은 운동으로 소모

한 칼로리를 보전하기 위해 운동 후에 더 많이 먹는 경향이 있다. 어쩌면 사람들은 그 모든 노력을 기울인 것으로 이미 보상을 받았다고 느끼는 걸지도 모른다. 그러므로 일반적으로 "그 밖에 다른 모든 조건"은 일정하게 유지되지 않는다. 우리는 운동을 하지 않을 때보다 운동 후에 더 많이 먹는다. 운동으로 사라진 칼로리는 그 양이 얼마든지 간에 나중에 더 많은 간식을 먹음으로써 보충된다.

2) 운동은 피로를 유발한다. 따라서 사람들은 하루 중 운동 이후의 나머지 시간 동안 긴장을 풀며 휴식을 취하려 할 수도 있다. 따라서 사람들은 운동을 하지 않았을 때보다 격렬한 운동 후에 덜 움직이는 경향이 있다. 어쩌면 그들은 운동으로 그날 치 필요한 움직임을 충분히 다했다고 생각할 수도 있다. 그러다 보니 공원에서 5마일 조깅을 마친 후에 집으로 향하는 길에는 걷는 대신 차를 타고, 계단을 오르는 대신 엘리베이터를 탈지도 모를 일이다. 또다시, 일반적으로 "그 밖에 다른 모든 조건"은 일정하게 유지되지 않는다. 사람들은 운동을 하지 않았을 때보다 운동을 하고 나면 더 많이 쉬는 경향이 있다. 전체적으로 본다면 사람들은 운동을 하지 않을 때보다 운동을 할 때 더 적은 칼로리를 소모하는 경향이 있다.

3) 가장 놀라운 점은, 우리가 결코 통제하지 못하는 현상이 원인으로 작용한다는 것이다. 연구에 따르면 인체는 운동에 적응하는 것으로 알려져 있다. 인체는 면역 체계부터 소화에 관련된 기관에 이르기까지 신체 내부 기능에 필요한 에너지 소모량을 줄임으로써 칼로리 연소를 둔화시킨다. 연구자들은 운동으로 신체의 기본 체계가 보다 효율적으로 전환되면, 신체가 체계를 작동시키는 데 더 적은 에너지만을 필요로 하게 된다고 믿는다. 즉, 운동으로 더 많은 에너지를 연소할수록, 인체는 내부 장기를 유지하는 데 더 적은 칼로리를 필요로 하게 된다. 따라서 여기에서도 "그 밖에 다른 모든 조건"은 일정하게 유지되지 않는다. 운동을 하게 되면 인체는 신체 내부 기관을 작동시키기 위해 운동을 하지 않을 때보다 더 적은 에너지를 사용한다.

이것으로부터 모든 운동광을 위해 다음과 같은 교훈을 끌어낼 수 있다. 지금 하고 있는 운동이 있다면, 앞으로도 계속하라. 그러나 그것으로 체중 감량이 이루어질 거란 기대는 하지 말라. 그런 말도 있지 않은가? 체중 감량은 80%의 식이요법과 20%의 운동으로 달성되는 법이라고 말이다.

하지만, 일반적인 주장과는 다르게 식이요법 또한 마법의 특효약이 아닐 수도 있다. 실제로 음식 섭취량이 떨어지면, 신체는 지방을 연소시킨다. 그러나 그러고 나면, 해제에서 제시한 3번째 이유와 비슷하게, 에너지를 보존하기 위해 신진대사가 둔화된다. 따라서 칼로리를 적게 소비하면 할수록 신체의 칼로리 필요량도 점점 더 작아진다.

부언

"운동의 역설"이라는 이름 아래 작동하는 또 다른 현상도 있다. 거의 모든 사람이 운동의 중요성을 확신한다고들 한다. 하지만 많은 사람이 운동을 하고 싶다고 공언함에도 불구하고 하지 않는다. 이는 아마도 우리 대부분이 잘 알고 있는 현상일 것이다. 최근에 심리학자들과 신경학자들은 당신이 아무리 운동하고 싶다고 생각한다 한들 당신의 두뇌는 가만히 앉아 있고 싶어 한다는 사실을 발견했다고 설명하면서, 그러한 현상에 과학적 근거를 제시하기도 한다.

뇌파 전위 기록술을 이용해 두뇌 활동을 시각화한 과학적 발견들에 따르면, 우리의 두뇌는 앉아서 하는 행동에 무의식적으로 끌리는 경향을 보인다. 따라서 운동을 하고 싶다면 하루 종일 소파에 누워 빈둥거리고 싶은 유혹을 물리치기 위해 추가적으로 두뇌 에너지를 더 써야만 한다.

진화적 관점에서 본다면, 게으름에도 나름대로 절대적이고 합리적인 이유가 있다. 에너지 보존은 인간에게 유익하기 때문에, 게으름이야말로 진화적 이점을 제공한다.

2장

언어는 까다롭다

중요한 것은, 당신이 말하는 바가 아니라
그들이 어떻게 듣느냐이다

호모사피엔스라는 현대의 인간 종과 다른 동물을 구별 짓는 특징 중 1가지는 우리 인간이 말로 서로 의사소통할 수 있는 능력을 갖추고 있다는 것이다. 하지만 신이 바벨탑에서 우리의 언어들을 마구 뒤섞어버린 이후로 혼동과 실수, 혼란과 당혹감이 만연하게 되었다.

6

만족할 수 있는가, 아니면 만족할 수 없는가?

모건베서의 이중 부정

일반적인 어법에서, "네가 참석하지 않을 리 없다(there's no way you will not attend)"와 "그녀는 남동생과 다르지 않다(she is not unlike her brother)"처럼 이중 부정어가 포함된 진술들은 실제로 긍정적인 진술 또는 긍정과 같다고 여겨진다. 사실, 이 문장들은 "너는 참석할 것이다"와 "그녀는 남동생과 같다"로 해석된다. 비슷하게, 롤링 스톤스의 노래 "I can't get no satisfaction"*는 믹 재거와 키스 리처즈가 기득권에 대한 불만을 전달하려는 의도로 만들었지만, 문법

• 약칭으로 satisfaction이라고도 불리는 이 노래의 제목이나 노래 속 가사를 번역할 때, "I can't get no satisfaction"은 보통 "난 만족할 수 없어"라고 번역된다. 원래 노래를 만든 가수들의 의도에 부합하기 때문에 그렇게 번역하는 건지는 몰라도, 틀린 번역이다. "나는 만족할 수 있다"가 맞다. 하지만 로커들 사이에서는 no를 any의 강조로 쓴다는 의견도 있으니 참고하기 바란다.

적으로 정확히 분석한다면 원래의 의도와는 정반대인 "나는 만족할 수 있다"라는 의미를 표현한다.

반면에 다음 문장은 이 장의 요점인데, 이중 긍정은 부정으로 해석되지 않는다. "로마로 통하는 길이 있다(there's a street that does lead to Rome)"는 진술이 로마로 통하는 길들이 없음을 의미하지는 않는다. 이중 긍정은 부정을 함축하지 않는다. 그저 긍정의 의미를 강조할 뿐이다.

맞는가?

그렇다, 하지만 1가지 유명한 예외가 있다.

그 예외는 컬럼비아 대학교의 철학자 시드니 모건베서^{Sidney Morgenbesser}의 일화 속에 등장한다. 한번은 한 유명 언어학자가 컬럼비아 대학교에서 강연을 한 적이 있었다. 언어학자는 영어에서 이중 부정은 긍정의 의미를 함축하지만, 그 역은 성립하지 않는다고 지적했다. 즉, 이중 긍정이 부정의 의미를 함축하지는 않는다고 주장했다. 그 순간, 모건베서 가까이에 앉아 있던 청중들은 그가 "그래, 그렇지!"*라고 중얼거리는 것을 듣는다.

재미있는 일화이긴 하지만 이 감탄사가 언어학자의 주장에 대

• 이 감탄사의 의미를 이해하기 위한 열쇠는, 모건베서가 감탄사를 중얼거리기 직전에 강연자가 부정문으로 이야기했다는 사실을 이해하는 것이다. 강연자는 이중 긍정이 부정의 의미를 함축하지 않는다고 말했다. 따라서 바로 뒤에 나오는 "그래, 그렇지"는 의미상, "그래, 그렇지, 이중 긍정이 부정의 의미를 함축하지 않지"를 의미한다. 즉 "그래 맞아. 아니지, 아니야"의 의미이며, 따라서 부정의 의미로 이해해야 한다.

한 실질적인 반증은 아니다. 전하는 바에 따르면, 모건베서는 이 부정하는 듯한[*] 감탄사로 이중 긍정을 "아니오"의 의미로 바꿔버렸다. 하지만 그의 감탄사는 비꼬는 표현이었지, 논리적이거나 문법적인 견해를 나타내려 한 것은 아니었다. 이러한 결론은, 글로 옮겼을 때 "그래"와 "그렇지"가 쉼표로 나뉜다는 사실에 의해 지지된다. 따라서 이 출중한 옥스퍼드 언어학 교수가 강연에서 이중 긍정은 부정이 아니라고 지적한 것은 옳았다.

해제

이 문제에 대해서는 다소 간단한 수학적 계산만으로도 해법을 찾을 수 있다. 물론 +1 곱하기 +1은 +1이다. 그리고 −1 곱하기 −1도 +1이다. 반면에, −1 곱하기 +1은 −1이다. 초등학교 때부터 배웠으니 이런 간단한 사실은 누구나 잘 알고 있을 것이다.

지금부터는 이것을 형식 논리학적 언어로 바꿔보도록 하자. 참인 진술은 P로 나타내며, 부정의 단어는 통상 물결 모양의 접두사(문자 기호 ~)를 붙여서 나타낸다. 따라서 (~P)는 "P가 아니다"가

• [*] 'dismissive'를 번역한 것이다. 모건베서의 감탄사는 겉으로 보기에는 yes지만 의미상 no다. 따라서 dissmissive는 통상 '거부하는 듯한', '경멸하는 듯한'으로 번역하는 경우가 대부분이지만, 이 대목에서는 감탄사의 부정적 함의를 명확하게 한다는 취지에서 "부정하는 듯한"으로 옮겼다.

참이라는 것을 의미한다. 그리고 ~(~P)는 -1에 -1를 곱하는 것과 같다. 따라서 "P가 아니다가 아니다가 참이라는 의미이며, 곧 P가 참이라는 것을 함축한다.

이로써 우리에게는 이중 부정과 이중 긍정부터 그 둘 간의 관계에 이르기까지 분석하는 데 필요한 모든 것이 갖춰졌다. 긍정어와 부정어를 결합한 발화는 +1에 -1을 곱하거나 특정 개수의 물결 모양을 포함한 Ps의 조합과 같다.

이제 "그녀는 남동생과 다르지 않다"는 진술을 살펴보자. 우리는 "그녀는 남동생과 같다"는 진술을 P로 표기할 것이다. 그렇다면, "그녀는 남동생과 다르다"는 진술은 ~P가 된다. 그리고 "그녀는 남동생과 다르지 않다"는 ~(~P)가 되며, 이는 P와 같다. 따라서 "그녀는 남동생과 같다." 연습 삼아 앞 단락에 나오는 P를 +1로 ~를 -1로 대체한 다음, 항들을 곱해보라. 그러면 같은 결과를 얻게 될 것이다. 즉, $(-1) \times (-1) \times (+1) = +1$이 된다.

반면, 이번에는 "로마로 통하는 길이 있다"를 분석해보라. "길은 로마로 통한다(A street leads to Rome)"는 진술을 +1로 표기하자. "길은"과 "로마로 통한다"를 연결하는 "That does"도 긍정적 진술에 해당한다. 따라서 이것 역시 +1로 표기된다. 따라서 "로마로 통하는 길이 있다"는 $(+1) \times (+1)$로 나타낼 수 있으며, 이는 +1과 같다. 그러므로 "길은 로마로 통한다."

다시 모건베서의 감탄사로 돌아가 보자. 그의 "그래"와 "그렇지"는 "곱해"지거나 논리적으로 결합하지 않는다. 그것들은, 앞에서 언급했듯이 모건베서의 발화를 글로 옮길 때 쉼표로 분리되는 것에서 알 수 있는 것처럼, 그저 병렬상태로 존재할 뿐이었다. 따라서 모건베서는 같은 견해를 단순히 두 번 표명한 것에 불과하다. 즉, (+1) 그리고 (+1), 또는 "P는 참이다, P는 참이다"라고 말한 것과 같으며, 이는 정확히 P는 참이다를 의미한다. 그러므로 그의 부정적인 어조에도 불구하고, 모건베서는 언어학자의 의견에 동의를 표한 것으로 볼 수 있다.

부언

모건베서의 가짜 이중 긍정에서처럼 이중 부정도 항상 긍정의 의미를 함축하는 것은 아니라는 점에 유의하자. 많은 사람이 사용하는 영어 속어나 거친 말들에서는 종종 이중 부정이 긍정의 의미를 전달하기 위해서가 아니라 부정의 의미를 두 배로 강조하기 위해서 사용되기도 한다. 그런 화자들에게, "나는 아무것도 모른다(I don't know nothin)"이라는 진술은 무언가를 알고 있다는 긍정의 의미를 함축하는 것이 아니라, 화자가 정말로 모른다는 사실을 강조한다.

그렇다면, 삼중 부정은 어떤가? "나는 아무것도 할 시간이 없다(I ain't got no time for no bullshit!)"은 무슨 의미인가? 이 말은 다음과 같이 바꿔 쓸 수 있다. (-1) × (-1) × (-1) = -1. 또는 다음과 같이 논리학적 표기로 바꿀 수도 있다. "허튼소리 할 시간이 없다(no time for bullshit)"를 ~BS로 나타내고, 항을 약간 재배열하면 ~(~(~BS)) = ~BS이다. 화자는 분명 최대한 예의 바르게 표현하고 싶어 하는 것 같다. 하지만 어쨌거나 화자는 자신에게 잡담할 시간 따위는 없다는 말을 자기 식으로 표현한다. 그렇다면 끝으로, 당신도 다음과 같은 사중 부정 진술이 대체 무엇을 뜻하는지, 한번 이해해보도록 하라. "I ain't got no time for no bullshit no more!"

•

이중 부정이 긍정의 의미를 함축한다는 것이 모든 언어에 다 해당되는 것은 아니다. 이중 부정을 문법 규칙으로 명시하고 있는 프랑스어를 예로 들어보자. 프랑스어에서 동사를 부정하기 위해서는 동사를 "ne… pas"("no… not", 아니다), "ne… rien"("no… nothing", 전혀 아니다), 또는 "ne… aucun"("no… none", 조금도 아니다) 사이에 삽입해야 한다. 이들 단어는 접두사와 접미사로서 부정의 의미를 나타내기 위해 각각 단독으로 사용될 수도 있지만, 또한 다른 단어와 결합해 접속사로도 사용될 수 있다.

7

친숙하다고 믿지 말라

가짜 동족어

한 언어를 다른 언어로 번역하기란 여간 까다로운 일이 아니다. 단순히 단어를 단어로 옮기는 것뿐만 아니라 원문의 의미와 더불어 저자가 말하고자 하는 의도와 감정 또한 전달해야 하기 때문이다. 『창세기』에 따르면 인간이 바벨탑을 완성하기 직전에 분노한 신이 인간의 언어를 혼란스럽게 만들었고, 그 결과 인간은 더 이상 서로가 하는 말을 이해할 수 없게 되었다. 그러고 나서야 사람들은 한 언어를 다른 언어로 옮기는 것이 어려운 일임을 알게 되었다.

하지만 이따금 행운이 따를 때도 있다. 그럴 때면, 어떤 단어나 구절의 생김새나 발음이 너무도 명확해서 번역이 저절로 되는 것 같기도 하다. 예를 들어 이탈리아어 acqua calda는 "cold water" 즉,

"차가운 물"이 확실하다.

맞는가?

완전히 틀렸다. 실제로는 정반대다. acqua calda는 "뜨거운 물"이다. "차가운 물"은 이탈리아어로 acqua fredda이다.

이와 유사한 예들은 비슷하게 쌍을 이루는 언어들에서 많이 발견된다. 독일어 sympathisch는 영어 "likable(마음에 드는)"로 번역되지만, 영어 "sympathetic(공감하는)"은 독일어 mitfühlend로 번역해야 한다. 6을 의미하는 영어 단어 "six"는 터키어 sekiz와 비슷하게 들리지만, 사실 후자는 숫자 8을 의미한다. 프랑스어 monnaie는 money(돈)가 아니라 "coins(동전)"을 의미하는 데 반해, 프랑스어 les coins은 잔돈이 아니라 "corners(길모퉁이)"를 뜻한다. 또한 gift는 영어에서는 선물을 가리키지만, 독일어 Gift는 "독"을 의미한다. 영어에서 의사를 가리키는 "physician"은 프랑스어 docteur로 옮겨야 하는 반면, 프랑스어 physicien은 물리학자를 뜻하는 영어 "physicist"로 옮겨야 한다. 그러므로 프랑스 언어학자 막심 쾨슬러와 쥘 데로퀴니에 따르면, "체격이 빈약한 사람[a person of weak physique]"은 불어로 une personne peu robuste라고 옮겨야 한다.

독일어 diskret는 영어에서 "discreet(신중한)"일 수도 있지만, "separated(분산된)" 또는 "discontinuous(불연속적인)"을 가리키는 수학 용어일 수도 있다. 수학이라는 말이 나온 김에 내가 제일 좋아하는 숫자 단어들을 추가적인 예로 들어보자. 영어 "billion(10억)"은 독일어로 Milliarde인데 반해, 독일어 Billion 은 영어로 "trillion(1조)"이다. 그리고 독일어 Trillion은 영어로 "quintillion(100경)"으로 번역된다. 혼란스러움 그 자체다.

"가짜 동족어"라는 용어는 1928년, 쾨슬러와 에로퀴니가 불어로 함께 펴낸 책 『가짜 동족어, 또는 영어 어휘의 배신』에서 처음으로 사용되었다.

저자들의 동료가 버클리에서 책에 대한 찬사와 함께 편지 한 통을 보내왔다. 그리고 저자들은 그 편지 속 다음과 같은 문구를 책의 서문 앞에 붙여 함께 출판했다. "유추를 통한 추론은 가장 귀중한 동시에 가장 재앙적인 수단입니다. 당신들의 책은 우리에게 그 일이 얼마나 위험한지를 상기시켜줍니다. 친숙함은 유혹적이지만 믿을 수 없습니다. 어떤 외국어의 문구가 우리 언어의 문구와 사촌처럼 보일 때보다 두려운 함정은 없을 겁니다."

해제

"Caldo"와 cold는 비슷하게 들리는 단어들이지만 서로 아무 관련이 없는 가짜 동족어다. 이탈리아어 Caldo의 어원학적 뿌리는 따뜻한 또는 뜨거운이라는 의미를 지닌 라틴어 calidus다. 반면에 영어 cold는 오늘날의 독일어 kalt(차가운)의 뿌리이기도 한 고대 스칸디나비아어에서 기원한다. 그리고 Caldo는 영어에서 "scalding(델 듯이 뜨거운)"이 되었다.

영어 "much(많은)"와 스페인어 "mucho(넘치는)"는 같은 의미를 갖는 단어들이지만, 상이한 기원에서 생겨났다. 영어 단어가 원시 인도유럽어 meghs(큰 또는 거대한)에서 파생되었다면, 스페인어 단어는 라틴어 multus(다량의 또는 다수의)에서 파생되었다.

가짜 동족어는 순전히 우연한 일치로 인한 산물이다. 영어 "sheriff(보안관)"와 아랍어 "sharif(고귀한 혈통의 사람)"는 각각의 언어 안에서 독립적으로 진화했다. 이누이트 언어에서 유래한 "Kayak"과 튀르키예어 "kayak"은 모두 어선을 가리키지만, 각기 독자적으로 출현했다. 그리고 독일어 haben(가지다)은 라틴어 habere와 같은 의미를 지니고 있지만, 서로 무관하다.

다음으로 서로 관련된 동족어지만 수 세기를 거치면서 서로 다른 의미를 얻게 되는 경우들도 있다. 스페인어와 이탈리아어 단어 firma와 독일어 단어 Firma는 모두 라틴어 firmare(확인하다)에서 나왔지만, 스페인어와 이탈리아어에서는 "서명"을 의미하는 반면 독일어 단어는 "주식회사"를 지칭한다.

또 다른 예로 "gymnasium"을 들 수 있다. 영어에서 이 단어는 체육관을 가리키지만, 독일에서는 "G"를 대문자로 써서 고등학교를 지칭한다. 그리고 두 의미 모두 성인 남성과 소년들이 알몸으로 운동하던 장소인 고대 그리스의 gymnasion서 유래한다.

바다는 독일어로 Meer, 네덜란드어로는 zee, 영어에서는 sea이지만, 네덜란드어 meer는 호수라는 뜻으로 독일어로는 See, 영어에서는 lake"라 부른다.

끝으로 만약 독일의 Unternehmer(사업가)가 영어로 자신을 소개할 일이 생긴다면, 자기 자신을 undertaker(장의사)가 아니라 "entrepreneur(기업가)"라고 칭해야 한다. 또한 자신의 기업도 undertaking이 아니라 "entreprise"라고 부르는 게 더 낫다. undertaking이라는 단어는 장례식이 아니라 기업 또는 계획을 가리키지만, 프랑스어에서 유래한 entreprise(법인 또는 조직)와 완전히 같은 의미는 아니기 때문이다.

부언

『가짜 동족어, 또는 영어 어휘의 배신』서문에서 쾨슬러와 에로퀴니는 "혐오스러운 영어식 표현"의 1가지 예로 경제학자들과 언론인들이 돈을 투자하는 행위를 가리킬 때 사용하는 "investment(투자)"라는 단어를 들었다. 그들은 동사 "invest"가 라틴어 investire(옷을 입히다, 무언가를 덮다 또는 둘러싸다)에서 유래한 단어로 실세로 의류를 가리키며, "공직의 관복을 입히다"를 의미한다고 주장한다. 그러면서 저자들은 이 "부정확한 어구"가 십중팔구 번역가의 무능력에서 비롯되었을 것이라고 지적한다.

공교롭게도 그러한 과정에서 그들은 "그는 주식에 돈을 투자했다"라는 의미의 "He has invested his money in the stocks"라는 영어 문장을 "Il a placé son argent en rente"로 번역함으로써 뜻하지 않게 금융 문제에 대한 그들 자신의 무능력을 드러냈다. 불어 단어 rente는 위험성이 높은 투자 상품인 주식이 아니라 저축 계좌와 채권 같은 고정 수익 금융 상품을 가리킨다.

8

야누스 단어

동어 반의어의 역설

1) "그때부터, 완전히 내리막길이었어!"
2) "앨버트는 그 아파트를 렌트한다."
3) "베르타가 나를 잡고 있다."
4) "세실은 왕과 상담했다."
5) "성날 **쿨**한 환영 연회였다."
6) "검열관들이 그 영화를 차단했다."
7) "아서 왕이 엑스칼리버와 싸웠다."

우리는 이 진술들이 무엇을 의미하는지 잘 알고 있다, 그렇지 않은가?

아니다, 잘 모른다.

1) 상황이 쉬워졌다는 건가, 아니면 악화되었다는 건가?
2) 앨버트는 세입자인가, 아니면 집주인인가?
3) 베르타는 나를 지탱해주고 있는 건가, 아니면 나의 전진을 가로막고 있는 건가?
4) 세실은 조언을 제공했는가, 아니면 받았는가?
5) 환영 연회는 냉담했는가, 아니면 "끝내주게 멋진" 파티였는가?
6) 대중을 보호하기 위한 건가, 아니면 미성년자를 보호하기 위한 건가?
7) 엑스칼리버는 전우인가, 적인가, 아니면 무기인가?

로마의 신 야누스는 일반적으로 두 얼굴을 가진 조각상으로 표현된다. 예컨대, 창조와 파괴, 시작과 끝, 빛과 어둠, 과거와 미래에서처럼 이중성을 상징하는 것으로 묘사된다. 흔히 야누스 단어 Janus words는 2개의 정반대되는 의미를 가진다고 일컬어진다. 따라서 종종 반의어나 모순어라고 부르기도 한다.

야누스 단어는 발음은 같지만 다른 의미를 가지는 동음이의어의 하위집합 중 하나다. 예를 들어 다음과 같은 문장들을 살펴보면, 동음이의어를 쉽게 이해할 수 있다(괄호 안의 영어 철자에 주목하라). "전원생활 박람회의 입장료는 적당했다(The price of entry to the country fair was fair)" 또는 "우리는 예약을 했지만, 나는 그 레스토랑이 별로다(We have a reservation, but I have my reservations about that restaurant)."

야누스 단어와 다른 동음이의어의 차이는, 야누스 단어의 경우 의미가 다를 뿐 아니라 그 의미들이 정반대라는 것이다.

해제

야누스 단어는 혼동을 일으킬 수 있으며, 종종 맥락을 살펴야만 그 의미를 명확하게 알 수 있는 경우들이 있다. 하지만 이따금, 맥락만으로 충분하지 않을 때도 있다. 예를 들어, "oversight"는 주의 깊고 책임감 있는 관리 감독을 가리킬 수도 있지만, 부주의한 누락이나 실수를 의미할 수도 있다. "To overlook"은 어떤 작업을 주시하고 통제하는 것을 의미할 수도 있지만, 무언가를 알아차리지 못하는 것을 의미할 수도 있다. 또한 "sanction"은 그 행동을 재가한다는 의미일 수도 있고, 처벌한다는 의미일 수도 있다.

이는 기계 번역을 까다롭게 만드는 이유다. 맥락이 없다면, 야누스 단어가 무엇을 의미하는지 결정하기란 불가능하며, 의미를 결정하기 위해서라도 고등한 인공지능이 필요하게 된다. 야누스 단어 외에도, 인공지능과 인간 지능 모두를 헤매게 만드는 다양한 종류의 단어들이나 단어 쌍들이 존재한다.

동음이형이의어: 발음은 같지만 의미와 철자가 다른 단어들

- 내게는 배 한 쌍이 있다(I have a pair of pears).
- 멀리서 바다가 보인다(I can see the sea from a far).
- 나는 사람들을 탄환 창고로 안내했다(I led the people to the store of lead).
- 내가 해외에 있는 동안, 내 파트너가 작업을 관장할 것이다(While I am overseas, my partner will oversee the operations).

동형이의어: 철자는 같지만 의미가 다른 단어들

- 거짓말하는 것에 굴할 필요는 없다(You don't need to lie down to tell a lie).
- 나는 이 물건을 보관하는 데 반대한다(I object to keeping this object).
- 그녀는 그 내용에 만족한다(She is content with the content).
- 신랑은 신부에게 선물을 주고, 자신의 부모에게 신부를 소개한다(The bridegroom gives his bride a present and presents her to his parents).

동형이음이의어: 철자는 같지만 발음이 다르면 의미도 달라지는 단어들

- 종이 쪽지를 찢는 내 눈에서 눈물이 흐른다(I have a tear in my

eye as I tear up this piece of paper).

- 시계태엽을 감는 동안, 바람이 분다(The wind blows while I wind the clock).
- 나는 사람들을 탄환 창고로 안내한다(I lead the people to the store of lead).

때로는 발음의 차이를 포착하기 어려운 경우도 있다. 예를 들어 한 아이가 가정교사에게 "저는 요즘 제 영어 실력을 다듬고 있는 중이에요(I'm trying to polish up my English)"라고 말한다고 가정해보자. 가정교사가 뭐라고 대답했을까? "아니, 그럴 필요 없어. 네 영어는 충분히 폴란드식이란다(No need, your English is Polish enough)."

동형이음이의어 중에 발음은 같지만 모음 강세만 다른 경우들

- 정원을 이용해 농산물을 생산했다(The garden was used to prodUce prOduce).
- 그 보험은 그 환자에게 무용지물이었다(The insurance was invAlid for the Invalid).
- 그 군인은 사막의 주둔지에서 탈영하기로 결심했다(The soldier decided to desErt his post in the dEsert).

중요한 것은, 당신이 말하는 바가 아니라 그들이 어떻게 듣느냐이다 어떤 단어는 여러 범주에 속할 수도 있다. 예컨대, "fair"는 동음이의어이자 동형이의어이기도 하다. "Tear"는 동형이의어이면서 동형이음이의어며, "Sea"와 "see"는 둘 다 동음이의어인 동시에 동음이형이의어다. 또한 앞에서 지적했듯이, 야누스 단어는 다를 뿐 아니라 정반대의 의미를 가진 동음이의어다.

일부 야누스 단어들은 반어적 느낌을 살리거나 강조하기 위해 사용되기도 한다. "Pretty ugly(매우 추한)"라는 표현에 확실히 모순은 존재하지 않는다. 그렇다기보다 "pretty"는 "ugly"를 강조하기 위해 사용된다. "incredibly trustworthy(믿을 수 없을 정도로 신뢰가 가는)"도 마찬가지다. 또한, 예를 들어 "이 벽난로는 진짜 멋지다(this fireplace is cool)" 그리고 "야외 활동이 유행하고 있다(outdoor activities are in)"에서처럼, "Cool"과 "in"이 반어적인 야누스 단어의 역할을 할 수도 있다.

마이클 잭슨의 히트곡 "Bad(멋진)"야말로 여기에 딱 들어맞는 예다. 한 인터뷰에서 마이클 잭슨은 이 곡이 열악한 동네를 떠나 사립학교에 가게 된 소년에 대한 노래라고 설명했다.

"소년은 방학을 맞아 옛 동네로 돌아옵니다. 그러나 동네 아이들이 그를 괴롭히기 시작해요. 그러자 소년은 노래합니다. '나는 멋져, 너도 멋지고, 그럼 멋진 건 누구지? 최고는 누구야?(I'm bad, you're bad, who's bad, who's the best?)' 지금 소년은 너희는 강하고 착해, 그러니 너희는 멋지다고 말하는 중입니다."

부언

내가 극도로 혐오하는 것 중 하나는 부시즘Bushism• 범주에 속하는 단어들이다. 부시즘에서는 강조를 위해 접두사를 포함하고 있는 단어들임에도 그러한 강조를 제거하거나 취소하기 위해 또는 그러한 강조를 재강조하기 위해 접두사 앞에 또 접두사를 덧붙이는 식으로 사용한다.

예를 들어, 단순하게 distangle ropes(밧줄을 풀다)라고 할 수 있는데도 "disentangle" ropes라고 쓰는 이유는 무엇인가? 그저 disbark the barque(불어로, "작은 배")라고만 써도 '배에서 내리다'라는 뜻이 충분히 전달되는데, 굳이 "disembark" from a ship이라고 쓰는 이유는? 그리고 왜 어떤 정보는 단순히 closed라고만 써도 비공개 상태인 것을 알 수 있는데, 굳이 "undisclosed"라고 쓰는 것인가? 혼자 일하기를 좋아하는 사람이라고 해서 그들이 활동적으로 일하는operative 중임에도 비협조적uncooperative이라고 여기

• 미국 43대 대통령 조지 W. 부시의 화법을 조롱조로 이르는 신조어로, 비문법적이고 비논리적이며 강조를 위해 쓸데없이 접두사를 덧붙인다거나 이상한 합성어를 사용하는 말버릇에 대한 풍자의 의미로 쓰인다.

는 이유는 무엇인가? 끝으로, 판사들^judges도 공평하지^unprejudiced 못하고 "편견에 사로잡힐^judiced"* 수 있으며, 완고한^unbending 공무원들은 disinclined(내켜 하지 않는)가 아니라 그저 (부정을 의미하기 위해 사용된 고대 영어 접두사 "dys-"와 "구부리다"를 의미하는 라틴어 clinare를 합친 신조어) "disclined(굽힐 줄 모르는)"인 것 아닐까?

물론 부시조차 부시즘에 문제가 있다며 반대했다. 자신이 "부시즘으로 인해 무시당한다^misunderestimated ** 고 생각했기" 때문이다.

- * 어번 딕셔너리^Urban dictionary(영어권에서 쓰이는 각종 속어를 설명해주는 사이트)에 따르면, judice는 편향된 관념^biased notion이라는 뜻으로 쓰인다. 따라서 여기에서 파생된 'judiced'는 '편견에 사로잡힌', '편향적인'으로 해석할 수 있다.
- ** misunderestimate는 '~를 잘못 과소평가하다'라는 뜻의 신조어다. 부시 대통령이 사용한 적이 있는, 부시즘적 표현의 대표적인 단어다.

9

5음절Pentasyllabic은 다섯 음절로 이루어져 있다

그렐링-넬슨의 역설

단어는 명사, 동사, 전치사, 접속사 등으로 분류된다. 형용사는 고층 건물, 추운 기후, 빨간 꽃처럼 명사 앞에서 대상을 설명하는 단어들로 이루어져 있다. 나아가 문법 유형으로 형용사를 분류할 수도 있다. 이를테면 서술 형용사, 수량 형용사, 지시 형용사, 의문 형용사로 분류할 수 있다. 예를 들어 7일, 충분한 돈, 이 꽃들, 각각의 요구, 어떤 이의 신발 같은 경우들이다.

형용사를 분류하는 다른, 더 기발한 방법도 있다. 형용사가 자기 자신을 서술하는지 아닌지에 따라 이를 2개의 집단으로 분류하는 식이다. 전자는 자기술어적 형용사, 후자는 비非자기술어적 형용사라고 부른다. 예를 들어, 이 페이지에 인쇄된 '검정'이라는 단어는 자기술어적이다. 검정색의 그 자신을 서술하기 때문이다.

역으로, 여기에 인쇄된 '흰색'이라는 단어는 비자기술어적이다. 또한 '5개의 음절로 이루어진'이라는 뜻의 'pentasyllabic'는 다섯 음절로 구성된 단어로, 자기술어적이다. 반면에 '1개의 음절로 이루어진(단음절의)'이라는 뜻의 단어 'monosyllabic'는 1개의 음절로 이뤄지지 않았기에 자기술어적이지 않다.

형용사는 자기술어적이거나 아니면 비자기술어적이기 때문에, 모든 형용사는 이 두 범주 중 하나로 명확하게 분류될 수 있다. 맞는가?

아니다, 틀렸다!

'비자기술어적'이라는 단어를 살펴보자.

비자기술어적이라는 단어는 형용사이므로 자기 자신을 서술하거나, 아니면 서술하지 않거나 둘 중 하나다. 만약 자신을 서술한다면, 자기술어적이다. 그러므로 자기술어 형용사의 정의에 따라 비자기술어적은 자기술어 형용사가 된다. 반면에, 만약 비자기술어적이라는 단어가 자기 자신을 서술하지 않는다면, 비자기술어적이다. 하지만 비자기술어적이 비자기술어적이라면, 자기술어적 형용사의 정의에 따라, 또다시 자기술어적 형용사가 된다.

이해되는가? 역설이 아닐 수 없다!

형용사뿐만 아니라, 다른 품사들에서도 자기술어적 단어와 비자기술어적 단어를 찾아내는 것은 재미있는 오락거리가 될 수 있다. '하이픈이 붙지 않은'의 뜻을 지닌 Unhyphenated는 자기술어적이지만, '하이픈을 넣은 하이픈이 붙지 않은'의 뜻을 지닌 un-hyphenated는 자기술어적이지 않다. 영어를 의미하는 English는 자기술어적이지만, 독일어 화자가 독일어로 영어를 'Englisch'라고 쓴다면 그때의 영어 Englisch는 비자기술어적이다. '인쇄된'이라는 뜻의 Printed는, 만약 그 단어가 페이지에 인쇄되어 있다면 자기술어적이지만, '손으로 쓴'이라는 뜻의 written이 인쇄되어 있다면 비자기술어적이다. '작은'이라는 뜻의 tiny와 '길쭉한'이라는 뜻의 elongated은 그 형태와 발음의 특성에 따라 모두 자기술어적이라고 부를 수 있다. 같은 맥락에서 '현학적인 전문어'라는 뜻을 지니면서 단어 자체가 이미 과도하게 유행하는 단어의 성질인 buzzword와 '뜻 모를 말'을 의미하면서 실제로 일반 사람들이 이해하기 어려운 용어인 lingo와 같은 명사들, 그리고 명사라는 뜻을 지니면서 그 품사 또한 이로써 기능하는 단어 noun뿐만 아니라, 기술용어로 쓰이는 terminus technicus나 국제 공용어 lingua franca 같은 전문용어도 자기술어적일 수 있다.

　클리셰를 의미하는 'Cliché'는, 당연히 그 자체로 상투적인 문구인 하나의 클리셰[a cliché]다. '박식한'을 뜻하는 Erudite는? 나라면, erudite를 박식한지 아닌지 알 수 있는 단어의 하나라고 분류할 것이다. 사실상 이 단어 자체를 모르면 박식하지 않을 확률이 더 높고 즉, erudite를 아는 것 자체가 박식함을 증명하기 때문이다. 따라서 '박식한'이라는 뜻의 erudite는 자기술어적이다. 비슷하게 '호

언장담하는' 의미의 Magniloquent도 거창하고 화려해 보이는 철자에 따라 자기술어적이다. 신조어를 의미하는 Neologism는 그것 자체가 하나의 새로운 단어로 사용되었다. 따라서 자기술어적이었지만, 더 이상은 새롭지 않으므로 이제는 비자기술어적이다. '큰 소리로'라는 단어를 큰소리로 외친다면, 그 단어는 자기술어적이다. 하지만 '조용히'를 큰소리로 외친다거나 '크게'를 숨죽여 속삭인다면, 조용히와 크게는 모두 비자기술어적이다. 끝으로, '말로 표현할 수 없는 어떤 것'을 말하려고 해보라. 만약 당신이 말할 수 있다면, 그것은 비자기술어적이다. 하지만 만약 당신이 말할 수 없다면, 그것은 자기술어적이다.

이 역설은 저명한 수학자 다비트 힐베르트의 제자였던 독일의 수학자이자 논리학자 쿠르트 그렐링Kurt Grelling과 그의 동료였던 철학자 레너드 넬슨이 고안해냈다. 그렐링과 넬슨은 이 문제를 설명하는 논문을 쓰게 된 동기가 러셀의 역설을 보다 심도 있게 분석하기 위한 노력의 일환이었다고 한다. (다음의 '해제'를 보라).

해제

자기 자신을 서술하는 모든 단어의 집합을 A, 자기 자신을 서술하지 않는 모든 단어의 집합을 H라고 부른다고 가정해보자. 그런 다음, 다음과 같은 질문을 던져보자. 비자기술어적이라는 단어는 집합 A에 속하는가?

만약 A에 속한다면, 그 단어는 자기 자신을 서술한다. 따라서 비자기술어적은 자기술어적이다. 그리고 이런 경우라면 모순이 발생한다.

만약 A에 속하지 않는다면, 그 단어는 자기 자신을 서술하지 않으며, 그에 따라 H에 속해야 한다. 하지만 비자기술어적이라는 단어는 자기 자신을 서술하며, 따라서 A에 속할 수밖에 없다. 이 경우에도, 또다시 모순이 발생한다.

조금만 숙고해보면, 그렐링-넬슨의 역설은 버트런드 러셀이 제기한 수수께끼(31장을 보라)와 동일하다는 것을 바로 이해할 수 있다. 피가로는 세비야의 이발사다. 그는 자기 자신을 면도하지 않는 세비야의 모든 남성을, 그리고 오직 그들만을 면도해야 한다. 그렇다면 피가로는 자기 자신을 면도하는가?

이 역설을 풀기 위해, 러셀은 집합들과 집합의 원소들을 구별한다. 집합을 지시하는 진술들은 집합의 원소를 지시하는 진술들보다 논리적으로 더 높은 상위 유형의 진술이다. 어떤 진술이 집합을 지시하는지 또는 집합의 원소를 지시하는지가 확실하지 않을 때, 혼동이 발생한다.

그렐링-넬슨의 역설에서, 비자기술어적 단어들의 집합 H는 비자기술어적이라는 단어보다 더 높은 상위 논리에 속한다. 논리적 유형 이론에 따르면, 비자기술어적이라는 단어가 H에 속하는지 아닌지를 질문하는 것은 무의미하다. 이는 실제로 알고 싶은 문제는 과일 바구니에 담긴 사과들이 '맛있는지 아닌지'임에도 불구하고, 사과를 담고 있는 과일 바구니가 맛이 좋냐고 물어보는 것과 어느 정도 비슷하다.

부언

한번은 저널리즘 연구 과제 차 샌디에이고를 방문한 적이 있었다. 샌디에이고는 색깔로 구분되는 트롤리 기반 교통 체계를 갖추고 있는데 초록색, 파란색, 오렌지색의 3개 노선으로 구성되어 있다(이번 세기 중반쯤 보라색과 노란색 노선이 추가될 계획이라고 한다). 나는 초록색 노선을 타고 12번가에서 출발해 임페리얼을 거쳐 올드 타운까지 갔다. 강렬한 빨간색의 트롤리가 차량 전면과 좌우 옆면에 초록색 노선임을 알리는 인쇄물들을 달고 도착했다. 그러니까, 초록색 노선은 빨간색이다! 나중에 알아보니, 파란색 노선과 오렌지색 노선의 트롤리들도 모두 빨간색으로 칠해져 있었다. 샌디에이고 트롤리 노선의 호칭들은 비자기술어적이다! 설상가상으로 상황을 진짜 혼란스럽게 만들기라도 하듯이, 샌디에이고에는 어떠한 자기술어적 빨간색 노선도 존재하지 않는다.

실험심리학에서는 '스트룹 효과$^{Stroop\ effect}$'라 불리는 유명한 현상이 있다. 실험은 다음과 같이 진행된다. 빨강, 초록, 파랑, 보라의 글자 각각을 종이 위에 해당 글자와 다른 색으로 인쇄한다. 예를 들어 초록은 빨간색으로, 파랑은 초록색으로, 보라는 노란색으로 인쇄하는 식이다. 그런 다음 피실험자들에게 단어들이 인쇄된 색상을 말해보라고 요청한다. 그들은 하나같이 당황한다. 단어와 색상이 일치하지 않을 때, 피실험자들은 색상을 말하는 데 더 오랜 시간이 걸리고, 잘못된 단어를 말하기 십상이다. 단어와 색상의 불일치, 즉 비자기술어적 인쇄로 인해 스트룹 효과가 생겨난다.

10

장미는 장미는 장미다

램퍼드-무어의 역설

아버지father, 자매sister, 독신 남성bachelor, 5각형pentagon이라는 개념을 설명해보자. 아마도 아버지는 남성 부모, 자매는 여자 형제, 독신 남성은 미혼 남성, 5각형은 다섯 개의 면이 있는 다각형이라고 말할 것이다. 이러한 진술들은 아버지가 남성 부모와 같고 자매는 여자 형제와 같으며 독신남은 미혼 남성과 같고 5각형은 다섯 개의 면이 있는 다각형과 같다고 확언한다. 이제 우리는 이 개념들의 분석을 성공리에 끝마쳤다.

그렇다면 이 진술들은 새로운 정보를 준다는 점에서, 유익한가? 아니다!

그렇다면 "아버지는 남성 부모다"라는 진술보다 아버지를 더 명확하게 설명할 수 있는 말이 있다는 말인가? 솔직히 말해 개념들이 일치하기만 한다면, 우리는 하나를 다른 하나로 바꿔 쓸 수 있으며, 그러한 대체는 언제든 타당하다. 그렇다면, 하나를 다른 하나로 대체해서 쓸 경우 우리가 얻는 것은 무엇인가? "아버지는 아버지다" "자매는 자매다" "독신남은 독신남이다" 그리고 "5각형은 5각형이다" 이러한 진술들은 참이긴 하지만, 정보의 확장이란 측면에서 전혀 유익하지 않다. 그것들은 사소하며, 동어반복적이다. 반면에 "시간은 돈이다"라는 정보를 제공하는 진술(시간은 돈의 가치가 있으므로, 낭비된 시간은 돈을 지출한 것과 같다)이긴 하지만, 옳은 분석은 아니다. 아버지라는 말은 아빠 곰을 가리키는 것일 수도 있다. 또한 자매라고 할 때 전우를, 독신 남성의 영단어 bachelor는 동음의의어로 학사학위를, 5각형의 영단어 Pentagon은 P를 대문자로 써서 국방부 본부 청사를 가리키는 것일 수도 있다.

따라서 분석은, 만약 옳다면 유익하지 않으며 만약 유익하다면 옳지 않다. 결국, 분석이란 옳은 동시에 유익할 수는 없다.

철학자들은 으레 그렇듯 상황을 더 혼란스럽게 만드는 존재이니, 이번에도 얼마나 상황을 꼬이게 만드는지 어디 한번 믿고 살펴보자.

『콘사이스 옥스퍼드 사전Concise Oxford Dictionary』의 정의에 따르면, 분석이란 "더 간단한 요소들로 분해"하는 것이다. 그리고 『옥스퍼드 철학 사전Oxford Dictionary of Philosophy』의 정의에 따르면, 분석이란 "어떤 개념을 더 단순한 부분들로 해체해 그 개념의 논리적 구조를 밝으로 드러내는 과정"이다. 이는 분석철학의 창시자 중 한 명인 영국 철학자 조지 에드워드 무어가 제안한 명제이기도 하다. 무어는 "어떤 사물을 이해할 수 있는 첫 번째 방법은 그것의 구성 개념들로 분해하는 것"이라고 했다. 하지만 어떤 사물을 그 부분으로 해체하다 보면, 결국에는 막다른 길에 도달하게 된다. 즉 용어들이 더 이상 분해될 수 없는, 따라서 분석될 수도 없고 또 정의될 수도 없는 지점에 당도하게 된다.

무어의 표현에 따르면, "우리는 말^{horse}을 정의할 수 있다. 말이 다양한 속성과 특징을 지니고 있으며, 우리가 그것들을 모두 일일이 열거할 수 있기 때문이다. 하지만 말을 그것의 가장 단순한 구성용어들로 축소하게 되면, 더 이상은 그 용어들을 정의할 수 없게 된다. 그때의 용어들은 그저 우리가 머릿속으로 생각하거나 인식하는 어떤 것에 불과하다. 따라서 그것들에 대해 생각할 수도 또 인식할 수 없는 누군가에게는 정의를 내려 그 특징들을 알게 할 수는 없다."

그것은 마치 네안데르탈인에게 5각형을 정의하거나 눈먼 사람에게 노란색을 정의하려고 애쓰는 것과 같을 것이다. 또는 3살짜리 아이에게 오른손은 손바닥을 아래로 가게 했을 때 엄지가 왼쪽을 향하는 손이라고 설명하려 애쓰는 것과 같다.

해제

철학자들이 즐겨 사용하는 표현에 따르면, 분석되는 진술의 주어는 분석되는 용어, 즉 피분석항이라 불린다. 그리고 진술의 목적어는 설명을 표현한다고 해서 분석항이라 불린다. 따라서 아버지, 자매, 독신남, 5각형은 피분석항인데 반해 남성 부모, 여자 형제, 미혼 남성, 다섯 개의 면이 있는 다각형은 분석항이다.

피분석항과 분석항이 같은 의미를 가진다면, 분석은 사소한 동어반복에 불과하다. 하지만 만약 피분석항과 분석항이 같은 것을 의미하지 않는다면, 그 분석은 거짓이다.

그런지 아닌지, 다음의 진술들로 한번 시도해보라. "멍청이는 바보다" "쓰레기는 폐기물이다" "화폐는 현금이다", 끝으로 "러그는 카펫이다" 앞에 2가지 진술은 사소하다. 피분석항와 분석항이 같은 것을 의미하기 때문이다. 즉, 멍청이=바보, 쓰레기=폐기물. 나머지 2가지 진술은 거짓이다. 피분석항과 분석항이 다른 의미를 가지고 있기 때문이다. 화폐와 현금은 모두 지불 수단이긴 하지만, 같은 것을 의미하지는 않는다. 또한 러그는 카펫일 수도 있지만, 담요일 수도 있다.

따라서 분석은 무의미한 동어반복이어서 무익하거나, 아니면 거짓이거나 둘 중 하나다.

어떤 용어에 대한 분석을 시작하기 위해서는, 그 용어에 대한 사전 지식을 이미 어느 정도라도 갖추고 있지 않은 한, 아무리 좋은 정의라도 유익할 수 없다. 정의는 어떤 개념을 피상적으로 이해하는 출발점이 될 수 있다. 하지만 그 개념이 진정으로 무엇을 의미하는지에 대한 깊이 있는 지식을 얻기 위해서는 종종 보다 많은 맥락이 필요하다.

점에 대한 고대 그리스의 정의보다 지금 우리가 논의 중인 이야기에 딱 들어맞는 사례는 없을 것이다. "한 점에는 부분이 없다"는 정의는, 만약 이전에 점에 대해 들어본 적이 없는 사람이라면 무슨 뜻인지 몰라 실망스러울 것이다. 오직 유클리드 『기하학 원론Elements』에 나오는 추가적인 정의와 정리를 살펴본 뒤에야 점이 무엇인지가 점차 명확해진다. 많은 개념에 대한 분석들도 같은 패턴을 따른다. 즉, 우리는 어떤 용어에 대한 불완전한 정의에서 시작하지만, 이와 관련해 충분한 경험을 쌓아나감에 따라 종국에는 그 용어를 완전히 이해하게 된다.

부언

시 애호가들은 미국 시인 거트루드 스타인Gertrude Stein이 1913년에 발표한 시 〈신성한 에밀리Sacred Emily〉에 나오는 유명한 구절 "장미는 장미는 장미는 장미다(A rose is a rose is a rose is a rose)"를 놓고 골머리를 앓아왔다. 문법적으로 본다면 이 구절은 틀렸다. 4개의 주절을 부적절하게 병치시키고 있기 때문이다. 하지만 이 시구는 논리학적 사고의 3가지 기본 법칙 중 하나인 동일률, 즉 "A는 A와 같다"를 떠올리게 한다(다른 2가지는 "A와 A가 아닌 것이 모두 참일 수는 없다"는 비모순율과 "A는 ~이거나 아니거나 하나여야 한다"는 배중률이다).

따라서, 이 시구는 참이지만 전혀 새로운 정보를 주지 않는다는 점에서 유익하지 않다. 시구는 사소한 동어반복을 그것도 세 차례나 이어간다. 하지만 스타인은 동어반복을 염두에 두지 않았다. 사실, 스타인은 장미를 장미가 아닌 다른 그 무엇으로 정의함으로써 독자들이 장미가 아닌 것에 집중하도록 만들고 싶지 않았다. 오히려 스타인은 의미의 강화를 염두에 두고 있었다. 어쩌면 시인은 셰익스피어의 『로미오와 줄리엣』에 나오는 "장미는 어떤 이름으로 불리든 향기로운 냄새를 풍기기 마련이다(A rose by any other name would smell as sweet)"라는 대사에서 영감을 얻을 것일지도 모른다. 스타인은, 중요한 점은 그 무언가가 뭐라고 불리는지가 아니라 그 자체로 무엇인가라는 것을 표현하고자 했다. 그것은 있는 그대로의 그것이다! 당신이 아는 것은, 당신에게 보이는 바 그대로다.

이 역설은 미국 논리학자 쿠퍼 해럴드 랭퍼드가 1942년 발표한 논문 덕분에 보다 광범위하게 알려졌다는 이유로 랭퍼드-무어의 역설이라고 불린다. 분석의 역설로도 알려져 있으며, 질문의 역설(일명, 메노의 역설. 38장을 보라)과 비교되는 경우가 많다. 만약 당신이 무엇을 찾고 있는지를 당신 자신이 알고 있다면, 질문은 불필요하다. 반면에 당신이 무엇을 찾고 있는지 당신이 알지 못한다면 질문은 불가능하다. 그러므로 질문은 불필요하거나 불가능하거나, 둘 중 하다.

거짓말 같은 진실
해피엔딩이 전부는 아니다

힘든 일상을 잠시나마 잊게 해주고 독자나 시청자들의 긴장을 풀어주는 데는 책과 영화, 연극만 한 것이 없다. 긴장을 풀어준다고? 서스펜스에 사로잡혀 손에 땀을 쥐며 의자 끄트머리에 앉아 있는 마당에, 긴장을 풀기를 원하는 사람이 대체 어디 있단 말인가? 빨리 다음 편 가져오라….

11

누가 범인인가? 바로 그다!

서스펜스의 역설

프랭크 레이처의 《서스펜스Suspense》와 앨프리드 히치콕의 《사이코》 같은 서스펜스* 넘치는 영화들은 다시 볼 만한 가치가 충분하다. 사실, 영화의 매력은 팬들의 반복 관람 횟수를 비롯해 다양한 변수로 측정될 수 있으며, 영화의 재정적 성공은 이미 영화를 시청한 열성적 팬들이 구매하는 DVD 판매 부수와 다운로드 횟수에 어느 정도 좌우된다. 또한 스트리밍 서비스는 가입자들에게 그들이 이미 시청한 적이 있는 영화들의 목록을 보여주며, "다시 보기"를 제안한다.

- 주로 영화, 드라마, 소설 등의 작품에서 어떤 일이 벌어질지 모른다는 긴장감과 불확실성에서 오는 감정적 반응

서스펜스 추리 영화를 처음 시청할 때, 시청자들은 범인이 드러나는 마지막 장면까지 긴장을 놓지 못한다. 하지만 어떻게 끝날지를 이미 알고 있을 때조차 사람들이 영화를 반복해서 다시 보고 싶어 하는 이유는 무엇인가? 결말이 더 이상 불확실하지 않은 영화를 보며 끝까지 자리를 지키는 것은 엄청나게 지루한 일임에 틀림없을 것이다. 그럼에도 불구하고 경험에 따르면 반복 시청을 할 때조차 관객은 최종 결말을 숨죽이며 기다린다.

어떻게 그럴 수 있는 걸까?

인지 심리학자들은 사람들이 나쁜 결말을 두려워할 때, 좋은 결말을 바라거나 어떤 결말이 나올지 불확실할 때 서스펜스를 느낀다는 사실을 발견했다. 『스탠퍼드 철학 백과사전 Stanford Encyclopedia of Philosophy』에 따르면 다음과 같다.

1) 서스펜스는 불확실성에서 비롯된다.
2) 이야기의 결말을 안다면 불확실성은 사라진다.
3) 사람들은 그들이 결말을 알고 있는 어떤 이야기들에 서스펜스를 느낀다.

일반적으로 진술 1)과 진술 2)는 상식이라고 생각할지도 모른다. 하지만 만약 이 진술들이 참이라면, 3)은 틀린 진술이 분명하다. 반복적인 시청으로 어떤 이야기의 결말을 이미 알고 있다는 사실이 서스펜스와 같은 느낌이 드는 것을 방해할 것이기 때문이다. 그렇다면 어떤 영화들은 대체 어떻게 여러 번 되풀이해서 보는 데도 그때마다 긴장감을 불러일으킬 수 있는 것인가? 또는 이 백과사전 표제어 저자가 제기했던 보다 일반적인 의문을 빌리자면, 다음과 같이 질문할 수도 있다. "어떤 작품들은 여러 번 접하는데도 대체 어떻게 그때마다 한결같이 긴장감을 선사하는 것처럼 보일 수 있는가?" 지난 수십 년 동안 심리학과 철학, 예술 비평, 영화 이론 분야에서는 이러한 질문을 두고 활발한 논의를 벌여왔다.

"~을 매달다"라는 뜻의 라틴어 서스펜데레suspendere에서 유래한 서스펜스라는 단어에는 믿음을 유보한다는 의미가 포함되어 있다. 철학자 로버트 야날Robert Yanal은 작품의 반복적인 시청에도 불구하고 서스펜스를 느끼는 현상을 서스펜스의 역설이라고 명명했다. "서스펜스를 끌어올리기 위해 서사는 정보 제공을 제한할 뿐만 아니라 여러 가지 대안적인 결말들이 가능할 수도 있다고 넌지시 비춘다. 서사의 결말과 관련된 이러한 불확실성이 서스펜스를 일으키기 위한 필수 조건인 것 같다. 왜냐하면 자신이 이미 알고 있는 결말에 대해 서스펜스를 느낄 수 있는 사람은 없을 것이기 때문이다."

하지만 어떤 영화는 반복적인 시청에도 불구하고 계속해서 서스펜스를 불러일으킨다. 설령 관객이 어떤 일이 벌어지게 될지를 이미 알고 있다 할지라도 기대감과 불확실성이 뒤섞인 긴장감은 사라지지 않는다. 그리고 이것이 역설을 만들어낸다. 실제로, 영화가 주는 불확실성이 줄어드는데도 서스펜스가 더 증폭되는 경우도 간혹 있다. 폭탄의 퓨즈가 점화되어 폭발이 초읽기에 들어가면, 우리는 그 장면이 폭발로 끝나게 될 거라는 결말을 이미 알고 있지만, 그럼에도 손에 땀을 쥐며 앉은 자리를 떠나지 못한다.

해제

이 역설은 앞에서 나열한 3가지 진술이 양립 불가능하므로 발생한다. 진술들을 동시에 만족시키는 것이 불가능하기 때문에, 이 역설을 풀 수 있는 해법은 진술당 하나씩 3가지가 존재한다.

진술 1)과 대조적으로, 철학자 에런 스머츠 Aaron Smuts는 서스펜스가 불확실성에서 비롯되지 않는다고 주장한다. 그의 "서스펜스의 욕망-좌절 이론 desire-frustration theory of suspense"에 따르면, 서스펜스는 무언가를 변화시키고 싶은 강렬한 욕망과 바로 지금 그 욕망을 실현시킬 수 없는 무능력이 결합할 때, 오직 그럴 때만 생겨난다. 즉 긴박한 사건의 결말에 영향을 미치고자 하는 욕망이 좌절될 때 서스펜스가 발생한다고 주장한다. 예를 들어 영화는 관객에게 위험이 임박했음을 알려주지만, 관객은 영화 속 주인공에게 그 사실을 경고해 줄 수 없다. 관객은 "조심해! 그가 네 바로 뒤에 있어!"라고 소리치고 싶지만, 그럴 수 없다. 알고 있는 바를 이용해 결말에 영향을 미칠 수 없다는 무능력이 서스펜스를 창출한다.

진술 1)과 상충하는 또 다른 이론도 있다. "즐거운 불확실성"이라 불리기도 하는 이 이론 역시 서스펜스가 불확실성에서 비롯된다고 본다. 하지만 이때의 불확실성은 진짜일 필요가 없으며, 상상만으로도 충분하다. 영화가 어떻게 끝나게 될 것인지를 우리가 이미 알고 있다 하더라도 영화를 보는 동안 만큼은 여전히 다른 끝을 상상할 수 있다. 사건의 결말을 모른다는 생각을 그저 즐기는 것만으로도 서스펜스를 불러일으키기에 충분하다. 훌륭한 소설이 그렇듯 잘 만든 영화도 상상력의 힘을 이용해 감정적 반응을 끌어낸다(이를테면 실제로는 일어난 적 없는 상상 속 누군가의 모욕적 언사에 흥분해서 길길이 뛰는 것과도 같다).

다른 한편으로 단순히 이야기의 결말을 아는 것만으로는 불확실성을 배제할 수 없다고 주장하며, 진술 2)를 거부할 수도 있다. "일시적 망각 이론"에 따르면, 서스펜스는 불확실성에서 비롯되지만, 시청자들은 영화에 너무나 몰두한 나머지 자신이 결말을 이미 알고 있다는 사실을 잠시 망각한다. 그들은 상상력을 발휘해 마치 결말이 불확실한 척 모르는 체 한다.

끝으로, 진술 3)을 거부할 수도 있다. "감정 오인 이론"에서 야날은 영화를 반복해서 보는 시청자는 서스펜스를 느끼지 않는다고 주장한다. 그들은 자신이 알기로 곧 일어나게 될 사건이 일어나기를 기대하며 그러한 기대감을 서스펜스로 혼동할 뿐이다. 관객의 흥분은 일어나기로 되어 있는 사건을 완벽하게 예측하는 데 달려 있다. 이 이론에 따르면 기대감에는 불확실성이 필요하지 않다. 뿐만 아니라 실제로 기대감은 결과를 아는 것에서 비롯된다. 불확실성이 유발하는 것은 서스펜스가 아니라 다름 아닌 호기심이다.

부언

음악 애호가들이 교향곡을 들으러 연주회에 가고 또 가고, 연극을 좋아하는 사람들이 공연장을 재차 찾는 이유는 무엇인가? 그들의 마음을 사로잡는 것은 엔딩을 모르는 데서 오는 서스펜스가 아니다. 음악과 연극 작품을 반복적으로 소비하는 데에는 다른 이유들이 존재한다. 대개 음악가들의 풍부한 표현력이나 배우들의 극적인 연기를 볼 수 있다는 기대감이 계속해서 공연장으로 대중을 불러들인다.

그렇다면, 어린아이들이 같은 동화를 여러 번 읽고도 또 읽고 싶어 하거나 실제로도 그렇게 반복해서 읽는 이유는 무엇인가? 심리학자 브루노 베텔하임에 따르면 동화는 어린이들이 분리 불안, 오이디푸스 갈등, 형제간 경쟁과 같은 문제들을 헤쳐 나가는 데 도움이 된다. 그들은 동화의 끝을 이미 알고 있다. 하지만 긴장감은 여전히 느끼는데, 그들이 이야기에 대한 흥미를 잃은 시점이라 하더라도 성장하면서 겪게 되는 문제들을 받아들이고 해결하기 위해서는 아직 여러 차례 더 읽어야 할 수도 있기 때문이다.

끝으로, 문학광들이 소설을 재차 읽는 이유는 무엇인가? 읽을 때마다 변화된 시점으로 볼 수 있다는 점에서다. 예를 들어 처음 읽을 때는 등장인물들의 심리 상태를 가늠하려 한다면, 두 번째 읽을 때는 사회 문제와 관련지어 보고, 세 번째 읽을 때는 역사적 또는 정치적 함의를 따져 볼 수도 있다. 긴장감이 계속해서 유지되는 까닭은 어려운 책일수록 해석의 여지가 무궁무진하기 때문이다. 즉 그러한 책들은 독자의 관점과 위치, 역사적 맥락에 따라 끊임없이 재해석된다.

12

슬픔에 탐닉하기

비극의 역설

연극의 세 번째이자 마지막 장이다. 남자 주인공이 스스로를 찌르고 마지막 숨을 헐떡인다. 여자 주인공은 독이 든 칵테일을 마시고 바닥에 맥없이 쓰러지며, 버림받은 구혼자는 고통에 찬 비명을 지른다. 관객은 숨을 죽이고, 많은 이들의 뺨에 눈물이 흐른다. 커튼이 내려오자, 우레와 같은 박수가 공연장을 가득 메운다.

잠시 후, 모퉁이 근처의 술집에서는 관람객들이 질리지도 않는지 삼삼오오 모여 앉아 방금 본 연극 얘기를 나눈다. 그들은 이 작품을 사랑했다. 정말로 아주 많이 사랑했다.

그들이 뭘 했다고? 자신들을 슬픔에 젖게 만드는 연극을 사랑했다고?

그렇다!

확실히 비극은 관객에게 부정적인 감정들을 불러일으킨다. 슬픔, 연민, 비탄, 외로움, 실망, 죄책감, 수치심, 후회, 두려움, 혐오, 충격, 공포, 고통, 노여움과 분노 같은 감정들 말이다. 하지만 여기에는 역설이 존재한다. 이러한 감정들을 경험하는 것이 기분을 상하게 하지만, 그럼에도 연극 애호가들은 그러한 감정들을 불러일으키는 공연들을 찾아다닌다. 관객들은 실제라면 질색했을 비극적 사건들을 예술의 견지에서 감상하는 것처럼 보인다. 언뜻 보기에 그들은 슬픔에 빠지는 일을 즐기는 것 같다. 희극의 뮤즈와 비극의 뮤즈는 모두 연극을 나타내는 공통의 상징들이다.

이 수수께끼는 아리스토텔레스까지 거슬러 올라갈 수 있다. 아리스토텔레스는 『시학Poetics』 13장에서 "시인은 플롯(이야기의 구성)을 구상할 때 무엇을 목표로 해야 하며, 무엇을 피해야 하는가?"라고 묻는다. 그러면서 "최고로 정제된 형태의 비극을 만들기 위해서는 플롯이 연민과 두려움을 일으키는 행동들을 모방해야 한다."고 답한다. 이 점을 납득시키기 위해 14장에서는 다음과 같이 보다 상세하게 설명한다. "비극적 두려움과 연민은 어떤 광경에 의해 유발된다. 비극적 쾌락이란 연민과 두려움의 쾌락과 같으며 시인은 모방 작업을 통해 그러한 쾌락을 만들어내야 한다."

2천 년 후, 스코틀랜드 철학자 데이비드 흄은 "잘 쓴 비극 한 편"이 불러일으키는 "설명 불가능한 쾌락"에 대해 논했다. 뜻밖에도 비극은 쾌락적이지만 그 쾌락은 슬픔, 공포, 불안을 비롯한 여타의 불쾌한 자연적 감정들에서 나온다. "(관객은) 마음에 상처를 입고 슬픔에 잠식되면 될수록 그 비극적 광경에 더 많은 기쁨을 느낀다. 그들은 괴로움에 비례해 기뻐한다. 그들은 자신이 눈물을 흘리고 흐느끼고 울부짖으며 슬픔을 분출할 때, 그럼으로써 세상에서 가장 다정한 동정심과 공감으로 부풀어 오른 자신의 마음을 진정시킬 때, 가장 큰 행복을 느낀다."

해제

비극이 주는 매력을 설명하기 위해 여러 가지 가설이 제시되어 왔다. 앞에서 지적했듯이 첫 번째 가설은 아리스토텔레스까지 거슬러 올라간다. 비극적인 연극을 관람하거나 슬픈 영화(정확히 하자면, 아리스토텔레스가 영화에 대해 언급하지는 않았다)를 볼 때 느끼는 연민과 두려움은 카타르시스를 일으킨다고 알려져 있다. 카타르시스는 고통스러운 감정들을 정화하고 몰아낸다. "고통을 자아내는 예술 작품은 눈물의 홍수와 함께 고통스러운 감정들을 쓸어내 버린다."

흄이 제기한 두 번째 가설에 따르면, 비극 공연을 관람하는 데서 오는 불편함은 작가의 능력, 배우들의 재능, 연극이 지닌 복잡성과 타당성, 도덕적 색채를 통해 무언가 유쾌하고 긍정적인 것으로 바뀐다. 연극을 관람하는 동안 관객이 견뎌야 하는 고통스러운 감정들은 공연이 주는 즐거운 감정들로 상쇄된다. "메타반응"이라 불리는 현상과 관련이 있는 또 다른 가설에서는 관객들이 비극적인 연극이나 영화를 관람하고 나면 마음이 유순해지면서 스스로 자축할 정도로 행복감을 느끼게 된다고 말한다. 그들은 긍정적인 감정이 차오르는 것을 경험하는데, 자신처럼 동정심이 풍부한 사람들만이 타인을 위해 고통을 느낄 수 있는 능력을 가지고 있기 때문이다.

다른 한편, "풍부한 경험 가설"에서는 사람들이 비극적인 연극 공연을 관람하고, 우울한 영화를 보며, 슬픈 책을 읽을 수 있는 이유가, 그렇게 함으로써 괴로운 상황을 경험해볼 수는 있지만 그렇다고 해서 자신에게 어떠한 실질적인 위협이 가해지거나 하지는 않기 때문이다. 일반적으로 현실에서 두려움, 분노, 공포, 혐오 또는 비참함을 경험하기 위해서는 고통스러운 상황을 견뎌내야만 한다. 하지만 그러한 감정들이 화면에서 펼쳐지는 것을 그저 지켜보거나 책으로 읽음으로써 안전하게 거리를 두고 그러한 감정들을 경험할 수 있다.

또한 "통제 가설"이라는 것도 존재한다. 통제 가설에 따르면, 연극, 영화, 또는 책이 불러일으키는 부정적 감정을 즐길 수 있는 이유는 우리에게 통제력이 있기 때문이다. 우리는 언제든 극장 밖으로 걸어 나가거나 책을 내려놓거나 할 수 있다.

끝으로, 논문들에서 직접적으로 언급된 적은 없는 것 같지만, 사람들은 남의 불행이 나의 기쁨이라는 뜻의 샤덴프로이데^{schadenfreude}(고소해하는 마음) 느낌을 즐기는 것일 수도 있다. "천만다행이다. 내가 아니라 그 사람이라서."

부언

통제 가설을 제외하면 이 장에서 제시된 모든 설명은 흄과 동시대를 살았던 영국 철학자 제러미 벤담이 18세기에 주창한 도덕철학의 일종인 공리주의에 포함시킬 수 있다. 공리주의는 인간이 자신의 전반적인 행복과 건강을 극대화하기 위해 노력하는 (또는 노력해야 하는) 존재라고 제안한다. 『도덕과 입법의 원리 서설$^{An\ Introduction\ to\ the\ Principles\ of\ Morals\ and\ Legislation}$』(1789)에서 벤담은 심지어 특정 행동이 유발할 수 있는 쾌락의 양을 계산하기 위해 "헤돈^{hedons}(쾌락의 가상 단위)"과 "도울러^{dolors}(고통의 가상 단위)"를 비교 평가하는 연산 방식을 제시하면서, 이를 "행복 계산법"이라 부르기도 했다. 그리고 확실히 비극을 시청하거나 슬픈 책을 읽음으로써 생겨나는 헤돈의 양이 도울러의 양을 능가하는 것 같다.

한 번 들었던 농담은 다시 들으면 처음 들었을 때와 같은 박장대소를 일으키지 않는다.

13

감동으로
눈물이 흐르다

허구의 역설

소설의 첫 200페이지를 읽는 동안 긴장감이 점점 고조된다. 심장이 두근거리고 맥박이 마구 뛴다. 당신은 계속해서 페이지를 넘긴다. 가슴이 조마조마하지만, 다음에 어떤 일이 벌어질지 너무도 궁금하다.

그러다 205페이지에 이르자 소설은 절정에 달한다. 버림받았던 연인이 다시 사랑하는 이의 품에 안기고, 병에 걸린 친구는 회복 중이며, 제멋대로 굴던 아들은 집으로 돌아오고, 남의 손에 넘어갈 뻔했던 목장도 지킬 수 있게 되었다. 안도의 한숨을 내쉬며 당신은 책을 내려놓는다. 맥박도 정상으로 돌아온다.

하지만, 잠시만 기다려보라. 이건 그냥 소설일 뿐이다! 실제로는 신체가 됐건 아니면 연애 관계가 됐건 간에 상처를 입은 사람은 아무도 없다. 어쨌거나 그건 소설에 불과하기 때문이다. 만약 당신이 꾸며낸 이야기에 감동받는다고 한다면, 당신은 불합리하고 일관성이 없으며 종잡을 수 없는 사람이 되는 건가?

글쎄, 어쩌면 그럴지도 모르겠다.

일반적으로 우리는 다음과 같은 3가지 진술 각각에 동의할 것이다.

1) 우리는 소설에 진심으로 감동한다(예컨대 눈물을 흘리고 화를 내며 두려워한다).
2) 우리는 소설에서 그려지는 이야기가 진짜가 아니라는 것을 알고 있다.
3) 우리는 우리가 진짜라고 믿는 것에만 진심으로 감동한다.

하지만 만약 진술 2)와 진술 3)이 참이라면, 진술 1)은 참일 수 없다. 또는 달리 말해 소설에 감동하는 사람이 있다면, 그게 누구든 합리적이지 않다. 하지만 우리가 경험으로 알고 있듯이, 진술 1)은 참이다. 당신과 나처럼 즉 완전히 합리적인 (그러기를 바란다) 사람들도 실제로는 존재하지 않는다는 것을 잘 알고 있는 그런 이야기에 감동하기도 한다. 소설은 그저 작가의 정신이 만들어낸 허구적인 이야기에 불과하지만, 우리를 감동시키는 힘을 지니고 있다. 하지만 이 모든 상황이 불합리한 것처럼 보이니 이 또한 역설이 아닐 수 없다!

1975년에 철학자 콜린 래드퍼드와 마이클 웨스턴은 "우리는 왜 안나 카레니나의 운명에 감동하게 되는가?"라는 제목의 논문에서 소설 작품에 감정적으로 반응하는 것은 불합리하다고 주장했다. 그러면서 이러한 불합리성을 "허구의 역설"이라 명명했다.

그들은 다음과 같이 썼다. "만약 당신에게 조금이라도 인간적인 면모가 있다면 당신이 읽은 것에 감동받을 수밖에 없다. 카레니나의 이야기는 화, 두려움, 당혹스러움 혹은 분노의 감정들을 각성시키거나 재각성시키는 것 같다."

지금까지는 아주 좋다. 하지만 그들의 글에는 반전이 존재한다. "이제, 당신이 안나 카레니나 이야기가 허구라는 사실을 깨닫는다고 가정해보자. 만약 당신이 그녀의 이야기에 마음이 아팠었다고 한들 더 이상은 마음이 아프지 않을 것이다. 만약 당신이 그 이야기가 허구라는 사실을 나중에서야 알게 됐다면, 감동해서 눈물 흘렸던 당신이 바보였고, 속았다는 느낌을 받았을 것이다."

이 논문은 그 후 수십 년 동안 학술지를 중심으로 활발한 논쟁이 오가게 만들었다. 그리고 50년이 지난 지금도 논쟁은 여전히 진행 중이다.

해제

이 역설을 해결하기 위한 시도로 다양한 설명들이 제시되어 왔다. 그중 하나는, 독자가 지금 자신이 허구를 소비하는 중이라는 사실을 매우 잘 인지하고 있다는 것이다. 그럼에도 불구하고 그들은 공포에 질린 척하거나, 즐거운 척하거나 슬픈 척한다. 자신이 감정을 흉내 내고 있다는 사실을 충분히 잘 알고 있는 독자는 사실이 아님을 알면서도 믿는 척하는 일종의 가장 놀이 게임에 돌입한다. 그들이 경험하는 감정은 진짜가 아니며, 그것들은 감정에 준하는 의사감정일 뿐이다. 우리가 읽는 소설은 가장 놀이 게임을 시작하기 위한 토대를 제공한다. "가장 가설"은 독자가 같은 책을 반복해서 읽는데도 서스펜스를 경험하는 이유를 설명하는 데도 유용하다. 어쨌든 가장 가설은 진술 1)이 거짓이라고 주장한다.

가장 가설과는 대조적으로 "착각 가설"에 따르면, 우리는 읽고 있는 것이 사실이라고 믿는다. 사건들을 하나하나 상세히 나열하고 장면과 인물을 묘사하는 저자의 기술이 독자를 속아 넘길 정도로 대단하기 때문에, 사람들은 자신이 읽고 있는 이야기가 마치 사실인 것처럼 믿도록 현혹된다. 일시적이지만 의심하기를 중단한 채, 독자는 소설 속 페이지들이 설명하는 연애 이야기가 실화라고 간주한다. 하지만 여기에는 1가지 문제가 있다. 비록 읽고 있을 때에 한해서긴 하지만 공상과학 소설이나 동화의 경우, 착각 가설은 독자를 비합리적인 사람까지는 아니더라도 미신적인 사람으로 만든다. 즉 독자를 외계인, 마녀, 뱀파이어의 존재를 믿는다고 가정한다. 그러므로 착각 가설에 따른다면, 진술 2)는 거짓이다.

끝으로 허구의 역설을 설명하기 위해 "상상력 가설"이 제기되어 왔다. 상상력 가설은 사건의 실재성, 즉 사건들이 소설에서 묘사하는 그대로 현실에 재현된다는 믿음이 감동을 유발하는 필수 조건은 아니라고 주장한다. 묘사되고 있는 인물이 실제로 존재한다거나 서술된 사건이 실제로 발생했다는 것을 믿는 대신에 독자인 우리에게 필요한 것은 그러한 인물과 사건들을 마음속에 그려보는 것뿐이다. 예를 들어, 소설은 상상력을 불러일으켜 독자로 하여금 현실에서 비슷한 상황에 처한 사람들을 그려보거나, 아니면 등장인물에서 독자 자신에게로 감정의 방향을 의식적으로 재설정하게 함으로써 자신에 대해 상상하도록 할 수도 있다. 요컨대, 상상력 가설은 진술 3)을 부정한다.

부언

가장 가설은 내가 조건반사적인 즐거움이라고 부르곤 했던 현상과 비슷하다. 사례를 들어 보다 정확히 설명해보도록 하자. 한 유명한 코미디언이 무대에 올라와서는 한마디도 하지 않은 채 얼굴을 찡그린다. 찡그린 표정 자체는 전혀 우습지 않다. 그럼에도 불구하고 관객은 그 모습에 폭소를 터뜨리며 박장대소한다. 이 코미디언이 그의 특징인 찡그린 표정을 지을 때마다 관객들은 우스워 못 견디겠다는 듯 즐거운 척한다. 그것이 하나의 관례로 자리 잡았기 때문이다. 이 경우, 어떠한 다른 감정 표출(예컨대 지루하다는 듯 냉담한 태도)도 부적절한 것으로 간주될 것이다.

●

허구의 역설과 관련된 또 다른 역설도 있다. 『안나 카레니나』의 복잡하고 정교한 플롯과는 대조적으로 슈퍼마켓 계산대나 공항 서점에서 판매되는 연애 소설 같은, 소위 정크 픽션은 같은 틀에 넣고 찍어낸 것처럼 지나치게 정형적이다. 일반적으로 이야기의 줄거리는 표준적이며 극히 제한적인 레퍼토리를 따라 전개된다. 사소한 변형이 이루어지기는 하지만 서사들은 "소년이 소녀를 만나고, 소년이 소녀를 원하고, 소년이 소녀를 얻거나" 아니면 "소녀가 소년을 만나고, 소녀가 소년을 원하고, 소녀가 소년을 얻는" 구조를 끊임없이 되풀이 한다. 그럼에도 불구하고 어떤 독자들은 그러한 서사들에 질리는 법이 없다. 그들은 하나를 다 끝내자마자 또 다른 하나를 집어 든다. 이것 또한 하나의 역설, 즉 정크 픽션의 역설이 아닐 수 없다.

14

인용 부호가 숨기고 있는 비밀

콰인화의 역설

- '놀다'는 동사다.
- '테이블'은 명사다.
- '한 문장의 일부다'는 한 문장의 일부다.

이제 다음 문장들을 생각해보자.

- "'~는 명사다'는 명사다"라는 문장은 거짓이다.
- "'"명사다"는 명사다'라는 문장은 거짓이다"라는 문장은 참이다.
- "'""명사다'는 명사다"라는 문장은 거짓이다'라는 문장은 참이다"라는 문장은 참이다.

모든 문장에 이상한 부분은 없는가?

먼저, "'명사다'는 명사다"라는 문장이 거짓인 이유는 무엇인가? 이 문장이 거짓인 이유는 '명사다'가 문장의 일부이긴 하지만, 명사는 아니기 때문이다. 하지만 약간의 구문 분석을 제외하면, 실제로 이 문장에는 문제가 없다. 또한 마지막 진술의 경우, 창의력을 발휘하여 구두점을 찍거나 아니면 다음과 같이 괄호를 삽입한다면, 그 의미가 훨씬 더 명확해진다:

{[('명사다'는 명사다)라는 문장은 거짓이다]라는 문장은 참이다}라는 문장은 참이다.

따라서 앞에서 제시된 진술들은 옳다. 그렇다면, 다음의 진술(이를 P라고 부를 것이다)은 어떤가? "'그것의 인용구가 선행할 때 거짓을 낳는다'는 그것의 인용구가 선행할 때 거짓을 낳는다." 진술 P는 참인가 거짓인가?

간단히 답하자면 다음과 같다. 인용구가 참이라면, 진술 P는 거짓이다. 반면에 인용구가 거짓이라면, 진술 P는 참이다.

길게 답하자면, 다음과 같다. 일련의 단어로 이루어진 구가 있다고 할 때 그 일련의 단어들과 동일한 구가 인용 부호로 묶여 선행하는 진술을 q-형이라고 가정해보자. 그럴 경우, 우리는 진술 P가 q-형임을 알 수 있다.

이제 구체적인 사례를 들어보자. "'한 문장의 일부다'는 한 문장의 일부다"라는 예는 q-형 진술들이 참일 수 있음을 보여준다. 그러므로 진술 P는 거짓이다. 진술 P가 q-형 진술이 거짓이라고 말하더라도 q-형 진술은 참일 수 있다.

반면에 "'명사다'는 명사다"라는 예는 q-형 진술들이 거짓일 수 있음을 보여준다. 그러므로 비록 q-형 자체로는 거짓이라 할지라도, q-형 진술이 거짓이라고 말하는 진술 P는 참이다.

요약하자면 만약 진술 P가 거짓이라면, 진술 P는 그 자체로 인용구가 참임에 틀림이 없다고 말하는 셈이다. 하지만 만약 진술 P가 참이라면, 진술 P는 그 자체로 인용구가 거짓임에 틀림이 없다고 말하는 셈이다.

미국 철학자 윌러드 밴 오먼 콰인의 이름을 딴 콰인의 역설은 거짓말쟁이의 역설과 매우 유사하다. 하지만 두 역설 사이에는 중요한 차이가 있다.

먼저 거짓말쟁이의 역설을 살펴보자. 거짓말쟁이의 역설은 에피메니데스라는 이름의 한 크레타 사람이 모든 크레타 사람이 거짓말을 한다고 주장하는 이야기를 들려준다. 그렇다면, 모든 크레타 사람이 거짓말을 하는 고로, 그 또한 지금 거짓말을 하고 있는 것과 같다. 하지만 만약 크레타 사람인 그가 진실을 말하고 있는 거라면, 모든 크레타 사람이 거짓말을 하는 것은 아니게 된다.

거짓말쟁이의 역설뿐만 아니라 러셀의 역설(31장을 보라), 그리고 이 책의 다른 여러 역설은 자기 지시라는 골치 아픈 문제에 기반하고 있다. 많은 철학자가 자기 지시는 비정상적인 병리적 상황이며, 그러한 비정상성을 제거하면 역설도 자동적으로 해소될 거라고 믿었다. 하지만 콰인은 동의하지 않았다. 그의 목표는 자기 지시가 이러한 역설을 일으키는 유일한 원인은 아니라는 점을 보여주는 것이었다. 자신의 주장을 입증하기 위해 그는 자기 지시에 기반하지 않는 역설을 찾아내려 했다. 그가 고안한 진술(내가 q-형이라고 명명한 진술, 즉 일련의 단어들로 이루어진 구가 있다고 할 때, 그 일련의 단어들과 동일한 구가 인용 부호로 묶여 선행하는 진술)은 문법적으로도 옳고, 또 그 진술 자체를 직접적으로 지시하지도 않는다. 그럼에도 불구하고 그러한 진술 역시 역설을 만든다. 그러므로 자기 지시의 부재(콰인의 진술과 거짓말쟁이의 역설이 다른 지점)가 그러한 역설을 해결하지는 못한다.

콰인을 기리기 위해 문장에 인용구를 붙여 사슬처럼 연쇄적으로 연결하는 것을 "콰인화", q-형 진술들을 "콰인형"이라고 부른다.

해 제

자기 지시의 역설은 집합(사람의 집합이건 사물의 집합이건)의 원소들이 자기 자신을 지시할 때 생겨날 수 있다. 동화 『룸펠스틸츠킨Rumpelstiltskin』을 예로 들어보자. 만약 누군가가 "『룸펠스틸츠킨』은 거짓말이다"라고 주장한다면, 동사로 연결된 주어("룸펠스틸츠킨")와 보어("거짓말")가 다른 집합에 속하기 때문에, 자기 지시는 존재하지 않는다. 전자는 동화 집합에 속하고, 후자는 발화 집합에 속한다. 반면에 "이 문장은 거짓말이다"라는 진술에서, 주어("이 문장")와 보어("거짓말"), 그리고 전체 진술("이 문장은 거짓말이다")은 모두 발화 집합에 속한다. 하지만 이 사실만으로는 "그 문장은 거짓말이다"에 문제가 없는 것과 마찬가지로, 반드시 문제가 되는 것은 아니다. 하지만 "이 문장은…"에 대한 뭔가를 주장함으로써, 동사("이다")가 ("그 문장")같은 주어가 아니라 전체 진술("이 문장은 거짓말이다")을 보어에 연결하게 되면, 상황이 달라진다. 결과적으로 이 진술은 "'이 문장은 거짓말이다'라는 문장은 거짓말이다"라고 주장하게 된다. 그리고 이러한 자기 지시는 "『룸펠스틸츠킨』은 거짓말이다"와는 다른 유형의 역설을 만들어낸다.

자기 지시가 이러한 역설들의 유일한 원인이 아니라는 점을 보여주기 위해, 콰인은 자기 자신을 지시하지 않으면서도 자기 자신을 지시하는 진술을 찾아내려 했다(이 말이 역설적으로 들리는가? 만약 그렇다면 이제 당신도 콰인이 복잡한 콰인화를 제안할 수밖에 없었던 이유를 이해하기 시작한 것이다).

쉽게 예를 들어 설명해보자. "왕의 담화는 그것의 인용구가 선행할 때 거짓을 낳는다"라는 진술에서 동사 ("낳는다")는 주어("왕의 담화")를 목적어("거짓")에 연결한다. 주어와 목적어 모두 발화 집합에 속하지만, 여기에 역설은 존재하지 않는다.

q-형 문장에서 인용 부호 속에 놓인 일련의 단어들은 문장의 주어 역할을 한다. 바로 이 지점에서 혼동이 시작된다. 보통은, 단순히 명사 하나가 주어의 역할을 하는 경우가 대부분이다. 하지만 q-형 문장이 보여주듯이, 반드시 그래야만 하는 것은 아니다.

따라서 처음에는 어떠한 역설도 눈에 띄지 않는다. 인용 부호가 실제 주어를 무지의 베일 뒤에 감추고 있기 때문이다. 베일을 치우고 난 다음에야 비로소 우리는 인용 부호가 목적어와 동일한 주어를 숨기고 있음을 알게 된다. 하지만 목적어도 주어도 문장 전체와는 아무런 관련이 없다. 즉, 일반적으로 말하는 것과 같은 그러한 자기 지시는 존재하지 않는다. 지시가 있다 하더라도, 그저 간접적일 뿐이다. 결국, 자기 지시가 이러한 유형의 역설을 만드는 필수 요인은 아니라는 점을 보여주려던 콰인의 목적은 달성되었다.

부언

콰인화의 역설은 (영어처럼) 단어나 문장들을 이용해서 자기 자신을 설명할 수 있는 언어들이 문장으로 참과 거짓을 논할 때, 문장에 내재하는 문제다. 일반적으로 우리는 자기 자신을 지시하는 문장들에서 '나' 또는 '이것'과 유사한 단어들이 나올 것으로 기대한다. 하지만 콰인형 문장들에서 주어는 인용 부호를 사용하여 표현된다. 또한 주어는 동사를 통해 목적어에는 직접적으로 그리고 전체 문장에는 간접적으로 연결된다.

•

콰인의 목적은 정말로 달성되었는가? "그것의 인용구가 선행할 때"라는 구절 속 '그것의' 라는 단어가 자기 지시를 나타낸다고 주장할 수도 있다.

15 — 남은 오류가 있다면, 그것은 모두 내 책임이다

서문의 역설

과학 분야 박사학위 논문의 저자는 자신의 논문 속 진술들을 하나하나 확인하고 또 확인한다. 뿐만 아니라 박사학위 논문지도 교수들, 여러 논문 심사위원들, 학술 논문 출판사 편집자도 모든 진술들을 검증한다. 그럼에도 불구하고 저자는 서문에 다음과 같은 면책 문항을 덧붙인다. "본 논문은 전적으로 사실에 기초하고 있으며, 모든 내용은 저자인 나의 면밀한 확인을 거쳤다. 나는 논문에 기술된 모든 진술들의 정확성을 검증하는 데 참여한 여러 전문가에게 감사의 말을 전한다. 하지만 그럼에도 불구하고, 남아 있는 오류가 있다면 그것은 전적으로 내 책임이다."

논픽션 서적들에서 이러한 일상적인 감사의 표현은 관행과도 같다. 하지만 아무리 학술 텍스트들에서 상투적으로 쓰인다고는 하나 이러한 면책 문항에는 의아한 구석이 있다. 그것은 그저 겸손한 척하는 표현에 불과한가? 아니면 저자는 그 모든 사실확인과 교차검증이 끝났음에도 오류가 남아 있다고 정말로 믿는 것인가?

저자가 논문의 모든 진술이 참이라고 믿는 것은 매우 온당하다. 하지만, 애석하게도 저자는 이전의 경험을 통해 자신이 아무리 최선을 다한다 해도 오류가 불가피하다는 사실을 잘 알고 있다. 어쨌거나 잘못은 인지상정인 법이다. 그러므로 저자로서는 서문의 면책 문항이 진심에서 나온 것이라고 믿는 것도 합리적이다.

하지만, 이러한 면책 문항은 역설적으로 보인다. 한편으로 저자는 책 속의 모든 사실이 참이라고 주장한다. 그러나 다른 한편으로 저자는 바로 그 주장이 거짓일 수도 있다는 것을 동시에 인정한다. 결국 우리는 주장과 함께 그러한 주장에 따르는 책임 회피를 연달아 마주하는 셈이다.

확실히 여기에는 일관성이 없다. 또는 모순적이다. 아니면 비일관적인 동시에 모순적일 수도 있고, 비일관적이지도 않고 모순적이지도 않을 수도 있다. 하지만 뭐가 됐건, 이로 인해 우리가 역설에 봉착하게 된다는 것, 그 1가지만은 분명하다.

이러한 면책 문항은 일상적이어서 아무런 문제가 없어 보일지도 모른다. 그러나 그러한 문항을 둘러싸고 철학계에서는 무수한 논쟁이 벌어져왔고 엄청난 양의 글이 작성되어 왔다.

이 모든 일은 옥스퍼드 대학교 출판사에서 철학 단편 논문을 발행하는 저명한 학회지 《분석^{Analysis}》이 주최한 한 대회로부터 촉발되었다. 1955년 6월, 사우샘프턴 대학의 맥키버는 다음과 같은 질문을 제기하며 우승상금을 걸었다. "내가 틀렸을지도 모른다는 생각이 어떻게 가능할 수 있는가?" 1년 후, 맥키버는 겨우 2명의 경쟁자만이 답안을 제출했으며, 그중 한 명은 논지를 파악조차 하지 못했고, 다른 1명은 질문을 교묘히 얼버무려 넘어가는 답을 내놓았다는 사실에 개탄을 금치 못했다. "나는 이러한 상황에 실망했을 뿐만 아니라, (예상치 못한 일은 아니었음에도) 의외라는 느낌이 들었다." 그러면서 맥키버는 계속해서 다음과 같이 썼다. "정말로 아무런 문제가 없을 수 있는가? 만약 아무 문제도 없는 거라면, 내가 어떤 점에서 혼동을 일으켰기에 문제가 있다는 생각이 드는 건지를 누구라도 좋으니 내게 설명해 주기를 진심으로 바란다."

10년 후, "서문의 역설"이라는 제목의 논문에서 매킨슨 D. C.은 "그러한 진술들이 누군가는 마음에 품는 것조차 불가능하다고 주장할 수도 있을 심적 상태를 표현한다."고 결론 내리면서 그러한 역설적 상태에 대해 강력한 지지를 표명했다. 그 후 수십 년에 걸쳐 다양한 학술 논문들이 줄을 이었다. 그중에서도 이 장에서는 싱가포르 경영대학교의 철학자 존 윌리엄스가 1987년에 제출한 논문을 집중적으로 살펴볼 것이다.

해 제

서문의 역설이라는 이름으로 불리는 다음의 예를 분석해보자. 책 속의 진술들을 $S_1, S_2, \cdots, S_n$으로, 서문의 면책 문항을 D로 나타내 보자. 각각의 S_i가 참이라고 믿음에도 불구하고, 면책 문항은 진술들의 조합은 거짓이라고 말한다. 즉 $D = \sim(S_1 + S_2 + \cdots + S_n)$.

그러므로 저자의 신념 집합은 $S_1, S_2, \cdots, S_n, D$로 표현된다. 첫째, 저자는 각각의 주장이 그 자체로는 참이라고 믿는다는 점에서 완벽하게 합리적이다. 하지만 둘째, 저자는 모든 S_i가 참은 아니라고 말하는 D 역시 참이라고 믿는다. 여기에 모순이 존재하는가?

아니다. 여기에 모순은 없다고 윌리엄스는 설명한다. 저자의 신념 집합은 분명 일관되지 않지만 모순되지는 않는다. 만약 저자가 $S_1 + S_2 + \cdots + S_n + D$가 참이라고 믿었다면, 그러한 믿음은 모순적이었을 것이다. 윌리엄스에 따른다면, 저자의 신념은 다음과 같이 바꿔 쓸 수 있기 때문이다.

$$(S_1 + S_2 + \cdots + S_n) + \sim(S_1 + S_2 + \cdots + S_n)$$

이 역설의 핵심은 "결합 원리"를 받아들이느냐 거부하느냐에 있다. 결합 원리에 따르면, 여러 명제들이 참이라는 믿음은 그 명제들의 결합 또한 참이라는 믿음을 수반한다. 즉, 만약 $S_1, S_2, \cdots,$

S_n이 참이라고 믿는다면, $S_1 + S_2 + \cdots + S_n$ 또한 참이라고 믿을 수 있다. 하지만 윌리엄스를 비롯한 다른 철학자들은 그러한 믿음이 틀렸다고 주장한다. 따라서 결합 원리가 오류를 만들어낸다는 사실을 인정하고 포기한다면, 역설도 사라진다.

다음과 같은 점을 구분하는 것이 중요하다. 즉, 모순된 신념들은 서로 일관되지 않지만 서로 일관되지 않는다고 해서 모두 모순을 일으키는 것은 아니다. 결합 원리를 포기한다면 일관되지는 않지만 합리적인 신념을 가질 수 있다. 그러므로 이와 관련해 서문에 표현되곤 하는 신념들은 모순적인 것이 아니라 일관되지 못한 것이기 때문에 역설적이지 않으며 전적으로 합리적이다.

부언

아주 기초적인 확률 이론에 따른다면, 어떤 책의 저자가 책 속에 나오는 진술 각각이 참이라고 믿는 동시에 거기에 오류란 없다고 믿는 것은 매우 합리적이다. 이때 어떤 진술의 참일 확률이 적어도 99.9% 이상이라면, 그 진술이 참임을 믿을 수 있다고 가정해보자.

그럴 경우, 다음은 어떨지 한번 생각해보자. 지금 당신이 읽고 있는 이 책은 (실제로 세본 것은 아니지만) 약 3천 개의 문장으로 이뤄져 있다. 그리고 모든 문장에 대해, 즉 $S_1, S_2, \cdots, S_{3,000}$에 대해 나는 각각이 다 옳다고 이미 99.9% 확신하고 있는 상황이다. 그러므로 나는 각각의 문장이 참이라고 충분히 믿을 만한 근거가 있는 셈이다. 그렇다면, 모든 문장이 참일 확률은 얼마인가? 기초 확률 이론에 따르면 모든 문장이 참일 확률은 $0.999^{3,000}$이며, 이는 0.0497과 같다. 달리 말해, 모든 문장이 올바른 문장일 확률은 5% 미만이며 적어도 한 문장이 틀릴 확률은 95% 이상이다. 그러므로 어쨌거나 이 책 서론에 면책 문항이 들어가야 하는 것은 확실히 적절해 보인다.

●

다음 2가지 사례는 서문의 역설과 비슷하지만, 완전히 똑같지는 않다. 한 공항 관리자가 "비행기가 11시 30분에 이륙할 것이다. 하지만 아닐 수도 있다"라고 발표한다. 언뜻 보기에 그는 비행기가 11시 30분에 이륙할 것이라고 믿지만, 그러지 못할 수도 있다고 믿는 것 같다. 다음으로, 한 실내 장식가가 "나는 벽을 초록색으로 칠하고 싶지만 그렇게 하지 않을 수도 있다"고 의견을 낸다. 지금 그는 벽을 초록색으로 칠하기를 원하지만, 동시에 자신이 그러지 않을 수도 있다고 생각한다고 말하는 중이다.

이러한 의견 표명들은, 아마도 그런 마음을 먹는다는 것 자체가 불가능해 보이는 심적 상태를 표현한다. 하지만 이 선언들이

상충되느냐 아니냐는 can, could, may, might, must 같은 법조동사의 사용에 달려있다. 법조동사는 가능성, 허용, 능력이나 의무를 나타낸다. 어떤 진술에서 진술의 앞부분은 그 진술의 뒷부분에 법조동사를 사용하여 상대화시키게 되면, 결과적으로 비일관성도 모순도 나타내지 않을 수 있다.

서문의 역설은 "비가 오고 있다, 하지만 나는 비가 오고 있다고 믿지 않는다"와 같은 진술들을 다루는 무어의 역설(32장을 보라)과는 정반대다. 무어의 역설이 진실의 존재에 대한 불신을 표현한다면, 서문의 역설은 오류의 존재 가능성에 대한 믿음을 표현한다.

4장

수학적으로 생각하라
숫자는 거짓말을 하지 않는다?
허튼소리!

수학은 대단히 정확하고 명쾌하며 확실하다. 그런가? 글쎄, 그 생각을 재고해보라! 이 세계에게도 비정상적인 모호성, 풀기 어려운 문제, 당혹스러운 역설이 넘쳐난다.

16

쟁반에서 초콜릿 고르기

선택 공리

스위스 취리히에는 초콜릿을 입힌 온갖 달콤한 것들을 파는 슈프륑글리Sprüngli라는 이름의 유명한 상점이 있다. 계산대 뒤에는 프랄린과 트러플, 피스타치오가 올라간 다크 초콜릿, 초콜릿을 입힌 오렌지 슬라이스, 속에 마지팬을 가득 채운 큐브 등 엄청나게 다양한 별미들이 쟁반 위에 놓인 채 유리 뚜껑 안에 잘 보관되어 있다.

손님들이 다양한 쟁반을 가리키면 깔끔하게 유니폼을 차려입은 판매원들이 집게를 들어 손님이 가리키는 쟁반들에서 초콜릿을 하나씩 집어 든다. 그렇게 선택된 초콜릿은 작은 마분지 상자로 옮겨져 포장되고, 행복해진 손님들은 맛있는 초콜릿으로 가득한 꾸러미를 가지고 상점을 나선다.

이런 식으로 선택이 이루어지고, 가게를 나설 수 있다는 게 맞는가?

일부 수학자들에 따르면 아니다. 맞지 않다. 사실, 그들의 마음속 깊이 숨겨진 신념에 따른다면, 이는 아예 불가능한 일이다.

뭐라고? 나는 슈프륀글리에서 이런 식으로 초콜릿을 아주, 아주 여러 번 구매해왔다. 그런데도 내가 이런 식으로는 초콜릿을 살 수 없다고 주장하는 사람이 있다는 게 말이 되는가? 휴, 다행히도 가능하다고 말하는 수학자들도 있다.

아하! 그렇다면 대체 정확히 무엇을 두고 일부 수학자들은 가능하다고 하고, 일부 수학자들은 불가능하다고 하는 것인가? 판매원이 집게를 들어 과자를 선택하는 행동, 바로 그것이다.

문제는 쟁반에 따라 서로 다른 다양한 과자들이 놓여 있지만, 같은 쟁반 안에는 같은 종류의 과자들이 놓여 있다는 것이다. 아망딘, 누가틴, 비지탕딘은 서로 전혀 다르다. 하지만 같은 것들끼리는 구별되지 않는다. 그렇다면 판매원은 어떤 아몬드 쿠키를 상자에 집어넣을지 어떻게 선택할 수 있는가? 어떤 것을 골라 집어야 하는지 확신하지 못한다면 마치 뷔리당의 당나귀가 2개의 건초 더미 사이에서 무엇을 선택해야 할지 몰라 결국에는 아예 움직일 수조차 없게 되었다는 이야기처럼, 판매원은 손님이 요청할 때마다 어쩔 줄 몰라 할 것이다. 손님이 "제일 왼쪽의 플로렌타인" 또는 "아래로부터 두 번째의 룩셈부르게를리"라고 특정하는 경우에만 선택이 이루어질 수 있다. "그냥 샴페인 트러플 하나만 주세요"라고 말하는 걸로는 선택이 불가능하다.

판매원들이 다양한 쟁반에서 물건을 골라잡을 수 있는지 아닌지, 또는 손님의 요청이 있을 때마다 주저할 것인지 아닌지를 둘러싼 이론적 논쟁이 수십 년 동안 철학자와 수학자들의 발목을 잡아 왔다. 물론, 당신이 취리히의 슈프륀글리가 얼마나 분주하게 돌아가는지를 실제로 보게 된다면 이러한 논쟁이 존재해왔다는 사실 자체를 믿을 수 없을 것이다.

철학자 버트런드 러셀이 든 다음의 예를 통해 우리는 선택이 불가능하다는 이러한 반직관적 주장을 좀 더 쉽게 이해할 수 있다. 치체스터 경에게는 신발이 아주 많다. 그래서 여왕의 가든파티에 어떤 신발을 신고 가야 할지를 결정해야 한다. 마음을 정하기 위해 그는 집사에게 모든 신발 쌍에서 한 짝씩 가져와 보라고 한다. 집사는 문제없이 이 요구를 처리한다. 치체스터 경이 평가를 할 수 있도록 그저 모든 신발 쌍의 왼쪽 신발을 가져가기만 해도 되기 때문이다.

이제 적당한 양말을 고를 차례다. 치체스터 경은 집사에게 자신이 가진 모든 양말 쌍에서 한 짝씩 가져와 보라고 한다. 하지만 집사가 이번 요구를 처리하는 데는 1가지 문제가 있다. 집사는 치체스터 경에게 가져가기 위해 어떤 양말을 선택해야 하는가? 쌍을 이룬 두 짝의 양말은 좌우가 동일하기 때문에 똑같은 모양을 하고 있다. 앞으로 설명하겠지만, 치체스터 경의 지시를 따를 수 있으려면 집사에게는 소위 선택의 공리가 필요하다. 집사가 이 공리를 따를 때, 오직 그때만 그는 각 쌍에서 하나씩 양말을 가져갈 수 있다.

여기서 제기되는 심각한 수학적 질문은 선택이 자동적으로 내려질 수 있는가 아닌가 하는 것이다. 앞에서 지적했듯이, 수학자들 중에는 선택을 내릴 수 있다고 믿는 사람들도 있고, 선택을 내릴 수 없다고 믿는 사람들도 있다. 더 정확히 말하자면, 컴퓨터 알고리즘은 어떤 항목들의 집합으로부터 "그냥 하나를 선택해 보라"는 명령을 수행할 수 없다. 구체적으로 어떤 것인지에 대한 지침이 있을 때만 명령을 수행할 수 있기 때문이다. 하지만 슈프륀글리의 판매원이 같은 품목들 사이에서 선택을 내릴 수 있다는 것은 명백히 사실이다. 따라서 믿을 수 없다고 말하는 집단에 속하는 사람이라 할지라도 여하튼 이 현상을 받아들이지 않을 수 없다.

이 문제에 대한 해법을 제시한 사람은 수학자 에른스트 체르멜로였다. 체르멜로는 집합 이론의 창시자 게오르크 칸토어의 추론을 조사하던 중, 칸토어가 집합을 이룰 수 있는 모든 대상은 잘 정렬될 수 있다고 말했다는 것을 알게 되었다. 간단히 말해, 칸토어의 "정렬 원리"에 따르면, 모든 집합과 그 집합의 모든 부분집합에는 예컨대 집합 내 가장 작은 원소 같은 것들의 식별 가능한 배열 순서가 존재한다. 다소 우회적인 추론을 통해야 하지만 이러한 원리는 판매원과 집사들에게, 하지만 주되게는 선택이 불가능하다고 의심하던 수학자들에게 딜레마로부터 빠져나올 수 있는 여지를 제공한다.

해제

그렇다면 여전히 선택 가능성을 두고 갈등하는 수학자들에게는 어떤 탈출구가 있는가? 한편으로, 그들은 선택을 내리는 것이 불가능하다고 믿는다. 하지만 다른 한편으로, 슈프륀글리의 판매원들은 누가 보더라도 확실히 선택을 내리고 있다. 수학자들에게는 전형적인 해법이 있기는 하다. 즉, 그들은 항상 선택을 내릴 수 있다고 단순히 가정하기만 하면 된다. 그러한 가정을 공리로 규정하면 되니 차라리 더 잘 됐다. 이를테면 공집합이 아닌 모든 집합 X의 경우(예를 들어, 슈프륀글리의 과자로 가득한 모든 쟁반), 그 집합 X의 특성을 나타내는 선택 함수 f가 존재한다. 즉, 어떤 종류의 직관이 판매원에게 어떤 품목을 선택해야 하는지를 알려준다. 공리에 따르면, 항상 선택을 내릴 수 있지만 선택의 방법이 특정되어 있지는 않다.

러셀이 신발과 양말의 예로 설명하려 했던 것이 바로 이것이다. 예를 들어 "항상 왼쪽 신발을 선택하라"에서처럼 언제든 선택

규칙을 지정할 수 있다면, 공리는 필요치 않다. 하지만 예를 들어 "모든 양말 쌍에서 한 짝씩 나에게 가져오시오"에서처럼 품목들을 구별할 수 있는 특징이 없어서 선택에 관한 어떠한 규칙도 특정할 수 없는 경우, 집사든 슈프륀글리의 판매원이든 아니면 수학자든 요청을 처리할 수 있으려면 어하튼 선택을 내리는 것이 가능하다는 공리가 반드시 필요하다.

선택 공리는 수학에서 가장 많이 논의되는 공리 가운데 하나다. 많은 정리가 그 정리 자체의 증명에 선택 공리를 이용하지만, 그들 중 일부는 그 사실을 거의 알아채지도 못한다. 수학에서 선택공리가 차지하는 중요성은 기하학에서 유클리드의 평행선 공준 Euclid's parallel postulate 이 차지하는 중요성에 비견될 정도다. 평행선 공준이 있기에 우리가 아는 기하학이 성립할 수 있다. 만약 평행선 공준이 없었다면 우리에게는 타원과 쌍곡선의 기하학만이 있었을 것이다. 비슷하게, 선택 공리가 있기에 많은 정리를 입증하는 것이 가능하다. 선택 공리가 없었다면 정리들은 틀리거나 증명이 불완전할 수도 있다. 일반적으로 수학계는 선택 공리를 받아들인다. 그러므로 그 정리 자체의 증명에 선택 공리를 필요로 하는 정리들조차 일반적으로는 옳은 것으로 간주된다.

부언

체르멜로는 정렬 원리가 참이라고 가정한다면 선택 공리도 참임을 입증했다. 그 역, 즉 선택 공리가 참이면 정렬 원리도 참이다. 이제 정렬 원리에는 그저 어떤 종류의 정렬 순서가 존재하며, 가장 작은 원소들도 그 순서에 따른다고 말할 뿐이라는 점을 기억하자. 집합 내 원소들이 정렬되는 방식(예를 들어, 알파벳 순서, 숫자 순서, 온도 순서 혹은 색깔 순서)과 그러한 정렬에 따르는 가장 작은 원소가 무엇인지는 특정되지 않은 채 남겨진다.

하지만 상상할 수 있는 모든 집합을 정렬하는 것이 가능한가? 예컨대 양의 정수 집합에서 가장 작은 원소는 무엇인가? 주지하다시피 숫자 1이다. 반면에 실수들의 집합에 가장 작은 원소란 존재하지 않는다. 당신이 아무리 작은 수를 상상하더라도, 항상 그것보다 작은 수가 존재하기 때문이다. 이 모든 것이 혼란스러울지도 모른다. 하지만 인간의 직관이 늘 수학적으로 올바른 원리를 따르는 것은 아니다. 선택 공리는 대부분의 인간이 지니고 있는 직관과 일치하며, 그런 점에서 정렬 원리는 대부분의 수학자가 지니고 있는 직관에 반한다.

하지만 이 두 원리가 얼마나 유사한지를 알아채기는 그리 어렵지 않다. 정렬 원리에는 어떤 배열 순서(어떤 순서인지는 특정하지 않은 채)가 존재하며, 그 덕분에 우리는 가장 작은 원소들도 선택할 수 있다고 말한다. 선택 공리도 선택(어떻게 선택하는지는 특정하지 않은 채)을 내릴 수 있다고 말한다. 따라서 만약 우리가 하나를 할 수 있다면, 다른 하나도 할 수 있다.

선택 공리와 관련된 1가지 문제는, 이 공리로 인해 바나흐-타르스키의 역설(이 책에서는 다루지 않는다)에서처럼 이따금 반직관적 결과가 나오기도 한다는 것이다.

17

길게 늘어진 소수점 이하 반올림하기

0.999…

일반적으로는 6.01356837 또는 17.986757321처럼 소수점 아래로 길게 늘어진 숫자들보다는 차라리 6 또는 18처럼 반올림으로 깔끔하게 다듬어진 숫자들을 다루기가 더 쉽다. 이것이 바로 우리가 숫자들을 반올림하거나 내림해서 6.01356837이 6이 되고 17.986757321이 18이 되는 이유다. 우리는 모두 반올림할 때 사소한 오류가 발생한다는 사실을 잘 알고 있다. 하지만 일반적으로, 반올림 결과 얻게 되는 계산의 용이성이 반올림의 오류보다 더 가치 있다고 여겨진다. 그렇다면, 소수점 아래로 길게 늘어진 숫자 중에는 반올림으로 어떠한 오류도 전혀 발생시키지 않는 경우도 있는가?

그렇다, 그런 숫자도 있다.

예를 들어 소수점 뒤에 9가 무한히 이어지는, 끝나지 않는 수 0.999999…는 거의 1.0에 가까울 뿐 아니라 정확히 1.0과 같은 것으로 밝혀졌다.

어떻게 이런 결과가 나올 수 있는가? 소수점 뒤로 9가 아무리 무한히 이어지는 숫자라도 결과적으로 그 숫자는 1.0보다 작을 수밖에 없다. 비록 눈곱만큼 아주 작은 차이라고 할지라도 말이다. 그런데, 아니다. 작지 않을 수 있다. 곧 살펴보겠지만 같은 경우도 있다.

그렇다면 3.19999… 와 7.63529999… 같은 숫자들은 어떤가?

9세기에 아랍 수학자 아불 하산 알 우클리디시에 의해 창안된 십진 분수는 15세기에 페르시아 학자 잠시드 알 카시에 의해 새롭게 개편되었다. 16세기에는 플랑드르 출신의 물리학자이자 수학자, 기술자였던 시몬 스테빈이 무한 소수를 이용해 숫자를 표기하기 시작했다. 그러다 1758년에 스위스의 수학자이자 천문학자, 철학자인 요한 하인리히 람베르트는 원주율의 십진 표기가 결코 끝나지 않는다는 것을 증명했다. 즉 소수점 뒤에 한 자리 숫자가 무한히 따라 나온다는 사실을 입증했다.

18세기 최고의 수학자 중 한 사람이었던 레온하르트 오일러Leonhard Euler도 스위스 사람이었다. 가까운 친구이자 멘토이기도 했던 베르누이 형제와 사촌, 숙부와 함께 오일러는 현대 수학과 공학의 근간을 이루는 무한소 미적분을 개발하는 데 크게 기여했다. 하지만 오일러는 오늘날 고등학교에서 가르치는 바로 그 대수학에도 관여했다. 1770년에 2권으로 된 대수학 교과서를 출판했는데, 제1권에는 일련번호를 매긴 562개의 문단이 실렸으며, 제2권에는 또 다른 250개의 문단이 추가되었다.

오일러의 대수학 교과서는 수학자를 대상으로 한 것이 아니라, 누구라도 읽을 수 있게 하려는 의도로 집필되었다. 실제로 교과서가 출간되던 시점에 거의 완전히 눈이 먼 상태였던 오일러는 이미 4년 전부터 시력이 약해지고 있었고, 그런 이유로 한 재단사에게 자신이 말하는 대로 교과서를 받아쓰게 했다. 전하는 바에 따르면, 위대한 스승의 설명이 너무도 명쾌해서 평범한 지능의 소유자에 불과했던 청년은 오일러가 받아 적게 한 모든 내용을 이해했을 뿐만 아니라, 이내 혼자서도 대수학 문제들을 풀 수 있게 되었다고 한다.

숫자 0.9999…가 그 모습을 처음으로 드러낸 곳이 바로 이 교과서의 무한 소수에 관한 장, 정확히 524번째 문단에서였다.

●

『수학』이라는 책에서 티모시 가워스는 "0.9999…는 1.0과 같다"는 진술이 비록 전통 수학의 필수 불가결한 요소임에도 불구하고, 실은 하나의 관례에 불과하다고 주장한다. 만약 0.9999…가 1.0과 같지 않다면, 이 두 숫자 간의 차이는 무엇인가? 만약 0.9999…가 0과 같지 않다면, 0.9999…는 극히 작지만 그럼에도 0보다는 큰 어떤 것이어야만 한다. 그런 숫자로는 어떤 것이 있을 수 있는가? 0.0000… 1처럼 소수점 뒤에 0이 무한히 많이 나온 다음 바로 그 뒤에 1이 달린 0 같은 숫자인가? 그러한 숫자가 존재하기 위해서는 관례를 따르지 않는 완전히 새로운 수학이 발명되어야 할 것이다.

다른 한편, 0.0000… 1이 0이라면(이 숫자는 사실상 0이다), 0.9999…는 1.0과 같을 수밖에 없다. 두 수의 차가 0이라면, 두 수는 항상 서로 같기 때문이다.

해제

숫자 0.9999…를 X로 표기해보자:

$$X = 0.9999…$$

양변에 10을 곱하면, 다음과 같다

$$10 \times X = 9.9999\cdots$$

이번에는 방정식의 양변에서 X를 빼보자. 그러면 다음을 얻게 된다

$$9 \times X = 9$$

이제 X = 1임이 분명해진다.

증명 종료.

또는 다음과 같은 방법으로 0.9999…가 1.0과 같다는 것을 증명할 수도 있다. 1/3이라는 분수를 십진 표기로 바꿔 쓰면 0.3333…이다. 여기에 3을 곱하면 0.9999…가 된다. 하지만 다른 한편으로 1/3에 3을 곱한다면 1.0과 같다. 자, 보이는가? 0.9999…는 1.0과 같다.

●

자신이 아닌 다른 숫자와 같은 숫자는 비단 0.9999…만 있는 것이 아니다. 예를 들어, 숫자 Z = 3.19999…는 3.2와 같다. 왜 그런가? 양변에 10을 곱한 다음 다시 양변에서 Z를 빼보라. 그러면 9 × Z = 28.8.이 된다. 이제 28.8을 9로 나눠보라. 그러면 Z = 3.2를

얻게 될 것이다.

연습 삼아 7.63529999…로 같은 과정을 반복해보라.

이 증명 과정은 반대로 해도 마찬가지 결과를 얻는다. 따라서 숫자 4.57은 숫자 4.569999…과 동일하다.

부언

레온하르트 오일러는 한층 더 정교한 방법으로 이 결론에 도달했다. 사실 그는 9999…로 끝나는 숫자들에는 관심이 없었다. 오히려 그의 흥미에 불을 지핀 것은 이른바 수열이었다. 수열은 다음과 같은 형태를 취하는 수학적 구성물이다:

$$1 + k + k^5 + k^3 + k^4 + \cdots$$

(오늘날에는, 오일러의 수열을 기하급수라고 부른다.) 이 끝없이 이어지는 수열의 총합을 구할 수 있는가? 오일러는 k가 1보다 작은 한, 그 총합을 구할 수 있다는 것을 증명해 보였다. 실제로, 그는 이러한 경우 그 무한급수의 총합은 $1/(1 - 1/k)$과 같다는 것을 보여주었다.

오일러가 자신의 연구 결과를 예를 들어 설명하기 위해 동원한 것이 무엇이었는지를 한번 추측해보라. 그렇다, 바로 숫자 0.9999…였다. 무한 수열로 다음과 같이 바꿔 쓰는 것이 가능했기 때문이다.

$$0.9999\cdots = 0.9\,(1 + 1/10 + 1/10^2 + 1/10^3 + 1/10^4 + \cdots)$$

$k = 1/10$일 때, 괄호 안 수열의 총합은 $1/(1 - 1/10) = 10/9$가 된다. 따라서 $0.9999\cdots = 0.9 \times (10/9) = 1$. 증명종료.

18

램프는 켜져 있을까, 아니면 꺼져 있을까?

톰슨의 램프

지금 시간은 23시 58분, 자정 2분 전이다. 당신은 지금 잠 못 드는 밤을 보내는 중이다. 그래서 당신은 침대 옆 탁자 위에 놓인 램프를 켠다. 그러나 1분 후에는 다시 램프를 끈다. 하지만 30초 후에 또다시 램프를 켰다가 그 15초 후에 또 램프를 끈다. 이런 식으로 당신은 램프를 켰다가 끄고, 또다시 켰다가 끈다. 그때마다 경과 시간을 반으로 줄여가며, 당신은 켜고 끄기를 반복한다.

정확히 자정이다. 램프는 켜져 있을까 아니면 꺼져 있을까?

확실하지 않다.

우선 제일 중요한 시간 주기부터 먼저 살펴보도록 하자. 1분, 1/2분, 1/4분, 1/8분…이라는 시간 주기들을 모두 더하면 정확히 2분이 된다. 따라서 켜고 끄는 횟수가 무한에 접근할수록, 시간은 자정에 가까워진다.

다음으로, 언제나 램프는 켜져 있거나 아니면 꺼져 있거나 둘 중 하나다. 즉 램프는 켜져 있는 동시에 꺼져 있을 수 없으며, 어느 쪽이든 한쪽일 수밖에 없다. 자정이 가까워짐에 따라 램프는 켜지자마자 눈 깜짝할 사이에 다시 꺼지곤 한다. 그리고 램프가 꺼지자마자 눈 깜짝할 사이에 켜진다. 그렇다면 시계가 열두 시를 칠 때의 상황은 어떨까?

이 수수께끼는 1954년 영국의 철학자 제임스 톰슨[James F. Thomson]이 고안해 낸 것이다. 그는 램프가 "켜져 있을 수 없다. 왜냐하면 내가 램프를 즉시 끄지 않은 채 램프를 켤 수는 없었기 때문이다. 또한 램프는 꺼져 있을 수도 없다. 왜냐하면 내가 애당초 켜지 못했기 때문이다. 즉, 즉시 램프를 켜지 않은 채 램프를 끌 수는 없었기 때문이다. 하지만 램프는 켜져 있거나 아니면 꺼져 있거나 할 수밖에 없다. 이것이야말로 모순이다."라고 썼다.

톰슨은 자신이 "초과제[supertasks]"라 명명한 현상을 탐구하는 중이었다. 초과제란 일련의 행동을 일반적으로 제한된 시간 안에 무한히 반복적으로 수행하는 것을 말한다. 초과제는 여러 가지 형태로 나타난다. 제논의 유명한 아킬레스와 거북이의 역설도 초과제의 1가지 예다. 제논에 따르면, 거북이가 유리하도록 조금이라도 먼저 출발한다면, 아킬레스는 결코 거북이를 따라잡을 수 없다. 아킬레스가 거북이가 있었던 지점에 당도하면, 늘 거북이는 어느새 움직이고 없을 것이기 때문이다.

하지만 문제는 그러한 과제가 이론상으로, 또는 현실 세계에서 가능한가의 여부다. 일부 사상가들은 "무한히 행동"을 반복적으로 수행한다는 관념 자체가 자기모순적이라고 주장한다. 왜냐하면 이때의 무한이란 사실 "몇 개가 됐건 어떤 유한한 개수보다 정확히 한 번 더 많이" 행동하는 것이기 때문이다. 그리고 물리학자 중에는 현실 세계에서 초과제를 행하려는 어떠한 시도도 시공간 곡률의 확산을 일으켜 블랙홀이 형성되는 결과를 초래할 것이라고 주장하는 사람도 있다. 그러한 주장대로라면, 형성된 블랙홀은 초과제 수행자도 빨아들여 소멸시킴으로써 초과제 역시 종말을 맞게 된다.

만약 초과제가 가능하다면, 골드바흐의 추론$^{\text{Goldbach conjecture}}$처럼 정수론에서 아직 입증되지 못한 추론들을 입증할 수 있을 뿐 아니라, 특정 증명 불능 명제들의 참 거짓도 모든 자연수를 대상으로 한 무차별적 검증을 통해 한정된 시간 안에 확정 지을 수 있을 것이다.

해제

이 역설을 해결하려면, 톰슨의 실험이 정확히 자정이 됐을 때 램프의 상태가 어떨지를 결정하기에 충분한 정보를 제공하지 않는다는 점에 주목해야 한다. 램프의 스위치는 23시 58분을 시작으로 1분 후, $1^1/_2$분 후, $1^3/_4$분 후, $1^7/_8$분 후, $\cdots$, $1^{255}/_{256}$분 후, $\cdots$에 상태가 뒤바뀐다. 하지만 톰슨의 설명대로라면, 아킬레스가 거북이를 결코 따라잡지 못하는 것처럼 시계 바늘도 결코 2분을 채우지 못한다. 따라서 매 순간 램프의 상태는 자정 직전까지만 특정될 뿐, 정작 자정 그 시점에는 특정되지 못한다. 그러므로 램프를 다시 끄지 않은 채 켤 수는 없기 때문에 램프는 켜져 있을 수 없으며, 그 역도 마찬가지라는 톰슨의 주장은, 엄밀히 말해 자정 직전의 순간들에만 적용된다. 결국 질문 자체가 답을 내릴 수 없는 불완전한 물음이라 할 수 있다.

이를 예로 들어 설명하기 위해, 스위치가 전환되는 횟수(n)를 세어보도록 하자. n = 1, 2, 3, $\cdots$ 이라고 할 때, n이 홀수면 램프는 켜지고, n이 짝수면 램프는 꺼진다. 따라서 이 문제는 "최종" 숫자(어쨌거나 1, 2, 3, $\cdots$ 하는 식으로 세어 나간다는 것을 감안했을 때의 마지막 숫자)가 홀수인가 아니면 짝수인가로 바꿔 질문할 수도 있다. 그리고 이런 식으로 바꿔보면 질문 자체가 말이 안 된다는 것을 알 수 있다.

지금부터는 3가지 즉 수학적, 확률적, 물리적 해법을 추가로 더 제시해보도록 하겠다.

수학적 해법은 다음과 같다. 램프의 상태를 꺼져 있다면 0으로, 켜져 있다면 +1로 나타내보자. 그리고 켜는 행동을 +1로, 끄는 행동을 −1로 표기하자. 0(램프가 꺼져 있다)에서 시작한 우리는 켜고 끄는 행동들을 더해 다음과 같이 자정의 램프 상태를 구할 수 있다:

$$S = 1 - 1 + 1 - 1 + 1 \cdots$$

이는 다음과 같이 바꿔 쓸 수 있다.

$$S = 1 - (1 - 1 + 1 - 1 + 1 \cdots),$$

그리고 이 식이 다음과 같다는 것을 바로 알아챌 수 있다.

$$S = 1 - S$$

그러므로,

$$S = \frac{1}{2}$$

아니 그럼, 램프가 반은 켜져 있고 반은 꺼져 있는 상태란 말인가? 시도는 좋았지만, 아무튼 결과는 실패다.

이번에는 확률을 이용해서 질문에 대한 답을 찾아보자. 자정에 램프가 켜질 확률은 얼마인가? 자, 램프는 1분 동안 켜져 있다가 30초 동안 꺼져 있고, 그런 다음 1/4분 동안 켜져 있다가 1/8분 동안 꺼져 있다. 그리고 그러기를 계속 반복한다. 확실한 것은, 램프가 켜져 있는 시간이 꺼져 있는 시간보다 2배 더 길다는 것이다. 따라서 자정에 불이 들어와 있을 확률은 2/3임에 틀림없다.

마지막으로, 물리적 설명을 살펴보자. 램프가 켜지거나 꺼지려면, 램프 기기 자체가 그 상태로 전환하는 데 걸리는 시간인 시간 간격이 있어야만 한다. 하지만 램프를 켰다 껐다 하는 바로 그 순간마다 시간 간격도 없이 램프를 다시 껐다 켰다 해야 한다. 따라서 모든 전환 시간의 램프 상태는 불확실하다. 특히 자정 무렵이면, 램프가 일정한 상태에 있을 수 있는 간격 자체가 아예 존재하지 않는다.

철학자들 사이에서는 톰슨의 램프가 역설의 문제가 아니라 불충분한 설명에서 기인하는 문제라는 데 합의가 이루어지고 있는 것으로 보인다.

부언

그런데 하필이면 왜, 2분 후를 고려하는 걸까?

1학년 미적분학에 따르면, A로 시작해서 항상 이전 값에 h(h<1)를 곱한 값을 더하는 무한급수의 합은 A/(1-h)와 같다.

$$1 + \frac{1}{2} + \frac{1}{4} + \frac{1}{8} + \cdots = 1/(1-\frac{1}{2}) = 2$$

19

무작위는 무작위가 아니다

난수의 역설

다음과 같은 한 자릿수 수열은 무작위적인가? 7, 3, 3, 9, 2, 8, 7, 8, 2, 0

다음과 같은 수열은 어떤가? 무작위적인가? 1, 1, 1, 1, 1, 1, 1, 1, 1, 1

그렇다, 그리고 또 그렇다.

그렇다, 그리고 아니다.

아니다, 그리고 그렇다.

아니다. 그리고 또 아니다.

글쎄!

마지막 답변이 정답이다. 솔직히 말하면, 우리로서는 무작위적인지 아닌지 전혀 알지 못한다.

축구 경기의 시작을 알리는 동전 던지기에서 동전은 절반의 확률로 앞면이 나오거나 아니면 뒷면이 나오거나 한다(또는 수학자들이 좋아하는 표현을 빌리자면, 0이 나오거나 1이 나온다). 주사위를 이용한 게임에서는 1과 6 사이의 숫자들이 각각 1/6의 확률로 나온다. 카지노에서 룰렛 공이 0과 36 사이의 숫자 중 하나에 떨어질 확률은 약 2.7%이다. 이 던지기 게임들의 공통점은 나오는 수가 순전히 무작위적이라는 데 있다. 즉, 그 이후의 던지기 결과가 그 이전의 던지기 결과와 무관하다. 여러 번 뒷면이 나온 뒤라면 필시 한 번은 앞면이 나온다고 생각하는 도박꾼이 있다면 조만간 파산할 것이다.

일련의 숫자들이 3가지 기준(각각의 숫자가 뽑힐 확률이 같으며, 앞서 뽑힌 숫자와 독립적이고, 예측 불가능하다)을 충족할 때 무작위적인 난수라 불리는데, 이들 난수는 일상 생활의 많은 영역에서 매우 중요하다. 도박은 난수가 필요한 활동 중 하나일 뿐이다. 경제학, 의학 연구, 과학, 컴퓨터 과학에도 난수가 필요하다. 예를 들어 여론 조사의 경우 조사 대상자는 난수를 이용해 선별하며 의학 연구에서 피실험자들은 무작위적으로 서로 다른 집단에 배정되고, 신입생 명단은 추첨으로 결정된다.

그중에서도 시뮬레이션 연구는 난수가 적용되는 가장 중요한 분야다. 난수를 통해 여러 개의 대안 중 어떤 것이 시나리오에 포함되어야 하는지를 결정할 수 있을 뿐만 아니라 많은 시나리오를 운영, 점검할 수 있다. 이러한 노력은 제2차 세계대전 중에 진행된 미국의 첫 번째 핵폭탄 개발 프로그램, 맨해튼 계획과 함께 시작되었다. 핵폭발은 실험으로 검증할 수 없으므로 임시방편으로 시뮬레이션으로 만족해야 했다.

일상적인 시뮬레이션은 비단 위험한 현상 대비에만 국한되지 않는다. 복잡한 시스템의 경우 확률 법칙으로 그것의 내 외부 영향력들의 상호작용을 계산하기란 종종 불가능에 가까울 정도로 어려운 일이다. 따라서 과학자들과 관리자들, 기술자들은 확률 법칙 대신에 시뮬레이션을 활용한다. 예를 들어, 항공기 제조사는 다양한 기상 조건과 조종사의 반응에 따른 항공기의 움직임을 시뮬레이션한다. 기업들은 시뮬레이션을 활용해 여러 시나리오를 예행 연습함으로써 조달 비용, 단체 협상 및 파업이 이윤에 어떠한 영향을 미치는지를 알아낼 수 있다. 경제학자들은 경제적 결정들이 서로 간에 어떤 영향을 주고받는지, 또 인플레이션과 실업에 어떤 영향을 미치는지를 시뮬레이션한다.

컴퓨터 과학에서는 난수를 활용해 알고리즘을 대규모로 진척시킬 수 있다. 예를 들어, 1950년대에 도입된 소위 거품-정렬 알고리즘 덕분에 수백만 개의 이름을 알파벳순으로 정렬해 하나의 목록으로 만들어낼 수 있었다. 또한 난수를 활용하는 알고리즘의 일종인 퀵 정렬은 1961년에 출시되자마자 실행에 걸리는 시간을 그 자릿수를 바꿔놓을 정도로 단축할 수 있었다. 암호 기술 분야에서는 소수에 난수를 더해 사용한다. 소수가 무작위적으로 선택되어야 하기 때문이다. 또한 시뮬레이션을 이용하면 무리수 π의 근사치도 구할 수 있다.

시뮬레이션의 필수 불가결한 조건은 다양한 시나리오를 모방하기 위해 사용되는 숫자들이 정말로 무작위적으로 추출되어야 한다는 것이다. 하지만 어떤 수열이 정말로 무작위적이라고 어떻게 확신할 수 있는가? 우리에게는 무작위성을 확신할 수 있는 방법이 없다! 그리고 거기에 역설이 도사리고 있다. 만약 어떤 수열이 실제로 순전히 무작위적이라면, 우리는 그것이 무작위적이라고 인지할 수도 없을 것이다. 결국 우리가 무작위적이라고 인지한다면, 그것이 무작위적이지 않을 것이기 때문이다.

해 제

많은 컴퓨터 응용 프로그램에는 수백만 개의 난수가 필요하다. 어쩌면 당신은 난수가 컴퓨터로 간단히 생성될 수 있다고 생각할지도 모른다. 하지만 이는 사실이 아니다. 컴퓨터는 결정론적 시스템이다. 즉 컴퓨터는 정확히 무엇을 해야 하는지를 지시받아야만 할 수 있다. 그러므로 "앞면이나 뒷면을 고르시오"라든지 "0과 9 사이에서 숫자 하나를 선택하시오" 같은 지시는 컴퓨터가 따를 수 없다. 컴퓨터가 할 수 있는 최선은 의사-난수 pseudo-random numbers를 생성하는 것이다. 의사-난수는 무작위적으로 생성되는 것처럼 보인다. 하지만 아무리 복잡하다고 해도 실은 결정론적인 알고리즘에 따라 추출된다. 맨해튼 계획이 추진되던 시대 이래로, 수학자와 컴퓨터 과학자들은 앞에서 언급한 3가지 무작위성을 비슷하게라도 충족시킬 수 있는 난수 생성을 위한 보다 나은 알고리즘을 만들어내기 위해 고군분투해왔다.

이러한 알고리즘 대부분의 공통적인 특징은 그 숫자들이 어떤 방식으로든 수열의 이전 숫자들에 기초한다는 점이다. 이는 3가지 기준 중 하나인 이른바 독립성이 항상 위반되고 있었다는 것을 의미한다. 이 위반 효과를 완화하기 위해, 컴퓨터 과학자들은 수열의 시작 값인 "시드"를 가능한 한 무작위적으로 선택하고(예를 들어, 1,000분의 1초 단위로 엔터를 클릭한다), 후속 숫자들과 선행 숫자들의 관계를 가능한 불분명하게 만듦으로써 도움을 받고자 한다. 이는 대부분 소위 일방향함수, 즉 계산하기는 매우 쉽지만(예컨대 소수를 곱하는 것처럼), 반대로 뒤집기는 어려운(예컨대 하나의 숫자를 그것의 소수로 인수 분해하는 것처럼) 함수를 이용해서 이루어진다. 그럴 경우, 이렇게 생성된 의사-난수들이 어떤 식으로 서로의 뒤를 따라 나오는지를 확인하기란 불가능해진다.

하지만 순수 이론주의자들은 의사-난수도 부적절하다고 생각한다. 작고 숨겨져 있으나 체계적인 편향을 보이는 난수 생성기를 사용한 탓에 시뮬레이션은 부정확한 결과를 낳는 것으로 알려져 있다. 그러다 보니, 대개의 연구자들은 대기 소음, 라바 램프, 기상 조건 같은 자연 현상이나 컴퓨터 마우스의 움직임, 주식 시장 가격, 타자기를 칠 때 나타나는 시간 지연 같은 인간의 활동에 기반한 숫자들로 만족한다. 또한 컴퓨터 과학자들은 어떻게 하면 여러 가지 시간 순서(예를 들어 기상 조건의 변화나, 주식 시장의 동향 등 시간이 지남에 따라 변하는 데이터들)를 뒤섞어 가능한 한 많은 무작위성을 추출할 수 있는지를 보여주었다. 그러나 이러한 방법들도 사실 부적절하기는 매한가지다. 어쨌거나, 기상학자들과 투자 고문들은 기상 상태와 주가를 예측하는 데 때때로 빈번하게 성공한다.

심지어 동전이나 주사위 던지기조차도 전적으로 무작위적이지는 않다. 던지기가 뉴턴의 중력 법칙을 따르는 한, 동전도 주사위도 원칙적으로는 예측하는 것이 가능하다. 만약 처음의 조건, 동전과 주사위에 가해지는 힘들을 정확하게 알 수만 있다면 이론적으로 던지기의 결과를 예측할 수 있다.

이렇게 되면, 진정으로 편향되지 않는 난수를 생성한다고 과학자들이 믿을 수 있는 방법은 딱 하나, 양자역학뿐이다. 예를 들어 스위스 회사 아이디 퀀티크는 양자 효과를 이용하는 생성기를 개발했다. 광양자를 반투명 거울에 쏘면 광자의 절반은 거울을 관통하고 나머지 절반은 굴절되어 튕겨 나온다. 이때 광자 계산기는 각각의 조각에 임의로 0과 1을 부여한다. 양자 역학의 법칙에 따르면, 어떤 경우가 발생할지 예측하는 것은 불가능하기 때문에, 이렇게 얻은 0과 1의 수열은 완벽하게 무작위적이다. 하지만 이조차도 불충분하다. 설정이 결코 완벽하게 이루어질 수 없기 때문이다. 예를 들어, 숫자들이 순전히 무작위적으로 나열되려면 거울이 정확히 45.00000… 도의 각도로 배치되어야만 한다.

그렇다면, 이제 다음과 같은 질문으로 돌아가보자. 일련의 숫자나 양자 조각이 무작위적인지 아닌지를 확인할 수 있는 방법이 존재하는가? 수열 자체를 조사해도 답을 얻을 수 없다면, 우리가 선택할 수 있는 최선의 방법은 수열 생성기를 조사하는 것이다. 수열 생성기의 처리 과정이 무작위에 가깝다면, 그렇게 생성된 수열도 무작위에 가깝다고 확신하는 것이 타당할 것이다.

부언

난수로 무리수 π를 시뮬레이션할 수 있는 방법이 있는가?

좌표계에서 원점을 기준으로 한 변의 길이가 2.0인 정사각형의 윤곽을 그려보라. 따라서 정사각형의 면적은 4.0이다. 그런 다음 반지름 $r = 1.0$인 원을 이 정사각형 안에 그려보라. 원의 면적은 πr^2이며, 이는 3.141…과 같다. 이제, 정사각형 내에 무작위적으로 찍은 4,000개 점의 x y좌표가 -1과 +1 사이의 무작위적인 8,000

개의 숫자에 대응한다고 가정하면, 점들이 원 안에 포함될 확률은 78.539… %이다. 따라서 점들이 원 안에 포함될 확률은 4.0의 78.539… %로 π에 근접한다.

20

0이냐 1이냐? 그것이 문제로다

그란디의 역설

만약 1 - 1 + 1 - 1 + 1 - 1 +… 급수를 무한히 반복한다면 그 합은 얼마일까? 부분 합(급수를 특정 단계까지만 계속해서 얻은 합)은 1, 0, 1, 0,… 등등이다. 이 급수는 하나의 합을 가지지 않는 것처럼 보인다. 수학 용어로 표현하자면, 이 급수는 특정 합으로 수렴하지 않기 때문에 발산한다.[1]

정말로 그런가? 어쩌면 합의 표시로 다음과 같이 괄호를 두르고 급수를 좀 더 살펴볼 수 있을지도 모른다:

---

[1] 무한급수 중에서 그 합이 일정한 하나의 숫자로 모이는 경우 수렴한다고 말한다. 반면에, 수렴하지 않는 급수는 발산한다고 말한다. 일반적으로 발산하는 합은 무한대로 계속해서 커진다. 지금 살펴보고 있는 것 같은 급수는 무한대로 발산하지도 않고, 또 수렴하지도 않는다. 따라서 "비수렴이라고 부르는 게 더 나을지도 모르겠다."

$$1 - 1 + 1 - 1 + 1 - 1 + \cdots = (1 - 1) + (1 - 1) + (1 - 1) + \cdots$$
$$= 0 + 0 + 0 + \cdots = 0$$

아하! 이 급수의 합은 0이다. 맞는가?

설마 그럴 리가 있겠는가. 한번 다시 해보자. 이번에는 급수 식에 다음과 같이 괄호를 약간 다르게 둘러보자:

$1 + (-1 + 1) + (-1 + 1) + (-1 + 1) + \cdots = 1 + 0 + 0 + 0 + \ldots = 1$

이제 이 급수의 합은 1이다.

그렇다면, 0이냐 1이냐, 그것이 문제로다. 이거야말로 역설이 아니고 무엇이겠는가!

17세기와 18세기 초반에 몇몇 수학자들은 $1 - 1 + 1 - 1 + 1 - 1 + \cdots$이라는 급수와 우연히 마주치게 되었다. 이 급수를 최초로 진지하게 연구한 사람은 1703년 이탈리아의 수사 루이지 귀도 그란디였다.

그란디는 이 급수의 합이 1도 0도 아닌 1/2이라고 결론 내렸다! 그는 이러한 주장의 정당성을 어떻게 입증했을까? 그는 다음과 같은 이야기 한 편을 들려준다. 티티우스와 마비우스라는 이름의 두 형제는 아버지로부터 값비싼 돌 하나를 물려받는다. 상속 조건으로 아버지는 절대 돌을 팔지 말라고 한다. 형제는 유산을 똑같이 둘로 나눌 수 있는 방법을 정해야만 한다. 고심 끝에 그들은 각자 소유의 박물관에 번갈아 가며 돌을 전시하는 데 합의한다. 각 박물관의 장식용 선반은 하루는 돌로 채워지고, 그다음 날은 빈 채로 남겨질 터였다. 이러한 합의는 형제의 후손들에까지 구속력을 가지며, 그렇게 영원히 이어질 것이다. 따라서 그란디는 각 가족이 돌을 절반씩 소유하게 될 것이라고 요약했다.

하지만 그란디 수사의 이 재치 있는 이야기는 널리 받아들여지지 못했다. 특히, 라이프니츠는 그란디의 이야기와 수열 문제 사이에는 아무 관계가 없다고 생각했다. 그럼에도 라이프니츠 역시 이 수열의 합은 1/2이라는 의견을 제시했다.

해제

그란디 급수의 합을, 만약 존재한다고 가정한다면, S라고 부르자:

$$S = 1 - 1 + 1 - 1 + \cdots$$

이제 여기에 몇 가지 수학 연산을 실행해보자. 먼저, 1에서 S를 빼보자. 그러면 다음의 결과를 얻게 된다

$$1 - S = 1 - (1 - 1 + 1 - 1 + \cdots) = 1 - 1 + 1 - 1 + \cdots$$

하지만 우변의 급수는, 합이 S와 같은 그란디 급수와 정확히 일치한다. 따라서 우리는 1 - S = S, 또는 달리 말해, 1 = 2S라고 바꿔 쓸 수 있다. 하, 이것 봐라, 이는 다시 S = 1/2로 바꿔 쓸 수 있으니, 그란디와 라이프니츠가 생각해낸 답과 그대로 일치한다.

지금 우리가 실행한 연산은 완전히 정당한 것처럼 보인다. 하지만 여기에는 다음과 같은 1가지 주의사항이 있다. 수학적으로 수렴하지 않는 급수를 대상으로 이러한 연산을 수행하는 것은 정당하지 못하다. 따라서 어쩔 수 없이 우리에게는 또 다른 정당화가 필요하다.

드디어 19세기 이탈리아 수학자 에르네스토 체사로가 등판할 차례다.[2] 그는 부분 합들의 평균으로 이루어진 1, 0, 1, 0, 1, 0, …이라는 발산 급수에 대해 보다 수용 가능한 총화법을 쓸 것을 제안했다. 예를 들어, n(짝수 n) 단계 이후에 부분 합들의 합은 n/2이며 이를 n으로 나누면 체사로의 합과 같은 1/2을 얻게 된다.

---

[2] 체사로는 물에 빠진 아들을 구하려다 47살에 비극적인 죽음을 맞았다. 애석하게도, 그의 아들 역시 살아나지 못했다.

부언

급수 1 - 2 + 3 - 4 + 5 - 6 + 7 - 8 +⋯는 비슷하지만 더 어려운 문제를 제기한다. 이 급수의 부분 합은 1, - 1, 2, - 2, 3, - 3,⋯ 이다. 급수를 따라 나아갈수록 부분 합은 양수와 음수 무한대를 향해 번갈아 가며 증가한다. 확실히, 급수는 발산한다. 그리고 이번에는 체사로도 구원의 손길을 줄 수 없다. 체사로의 합 또한 발산하기 때문이다.

그러나 체사로 시대보다 훨씬 앞선 1749년에, 스위스 수학자 레온하르트 오일러는 이 급수의 합이 1/4이라고 생각한다면서도, "확실히 이 합은 매우 역설적으로 보인다"는 점을 인정했다.

비록 엄격한 기준은 없지만, 어떻게 그러한 결과가 도출될 수 있는지를 다시 한 번 보여줄 수 있다. 이 급수의 합을, 만약 존재한다고 가정한다면, T라고 부르자. 그럴 경우,

$2T = 1 - 2 + 3 - 4 + 5 - 6 + 7 - 8 + \cdots + 1 - 2 + 3 - 4 + 5 - 6 + 7 - 8 + \cdots = 1 + (-2 + 3 - 4 + 5 - 6 + 7 - 8 + \cdots) + 1 - 2 + (3 - 4 + 5 - 6 + 7 - 8 + \cdots) = 1 + 1 - 2 + (-2 + 3 - 4 + 5 - 6 + 7 - 8 + \cdots) + (3 - 4 + 5 - 6 + 7 - 8 + \cdots) = 0 + (-2 + 3) + (3 - 4) + (-4 + 5) + (+5 - 6) + (-6 + 7) + (7 - 8) + \cdots = 0 + 1 - 1 + 1 - 1 + \cdots$

하지만 이것은 그란디 급수를 다르게 표현할 것일 뿐, 앞서 살펴본 것에서 알 수 있듯이, 그 합은 1/2이다. 그러므로 오일러의 추측대로, 2T = 1/2 또는 T = 1/4이다.

5장

물리학적으로 사고해보자
움직이지 않으면, 아무 일도 일어나지 않는다

_알베르트 아인슈타인

역설은 상대성 이론과 양자 이론뿐만 아니라 고전역학에도 넘쳐난다. 아이작 뉴턴이 보이지 않는 힘인 중력을 발견한 이래로, 사람들은 마법이 우리 인간의 존재 방식을 통제하는 것처럼 보인다는 사실에 당혹스러움을 금치 못했다. 기묘한 과학이 세상을 지배한다.

21

밤하늘이 어두운 이유는?

올베르스의 역설

낮 동안은 태양이 밝게 빛나면서 지구를 환하게 밝혀준다. 그렇다면 밤에는 어떤가?

우리는 우주가 사방으로 무한히 뻗어 있는 공간이라고 규정할 수도 있다. 이 무한한 우주에서 무수히 많은 별이 밤하늘을 수놓으며 반짝인다. 물론 별이 지구에서 멀수록 별빛도 약해진다. 하지만 무수히 많은 별이 존재하기 때문에, 그것들이 합해진 빛은 지구에 도달해서 지구의 하늘을, 심지어 밤하늘조차도 환하게 밝힐 정도로 충분히 강할 것임에 틀림없다.

맞는가?

아니다. 명백히 그렇지 않으며, 그렇지 않다는 것을 우리는 매일 밤 관찰해서 잘 알고 있다.

우선, 밤하늘이 밝을 수밖에 없다는 주장의 논거는 무엇인가?

광원이 멀어질수록 밝은 부분은 넓어지지만 밝기는 약해진다. 이것이 옳다는 것은, 손전등 빛을 벽에 비춰보기만 해도 증명할 수 있다. 손전등 빛이 벽에서 멀어질수록 밝은 원 부분은 거리의 제곱에 비례해 증가한다. 그리고 밝은 원의 밝기는 점점 약해진다.

정확히 어느 정도로 약해지는가? 광원은 유한한 양의 에너지를 방출한다. 따라서 같은 양의 빛으로 더 넓은 영역을 비추려면 빛이 넓게 퍼져야만 한다. 밝은 부분이 거리의 제곱으로 증가하므로, 밝은 원의 밝기는 거리의 제곱근으로 감소한다.

지금부터는 별의 개수를 고려해보자. 우리는 별이 우주 전체에 걸쳐 균일하게 분포되어 있다고 가정할 수도 있다. 즉 별의 밀도가 모든 곳에서 비슷하다고 가정할 수 있다. 이제, 우주가 마치 양파 껍질처럼 지구를 중심으로 하는 동심원의 얇은 층들로 층층이 나누어져 있다고 가정해보자. 각각의 층에는 일정한 수의 별들이 분포되어 있다. 아르키메데스는 구의 표면적 계산을 바탕으로 각 층에 존재하는 별의 개수가 지구와의 거리의 제곱에 비례해서 증가한다는 사실을 이미 알고 있었다. 예를 들어, 어떤 한 층이 다른 층보다 지구로부터 2배 더 멀리 떨어진 곳에 위치해 있다면, 그 층에는 4배 더 많은 별이 분포한다.

종합하면, 이는 다음을 의미한다고 할 수 있다. (a) 각 별의 밝기는 거리의 제곱근에 비례해 감소한다. (b) 별의 개수는 별이 위치한 층과 지구 간 거리의 제곱에 비례해 증가한다. (c) 따라서, 각 층은 같은 양의 빛을 생성해야 한다. 그리고 (d) 지구에 닿는 빛의 양은 무한히 많은 층에서 나오는 빛의 합이므로 무한할 수밖에 없다.

그렇다면, 밤하늘은 대체 왜 어두운 건가?

이 역설은 1823년에 독일의 천문학자이자 의사인 하인리히 올베르스가 "우주의 투명성에 관하여On the Transparency of the Universe"라는 제목의 논문에서 처음으로 공식화했다. 우주가 실제로 무한한지 아닌지, 또한 무수한 별들이 그 무한한 우주 안에 균질적으로 분포되어 있는지 아닌지의 질문에 답하기 위해서는 설명이 필요했다. 하지만 밤하늘이 어둡다는 사실 자체가 무한한 우주가 존재한다는 주장에 강력한 반론으로 작용했다.

하지만 올베르스는 그렇게 생각하지 않았다. 그는 밤이 어두운 이유는 은하계 사이에 존재하는 먼지가 빛을 흡수하기 때문이라고 믿었다. 하지만 그것은 좋은 설명이 아니었다. 흡수된 에너지는 먼지를 가열해서 먼지가 흡수한 만큼의 빛을 발산하도록 했을 것이기 때문이다. 시대적 한계를 감안한다면, 올베르스의 시대에는 열과 빛이 에너지의 다른 형태들이며 하나는 다른 하나로 전환될 수 있다는 사실이 아직 알려지지 않았다.

1884년에 켈빈 경은 볼티모어에서 이 문제에 대해 강연을 하며, 올바른 해법을 제시했다. 이 강연은 1901년에 "무한한 우주를 관통하는 에테르와 중력 물질에 대하여On Ether and Gravitational Matter Through

Infinite Space"라는 제목으로 발표되었다.

해제

우리는 우주가 무한하다고 규정했지만, 우주의 나이에 대해서는 어떠한 주장도 하지 않았다. 실제로 우주의 모든 것은 140억 년 전 빅뱅과 함께 시작되었다.

켈빈 경은 빛의 속도가 매우 빠르기는 하지만 유한한 속도로 움직이기 때문에, 별빛이 지구에 도달하려면 시간이 걸린다고 설명했다. 그러므로 우주의 유한한 부분에서 나오는 빛만이 지구에 도달할 수 있다. 지구로부터 140억 광년 떨어진 곳의 광원에서 흘러나오는 빛은 아직 우리에게 도달하지 못했다.

게다가 알베르트 아인슈타인이 예측했고 그 후 우주론자들이 증명한 바에 따르면 우주는 사방으로 팽창하며, 그로 인해 모든 것이 다른 모든 것에서 멀어진다. 별들이 지구로부터 멀어지면, 소위 도플러 효과Doppler effect가 작용해, 소리와 빛의 파장이 길어진다. 예를 들어 구급차 사이렌의 음높이는 구급차가 당신에게 가까워질수록 올라가다가 당신에게서 멀어질수록 낮아진다. 마찬가지로 별에서 나오는 빛의 파장은 지구에서 멀어질수록 길어지다가 스펙트럼의 가시 파장역을 벗어나 적외선 부분으로 이동하며,

마침내 인간의 눈에는 보이지 않게 된다.

요약하자면, 밤하늘이 어두운 이유는 (1) 많은 별의 빛이 아직 지구에 도달하지 않았고, 그리고 (2) 무수히 많은 별이 지구에서 지금도 멀어지는 중이기 때문이다. 그 멀어지는 별들에서 나오는 빛은 지구를 향하고 있지만, 그럼에도 보이지 않는 파장 대역으로 이미 이동해버린 뒤다.

이것이 바로 해가 하늘을 환하게 밝히지 않을 때면 하늘이 어두운 이유이다.

부언

놀랍게도 밤하늘이 어두운 이유를 이런 식으로 설명한 첫 번째 인물 중 하나는 과학자가 아니라 문인이었던 미국 작가 에드거 앨런 포였다. 산문시(실은 150페이지에 달하는 논문이기도 한) 〈유레카〉에서 포는 머나먼 곳의 별빛은 아직 지구에 도달하지 못했을 수도 있다고 암시한다. 산문시의 관련 부분에 따르면, 무수히 많은 별이 끝도 없이 늘어서 있다면, 하늘은 우리 앞에 마치 은하수가 펼쳐진 것처럼 균일한 광도로 펼쳐질 것이다. 그 모든 배경에서 별이 존재하지 않는 지점은 결코 있을 수 없을 것이기 때문이다. 그러므로 이를 고려하자면, 우리가 망원경으로 관찰할 때 무수히 많은 방향에서 발견하게 되는 빈 공간들을 이해할 수 있는 유일한 방법은 보이지 않는 우주 저편까지의 거리가 엄청나게 멀어서, 그곳으로부터 나오는 어떠한 광선도 아직 우리에게 닿지 못했다고 가정하는 것뿐일 것이다.

하지만 포가 실제로 우주가 무한하다고 믿었는지는 확실치 않다. 어쩌면 그저 농담 섞인 자기합리화의 일환으로 던져본 설명일 수도 있고, 심지어는 우주가 무한하다는 견해를 살짝 조롱하듯 한 말일 수도 있다. 포의 생각이 어땠는지는 계속 읽다 보면 증명된다. "천문학적 궤변 중에 이 별들의 우주가 절대적 한계를 보이지 않는 공간이라는 생각보다 집요하게 고수되어온 것도 없을 것이다."

마음속 깊은 곳에서, 포는 무한한 우주란 하나의 궤변에 불과하다고 확신했던 것 같다.

22

가운데로 모이다

찻잎의 역설

회전목마 위에 공깃돌을 놓고 회전목마를 돌려보라. 그리고 차로 경주 코스의 굽은 도로 부분을 고속으로 주행해보라. 원심력이 공깃돌과 자동차를 바깥으로 잡아당길 것이다. 그것이 바로 물리학의 기본 법칙이다.

마찬가지로, 찻잎을 띄운 물을 컵에 담고 휘저어보라. 원심력으로 인해 잎들이 바깥쪽으로, 즉 컵의 테두리 부분을 향해 움직일 것이다.

맞는가?

틀렸다! 찻잎은 바깥쪽으로 움직이는 대신에 컵의 가운데 바닥 부분에 모인다. 믿지 못하겠다면 지금 당장 차 한 잔을 직접 만들면서 관찰해보라.

역설에 대한 논의를 시작하기에 앞서 공깃돌이나 자동차에 작용하는 원심력은 실재하는 힘이 아니라는 사실을 지적해야 할 것 같다. 실재하는 힘이란 여러 물체 사이에 작용하는 힘이기 때문이다. 회전목마 위에서 회전하는 공깃돌이나 기울어진 채 급커브를 질주하는 자동차의 경우에는 두 번째 물체가 존재하지 않는다. 엄밀히 말한다면, 공깃돌과 자동차를 바깥쪽으로 끌어당기는 힘은 가속도다.

1926년, 프로이센 과학 학술원에서 열린 한 강연에서 찻잎이 만들어내는 외관상의 역설을 제기했던 전문가는 다름 아닌 알베르트 아인슈타인이었다. 그가 일반과는 거리가 먼 일반 상대성 이론을 선보이고 난 10년 후의 일이었다. 같은 해에 독일 학술잡지에도 실리게 될 강연에서, 아인슈타인은 다음과 같은 문제를 해명해보겠다고 했다. 물이 굽이져 흐르는 사행하천의 흐름을 유심히 살펴보면, 북반구에서는 오른쪽 기슭이 더 많이 침식되며 가파른 경향이 있다. 하지만 남반구에서는 그와 반대로 왼쪽 기슭이 더 많이 침식되며 가파른 경향이 있다.* 왜 그런가?

문제를 더 선명하게 만들기 위해 아인슈타인은 일상생활을 관찰하는 것으로 시작했다. "평평한 바닥의 컵에 차를 가득 채웠다

---

* 이는 강이 동서남북 중 어디로 흐르건, 아니면 그 사이의 어느 방향으로 흐르건 간에 동일하게 나타난다. (하지만, 적도를 따라 흐르는 경우라면, 전혀 그러한 현상이 나타나지 않는다.)

고 상상해보자. 바닥에 찻잎 몇 개가 가라앉아 있다. 찻잎들이 그대로 있는 이유는 찻물보다 약간 더 무거운 찻잎들이 찻물을 밀어내기 때문이다. 찻숟가락으로 휘저어 차가 잘 우러나도록 해보자. 그러면 찻잎은 이내 찻잔 바닥의 가운데로 모일 것이다."

찻잎은 왜, 원심력으로 미루어 짐작한 대로 찻잔 가장자리로 향하지 않고 그 반대 방향으로 움직이는 걸까?

해제

실제로 찻물은 찻숟가락에 의해 수평 원형 운동을 한다. 하지만 찻잔의 가장자리 근처와 바닥에는 마찰이 존재하며, 이로 인해 물의 움직임이 느려진다. 따라서 컵 가운데의 물은 가장자리와 바닥의 물보다 더 빠르게 회전한다. 즉, 바깥쪽과 바닥 부분의 원심력은 중앙부보다 더 약하다.

아인슈타인의 말을 빌리자면, "그 결과 액체의 원형 운동이 발생한다. 이 운동은 바닥 마찰의 영향으로, 정지할 때까지 계속 증가해서 생겨난다. 그리고 찻잎들은 원형 운동에 의해 가운데로 쓸려 들어간다."

찻숟가락이 만들어낸 1차적인 수평 운동에 더해, 2차적인 원형 흐름이 액체의 표면에서 컵의 측면을 따라 바닥까지 수직으로 내려갔다가 다시 위로 올라온다. 이때 찻잎들은 물의 흐름에 의해 처음에는 찻잔 옆으로, 그다음에는 가운데 쪽 바닥으로 밀려났다가 떠오르지 못하고 그 자리에 그대로 머물게 된다. 찻잎이 물보다 더 무겁기 때문이다.

수직 흐름이 어떻게 발생하는지를 이해하기 위해 개별 물 분자 하나를 따라가보도록 하자. 원심력에 의해 밀려난 물 분자 A는 바깥쪽의 컵 가장자리를 향해 이동한다. 가장자리에 도달한 물 분자 A는 더 이상 멀리 나아갈 수 없다. 그러면 그곳에 있던 물 분자 B는 자리를 비켜 물 분자 A에게 공간을 내주지 않을 수 없다. B는 어디로 가야 하는가? 중력 때문에 오직 아래로만 갈 수 있을 뿐이다. 따라서 분자 A는 분자 B를 찻잔 가장자리에서 아래로 밀어 보내며, 분자 B 역시 자기 아래에 위치한 모든 분자들을 그것들이 찻잔 바닥에 부딪칠 때까지 아래로 밀어 보낸다. 그곳에서 물 분자들은 바닥을 따라 가운데로 향하는 것 말고는 더 이상 갈 곳이 없다. 물 분자들은 찻잔 가운데에서 찻잔의 반대 방향에서 밀려온 분자들과 충돌하고, 그럼으로써 다시 위로 올라가는 수밖에 없다. 하지만 그 과정에서 물 분자들은 무거운 찻잎들을 뒤에 남겨 두고 올라가게 된다.

역설이 해결되었다!

부언

아인슈타인이 이 논문을 쓴 주된 목적은 찻잎이 찻잔 바닥에 모이는 당혹스럽긴 해도 흥미로울 것 없는 현상을 해명하기 위해서가 아니라, 앞에 언급된 강의 침식과 가파름 현상을 설명하기 위해서였다.

아인슈타인의 설명에 따르면, 이 현상은 한편으로는 강물이 강바닥과 강기슭을 따라 흐르는 동안 발생하는 마찰과 다른 한편으로는 지구의 자전이 상호작용을 일으키기 때문에 나타난다. 지구는 동쪽으로 자전하며(북극 위에서 본다면 시계 반대 방향, 남극 아래에서 본다면 시계 방향), 이로 인해 코리올리의 힘이라 알려진 가속도가 만들어진다. 따라서 북반구에서는 움직이는 물과 허리케인이 오른쪽으로 휘어지는 반면, 남반구에서는 그것의 시작 방향의 왼쪽으로 휘어진다. (회전목마 위에 올려둔 공깃돌이나 굽은 도로를 기울어진 채 질주하는 자동차에 작용하는 원심력과 마찬가지로, 코리올리의 힘도 실재하는 힘이 아니라 가속도다.)

그렇다면 코리올리의 힘이 어떻게 침식을 일으키는 것일까? 마찰로 인해 강물은 강기슭과 강바닥에서 멀어질수록 더 빨리 흐른다. 따라서 강물은 가운데 맨 윗부분에서 가장 빠르게 흐른다. 그리고 북반구에서 물은 지구의 자전으로 인해 오른쪽으로 휘어지기 때문에 북반구의 강물 안에서는 위에서 오른쪽으로 그리고 다시 아래로 흐르는 수직 순환이 생겨난다. 바로 이것이 강의 오른쪽에 침식을 일으키는 원인이다. 반면에 지구가 시계방향(남극 아래에서 볼 때)으로 자전하는 남반구에서는 강물이 왼쪽으로 휘어지므로 왼쪽 강기슭이 오른쪽 강기슭보다 더 많은 침식을 일으키게 된다.

•

만약 급커브를 고속으로 주행하는 경주용 자동차에 이러한 현상을 적용해본다면 어떻게 될까? 경주용 자동차가 경주 코스를 이탈해서 바깥쪽 경계를 강타한다면(물론 그런 일은 절대 일어나서는 안 된다), 그 자동차는 안으로 튕겨 들어오게 될 것이다. 그러다 보면 마치 찻잔 속의 찻잎들이 그러하듯, 얼마 지나지 않아 부서진 자동차의 잔해들이 경주 코스 가운데에 모이게 될 것이다.

23

젓지 말고, 흔들라!

브라질너트 효과

크기가 다른 견과류가 든 단지를 힘차게 위아래로 흔들어서 견과류들이 잘 섞이도록 해보자. 뭐가 보이는가? 견과류들이 잘 섞였는가? 그렇지 않을 것이다. 아마도 무게 때문에 더 무거운 견과류들은 바닥 쪽으로 내려앉고 더 가벼운 견과류들은 위쪽으로 올라가 있을 가능성이 더 클 것이다.

맞는가?

또다시 틀렸다! 크고 무거운 견과류들은 위에, 가벼운 견과류들은 아래에 놓인다.

실험을 반복해보자. 이번에는 아몬드 하나를 단지 바닥에 놓고 그 위로 쌀을 단지 절반쯤 되게 채워보라. 아무것도 엎지르지 않도록 단지를 잘 막은 다음, 흔들기 시작하라. 어라? 이것 봐라? 힘차게 몇 번 흔들지도 않았는데, 아몬드가 마법처럼 벌써 맨 위로 올라와 있다.

    이러한 실험 결과는 처음에는 역설처럼 보인다. 우리는 다른 시나리오에 익숙하기 때문이다. 예를 들어 두 액체, 예컨대 물과 기름의 혼합물을 잠시 그대로 내버려두면, 중력으로 인해 더 무거운 액체는 밑으로 가라앉고 더 가벼운 액체는 위로 밀려난다.

    하지만 지금의 상황은 완전히 정반대다!

해제

원인은 침투와 대류라는 두 단어에서 찾을 수 있다.

    한 번의 흔들림으로 큰 견과류 하나를 아주 살짝 들어 올릴 때마다 그 아래로 작은 틈이 벌어진다. 그러면 바로 옆쪽에 있던 더 작은 견과류들이 그 즉시 빈 공간으로 밀려들어옴으로써 작은 견과류는 들어 올려진 큰 견과류가 틈으로 다시 굴러 떨어지지 못하게 막는 한편 큰 견과류가 높아진 위치를 계속 유지하도록 떠받친다. 다음번 흔들림으로 그 큰 견과류가 다시 한번 약간 들어 올려지면, 그보다 작은 견과류들이 벌어진 틈으로 다시 밀려 들어와 이 큰 견과류가 원래 자리로 주저앉지 못하도록 한다. 이러한 과정이 계속 반복되어 마침내 큰 견과류가 표면에 닿게 되면, 큰 견과류는 위아래로 되튀기를 반복하며 표면 위치를 유지한다. 이따금 아래로 내려갈 때도 있지만, 흔들기 몇 번만으로도 금세 다시 표면에 모습을 드러낸다.

여기서 침루(예를 들어, 잘게 간 커피 알갱이들 사이로 물을 조금씩 흘려보낼 때 발생하는 현상)가 작은 견과류들이 더 큰 견과류들 사이의 틈을 통해 단지의 바닥까지 이동하는 과정을 가리킨다면, 대류는 더 큰 견과류들이 견과류 더미 꼭대기를 향해 밀려 올라가는 과정을 가리킨다.

부언

하지만 결론을 내리기 전에 잠시만 기다려보라. 견과류 단지건 아니면 아몬드와 쌀이 뒤섞여 담긴 사발이건 간에, 모든 물리적 체계는 항상 최소 에너지 상태를 달성하려고 한다. 이는 무게 중심이 가능한 한 낮아야 한다는 것을 의미한다. 그러나 만약 무거운 견과류들이 위로 올라가고 가벼운 견과류들이 바닥에 깔린다면, 무게 중심이 어떻게 낮아질 수 있겠는가? 흠, 그렇다면 우리에게 필요한 것은 전체론적 관점일 수 있다. 비록 큰 브라질너트들이 더 무겁긴 하지만, 그것들 주위로는 그저 비어 있는 공간일 뿐인 공기층 또한 많다. 반면에 바닥에 모여 있는 작은 견과류들은 훨씬 빽빽하게 들어차 있어서 그것들 사이에 무게가 거의 나가지 않는 공기층 역시 거의 존재하지 않는다. 즉, 작은 견과류 모음의 밀도가 큰 견과류 모음의 밀도보다 높기 때문에, 단지나 사발을 흔들면 실제로 무게 중심은 아래로 이동하고 그에 따라 브라질너트는 위로 올라가게 된다.

•

여기서 제시되는 해법이 아무리 이치에 맞는 것처럼 들린다 하더라도 이 문제는 아직 완전히 해명되지 않았으며, 브라질너트 효과에 관한 연구는 현재도 진행 중이다. 과학자들은 브라질너트 효과에 작용하는 요인들이 몇 가지 더 있다고 믿는다. 예를 들어 마찰, 진동의 진폭과 빈도, 용기의 기하학적 구조, 견과류 사이의 공기압이 이 효과에 영향을 미치는 것이 아닌가 생각하기도 한다. 큰 견과류와 작은 견과류의 밀도가 같다면 아무리 힘차게 흔든다 하더라도 이들 견과류는 분리되지 않고 뒤섞인 채로 남기 때문이다. 실제로, 특정 환경에서는 브라질너트 효과와 정반대의 결과가 나타날 수도 있다. 결과적으로 큰 견과류와 작은 견과류 간의 밀도 비율이 이 효과를 일으키는 1가지 원인이라 할 수 있다.

또 다른 가능한 원인으로 관성을 들 수도 있다. 쌀과 아몬드 한 알이 든 단지의 경우, 아몬드보다 질량도 작고 마찰도 적게 일으키는 쌀 알갱이들은 더 쉽게 가속이 붙어 더 크고 더 무거운 견과류보다 더 빨리 틈새 구멍에 도달할 수 있다. 비록 큰 견과류가 더 큰 운동량을 지니고 있지만, 그것들은 작은 쌀알 집단보다 더 많은 마찰과 저항을 겪게 된다. 그리고 앞에서 언급했듯이, 용기의 기하학적 구조 역시 그 원인이 될 수도 있다. 마티니 잔 모양의 용기에서 큰 알갱이는 바닥으로 내려 보내고 작은 알갱이는 위로 올려 보내는 대류 전류가 분명하게 관찰되었다.

말이 나왔으니 하는 말이지만, 〈007〉의 주인공 제임스 본드가 마티니를 주문할 때 "젓지 말고 흔들어 달라던" 이유도 바로 이 때문이었을까? 아마도 그렇지는 않을 것이다. 하지만 한 세대 전, 6명으로 이루어진 한 연구팀은 《영국 의학 저널British Medical Journal》에 마티니를 저었을 때보다 흔들었을 때 항산화 활성도가 더 크다는 결과를 보여주는 논문 한 편을 발표하기도 했다. 이제 흔들어서 항산화 활성도를 높인 마티니에, 단지 위쪽으로 떠오른 항산화 성분의 브라질너트를 안주 삼아 곁들여보자. 그러고 있으면, 그가 곤경에 처할 때마다 어떻게든 빠져나올 수 있었던 이유를 알 법도 하지 않을까.

24

차갑게, 더 차갑게

음펨바의 역설

물을 가득 채운 2개의 용기를 냉동고에 넣어보라. 단, 하나는 이미 차가운 물이고 다른 하나는 여전히 따뜻한 물이어야 한다. 어떤 것이 먼저 얼까? 당연히, 이미 차가운 물이다. 어쨌거나 차가운 물은 이미 빙점까지 얼마간 나아간 상태니까 말이다.

맞는가?

틀렸다!

많은 실험에서 밝혀진 바와 같이 더 따뜻한 물을 담은 용기가 더 빨리 얼 수 있다. 이미 차가운 물은 얼기까지 더 오랜 시간이 걸린다.

1963년, 탄자니아의 고등학교 학생이었던 에라스토 음펨바는 탕가니카의 마감바 중학교에서 요리 수업을 듣고 있었다. 그날의 과제는 아이스크림을 조리하는 것이었다. 학생들은 먼저 우유를 끓인 다음 설탕과 섞어서 식혀야 했고, 그러고 나서 식힌 우유와 설탕 혼합물이 든 단지를 냉동고에 넣어야 했다.

냉동고의 마지막 빈자리를 이용할 수 없을까 봐 걱정이 된 에라스토는 충분히 오래 기다리지 않아서 아직 채 식지 않은 단지를 냉동고에 어찌어찌 집어넣었다. 1시간 30분 후에 자신의 아이스크림 혼합물이 다른 친구들의 혼합물보다 빨리 얼었다는 사실을 발견하고, 음펨바가 얼마나 놀랐을지 한번 상상해보라.

얼마 후, 교장 선생의 초청으로 다르에스살람 대학교의 물리학 강사이자 후일 외교관으로 활약하게 될 데니스 오즈본Denis Osborne이 음펨바의 고등학교를 방문해 강연을 하게 되었다. 질의응답 시간에, 음펨바는 자신이 관찰한 현상에 대해 다음과 같이 질문했고, 그 질문에 동료 학생과 교사들은 키득거렸다. "만약 같은 양의 물을 하나는 섭씨 35도의 용기에 다른 하나는 섭씨 100도의 용기에 넣은 다음, 두 용기를 함께 냉동고에 넣는다면, 섭씨 100도에서 시작한 용기의 물이 먼저 얼어요. 왜 그럴까요?"

오즈본 교수는 답을 알지 못했다. 사실 음펨바가 묘사한 현상이 사실인지 아닌지조차 알지 못했다. 하지만 음펨바의 질문에 흥미를 느낀 그는 연구실로 돌아가 실험을 실시했고, 그 고등학생의 말이 옳았다는 것을 알게 되었다. 1969년에 오즈본 교수와 음펨바는 이 현상을 설명하는 한 편의 논문을 공동으로 발표했고, 이로써 음펨바의 이름은 불후의 명성을 부여받았다. 그 후 음펨바는 탄자니아의 자연 자원 관광부 야생 생물과에서 일했다.

사실, 이 현상을 음펨바가 처음으로 발견한 것은 아니었다. 아리스토텔레스는 사람들이 물을 빨리 식히고 싶을 때, 그 물을 햇볕 아래 두는 것에서 시작한다는 사실을 이미 관찰한 바 있으며 그러한 관찰로부터 "물이 이전에 데워졌다는 사실이 물을 빠르게 얼게 하는 데 기여한다"고 결론 내렸다. 영국 철학자 프랜시스 베이컨도 "미지근한 물이 아주 차가운 물보다 더 쉽게 언다"고 기록했으며, 프랑스 사상가 르네 데카르트 역시 "우리는 오랜 시간 불에 데워진 물이 그렇지 않은 물보다 더 빨리 언다는 사실을 경험으로 알 수 있다"고 썼다.

해 제

적절한 실험을 하기는 쉽지 않다. 질문 자체가 매우 부정확하기 때문이다. "얼다"란 무엇을 의미하는가? 섭씨 0도? 아니면 물이 얼음으로 변하기 시작하는 순간? 그것도 아니라면, 용기의 내용물 전체가 얼음으로 바뀌는 순간? 자신들의 논문에서 음펨바와 오즈본은 언다는 것을 첫 번째 얼음 결정이 형성되는 데 걸리는 시간으로 정의했다. 하지만 그 시간을 관찰하기란 쉽지 않으며,

특히 밀폐된 냉장고 속의 얼음이라면 더더욱 그렇다.

심지어 질문을 명확하게 한 뒤라 하더라도 용기 안 물의 양, 용기의 크기와 모양, 냉동실의 크기와 모양, 냉동실의 온도 같은 실험 설비에 따라 많은 매개 변수들이 달라질 수 있다. 따라서 음펨바의 역설이 여전히 진행 중인 프로젝트이며, 전문가들도 그러한 현상이 일어나는 원인과 관련해 여전히 의견 일치를 보지 못하고 있다는 것도 놀라운 일은 아니다. 그간 다음과 같은 몇 가지 원인이 제기되어 왔다.

하나는 증발에 관한 설명이다. 용기를 열어 둔다면 뜨거운 물이 찬물보다 더 빠르게 증발하면서 부피가 줄어들 것이다. 부피가 작을수록 물은 식힐 열이 적을 것이고, 그럼으로써 더 빨리 차가워질 것이다. 따라서 뜨거운 물이 먼저 어는 이유는 얼게 되는 물의 양이 더 적기 때문이다.

또 다른 설명은 일반적으로 뜨거운 물이 찬물보다 용해된 기체를 더 적게 함유하고 있다는 것이다. 용해된 기체의 양이 감소하면 물의 열전도 능력이 변화하거나 물의 빙점이 크게 변할 수 있다.

세 번째 설명은 대류다. 일반적으로 열은 위로 올라간다. 따라서 용기 윗부분의 내용물은 용기의 평균 온도보다 더 뜨거울 것이다. 열 손실은 대부분 표면에서 일어나기 때문에, 또한 표면이 용기의 다른 부분보다 더 뜨겁기 때문에, 열 손실은 용기의 평균 온도를 기준으로 생각할 수 있는 것보다 윗부분에서 더 빠르게 진행

된다. 따라서 더 뜨거운 용기의 평균 온도가 더 차가운 용기의 처음 온도까지 낮아진다 하더라도, 더 뜨거운 용기의 윗부분은 여전히 더 따뜻하기에 더 빠른 속도로 냉각을 경험한다. 그러므로, 더 뜨거운 용기의 냉각 속도가 더 차가운 용기를 추월할 수 있다.

네 번째 설명은 뜨거운 용기가 주변 환경에 어떤 식으로든 변화를 일으킬 수 있고, 그러면서 뭔가 복잡한 방식으로 냉각 과정에 영향을 미칠 수 있다는 것이다.

끝으로, 물은 섭씨 0도에서는 여전히 액체 상태를 유지하다가 온도가 0도보다 얼마간이라도 더 낮아져야만 얼기 시작할 수도 있다. 이러한 현상은 "과냉각"이라 불린다. 처음에 더 따뜻한 물이 더 차가운 물보다 덜 과냉각될 수 있으며, 그에 따라 먼저 얼 수 있다.

부언

음펨바의 역설은 여러 가지로 응용될 수 있다. 확실한 것은, 아이스크림 제조자는 아이스크림 혼합물이 뜨거운 상태일 때 얼려야 한다는 것이다. 역설을 응용할 수 있는 곳은 그 외에도 많다. 예를 들어, 겨울에 세차는 찬물로 해야 한다. 뜨거운 물로 세차를 한다면 차 표면이 더 빨리 얼어붙을 것이기 때문이다. 반면에 스케이

트장 물을 채울 때는 뜨거운 물을 사용해야 한다. 뜨거운 물이 더 빨리 얼 것이기 때문이다. 또한 식당에서 남은 음식을 넣어온 봉투는 식을 때까지 기다리지 말고 즉시 냉장고에 넣도록 하라.

25

빨아들일 것인가, 아니면 내뿜을 것인가?

스프링클러의 역설

스프링클러는 파이프 위에 수평으로 놓인 S자 모양의 원예 장치로, 이 장치를 통해 파이프로 흐르던 물이 뿜어져 나가도록 설계되어 있다. 스프링클러의 좋은 점은 물을 틀자마자 장치가 시계 반대 방향으로 돌기 시작하고, 그렇게 회전을 계속하면서 화단 전체로 물을 분사한다는 것이다.

이 운동은 물의 반동에서 나온다. 물이 노즐을 밀어내면 운동량을 보존하기 위해 역방향 운동이 생겨난다. 바로 이 힘이 장치를 밀어 시계 반대 방향으로 돌게 만든다. 이는 당신이 샤워 호스를 손에 쥐고 수도꼭지를 틀 때 느끼는 바로 그 반동과 같다. 만약 당신이 샤워 호스를 단단히 쥐고 있지 않는다면, 호스는 손에서 빠져 나와 뒤로 튕겨져 나갈 것이다.

지금부터는 그러한 S자형 장치가 물을 가득 채운 욕조 속에 매달려 있고, 물을 밖으로 뿜어내는 것이 아니라 빨아들이고 있다고 가정해보자. 만약 그러한 경우라면, 장치는 다른 방향으로, 즉 시계 방향으로 회전하는가?

이에 대한 답은 질문을 누구에게 하느냐에 따라 달라진다.

물리학자 중에는 이론적 근거를 대며 장치가 미동도 하지 않는 것이 맞다고 주장하는 사람들도 있다. 하지만 다른 이들은 실험을 통해 장치가 회전을 하고, 그것도 실제로 시계방향으로 회전한다는 사실을 입증했다. 유튜브에는 이러한 S자형 장치들이 회전하지 않는 것을 보여주는 비디오 클립도 올라와 있고, 또 장치가 물을 빨아들이면서 시계방향으로 회전하는 것을 보여주는 비디오 클립도 올라와 있다.

아니, 대체 뭐가 문제인 걸까?

물을 뿜어내는 대신에 빨아들이는 장치는 종종 '파인만 스프링클러'라고 불린다. 노벨상 수상자인 리처드 파인만이 그 장치를 발명한 것은 아니다. 사실 파인만은 자신의 저서 중 하나에서 이 문제를 제기해 악명 높게 만들었음에도 정작 그러한 장치에 자신의 이름을 붙이는 것에는 반대했다. 1883년, 오스트리아의 물리학자이자 철학자인 에른스트 마흐도 "역학의 발전$^{\text{Die Mechanik in ihrer Entwickelung}}$"이라는 제목의 논문에서 이 현상에 대해 쓴 적이 있다. 그는 사람들이 새로 고안된 장치로 물을 빨아들이면 장치가 물을 뿜어낼 때와는 반대 방향으로 회전할 거라고 생각하는 경향이 있다고 썼다. "하지만 일반적으로 이러한 일은 일어나지 않는다."

그리고 60년 후, 아직 학생이었던 파인만은 이 현상을 실험적으로 조사하기 위해 동료들과 1가지 실험을 고안해냈다. 그들은 물로 가득 채운 유리 용기 속에 S자형 장치를 넣은 다음 그 장치가 용기 속의 물을 빨아들이게 했다. 마흐의 예측대로 처음에 몇 번 진동을 일으킨 것을 제외하면 물을 빨아들인 장치는 움직이지 않았다. 하지만 이 영리한 프린스턴 학생들은 아무 일도 일어나지 않을 것이라는 사실을 확신하지 못했고, 그래서 압력을 높여 물의 흐름을 증가시켰다. 그들은 유리 용기가 폭발할 때까지 그렇게 했다. 하지만 그것으로 끝이었다. 파인만은 폭발 말고는 아무런 일도 일어나지 않은 이유를 설명하지도 않았고, 또 어떤 일이 일어날 거라고 기대했었는지에 대해도 전혀 언급하지 않았다.

해제

혼란이 생기는 이유는 우리가 빨아들이기와 내뿜기가 대칭적인 현상이라고 생각하기 때문이다. 하지만 빨아들이기가 거꾸로 내뿜기와 같은 것은 아니다.

마흐의 설명에 따르면, 장치가 물을 내뿜을 때 좁은 길을 따라

분출되는 물은 그 앞쪽의 공기를 향한다. 그리고 이러한 분출로 생긴 반동이 S자형 장치를 시계 반대 방향으로 밀어낸다. 이는 모두 운동량 보존의 법칙 때문이다. 운동량 보존의 법칙대로라면, 물이 한 방향으로 뿜어질 때 운동량을 보존하기 위해 스프링클러는 다른 방향으로 움직일 수밖에 없다. 즉, 이로 인해 물을 뿜는 S자형 스프링클러는 시계 반대 방향으로 회전하게 된다.

하지만 이 장치가 물을 빨아들일 때, 장치 주둥이로 들어오는 것은 가느다란 한 가닥의 물줄기가 아니다. 물은 사방에서 들어온다. 따라서 S자형 장치가 물을 빨아들일 때는 반동을 만들어낼 수 있는 물의 분출도, 또한 시계방향의 회전도 존재하지 않는다.

이를 증명하기 위해 누구든 집에서 다음과 같은 간단한 실험을 해볼 수 있다. 우선, 선풍기 앞에 서보라. 그러면 분출되는 공기에 의해 머리카락이 뒤로 날리게 된다. 이제 선풍기 뒤편으로 가서 서보라. 머리카락이 전혀 날리지 않는다. 실제로, 당신은 사실상 아무런 느낌도 받지 못한다. 선풍기 뒤에서 앞으로 빨아들여진 공기는 선풍기 뒤쪽 사방에서 오며, 그런 다음에야 공기 기둥을 통해 앞쪽으로 전달된다.

그렇다면 이 경우에는 운동량 보존의 법칙이 작동하지 않는가? 유입되는 물은 한 방향으로 가지만 스프링클러는 물을 여러 방향으로 내보내지 않는가? 설명에 따르면 일단 유입된 물은 한데 모여 물기둥이 되는데, 이 물기둥이 S자형 스프링클러의 굴곡

부를 강타해 스프링클러의 앞으로 미는 힘에 반작용을 가하고, 그럼으로써 스프링클러의 회전하려는 경향을 상쇄시킨다. 그 결과 스프링클러는 움직이지 못하고 정지 상태를 유지한다.

부언

충분히 이해할 수 있을 정도로 아주 명확한 설명이다. 그런데도 이러저러한 이견이 존재하는 이유는 무엇인가? 그의 조심스러운 어투가 증명하듯, 에른스트 마흐조차도 그의 주장에 일부 동의하지 않는 사람들이 있을 수 있다는 사실을 인지하고 있었던 것으로 보인다. 마흐는 사람들이 기대했을 그러한 역회전은 "일반적으로" 일어나지 않는다고 썼다. 그러면서 "보통은" 눈에 띌 만한 회전이 관찰되지 않는다고 덧붙였다. 그도 문제를 인지하고 있었던 걸까?

사실, 일부 실험에서는 움직임이, 정확히 말하면 시계 방향으로의 회전이 관찰되었다. 하지만 이는 다른 요인들에 의해 유발된 것이었다. 유입되는 물은 스프링클러 내부에 소용돌이를 만들어냄으로써 에너지를 소모한다. 물기둥이 스프링클러의 굴곡부를 강타할 즈음이면, 이미 운동량의 상당 부분을 잃어버린 뒤다. 따라서 반작용을 가할 수 있는 힘이 시계 방향으로 회전하려는 경향

성보다 약간 더 작을 수도 있다. 그리고 이는 일부 실험들에서 떨림이나 시계 방향으로의 회전이 관찰되는 이유이다.

6장

확률의 가능성
바로 거기서 통계가 출현한다

통계는 거짓말을 하지 않는가? 어쩌면 그럴지도 모른다. 그러나 통계가 거짓말을 하지 않는다고 확신한다고 해서, 짜증날 정도로 헷갈리는 상황이 만들어지지 말란 법은 없다. 답은 숫자들 너머에 있는 경우가 더 많다. 그 답을 함께 찾아보도록 하자.

26

캐딜락이 나올 것인가, 아니면 염소가 나올 것인가?

몬티 홀의 역설

〈거래를 하자Let's Make a Deal〉는 1960년대에 미국에서 가장 인기 있는 TV 쇼 중 하나였다. 당시 이 TV 쇼에서는 확률 실험을 보였다. 무대에는 3개의 문이 설치되는데, 그중 하나의 뒤에는 캐딜락 한 대가, 다른 두 문 뒤에는 염소가 놓여 있었다. 쇼 참가자가 문만 잘 선택한다면 캐딜락은 그의 것이 되는 게임이었다.

하지만 거기에는 예기치 못한 또 다른 전개가 숨어 있었다. 일단 참가자가 선택을 하고 나면, 문이 열리기 전에 진행자인 몬티 홀Monty Hall이 다른 2개의 문 중 하나를 먼저 열어서 그 안에 염소가 있음을 확인시킨다. 그런 다음 몬티 홀은 참가자에게 그의 선택을 바꿀 수 있는 기회를 준다. 당신이라면 원래의 문을 고수하겠는가, 아니면 당신의 선택을 받지도 못했고 아직 열리지도 않은 문으로 바꾸겠는가?

이제는 문이 2개만 남은 상황이기 때문에, 캐딜락이 그중 하나의 뒤에 있을 확률은 1/2이다. 맞는가? 그렇다면, 참가자가 원래의 문을 계속 고수하든, 아니면 나머지 하나로 바꾸든 차이는 없어야 한다. 그렇지 않은가?

아니다. 완전히 틀렸다!

캐딜락을 얻을 확률을 높이려면, 참가자는 선택한 문을 바꿔야만 한다.

이는 매우 직관에 반하는 조언이다. 2개의 문이 남았고, 캐딜락은 그중 하나의 뒤에 있다. 그렇다면 캐딜락이 이 2개의 문 중 하나의 뒤에 있을 확률은 1/2이어야 한다, 그렇지 않은가? 몬티 홀이 참가자가 선택하지 않은 다른 문들 중 하나의 뒤에 염소가 숨어 있다는 것을 보여주었다는 사실은 무관하며, 따라서 무시되어야 한다. 그래야 하지 않는가?

아니, 아니다. 즉 그 사실은 무관하지 않으며 무시되어서는 안 된다.

곧 밝혀지겠지만, 만약 참가자가 문을 바꾼다면 캐딜락을 얻을 확률은 2배가 된다! 열리지 않은 문이 2개 남았지만, 각 문에서 캐딜락을 얻을 확률은 1/2이 아니다. 실제로, 캐딜락을 얻을 확률은 참가자가 원래의 문을 고수한다면 1/3에 불과하지만, 다른 문으로 바꾸면 (진짜, 진짜 놀랍게도) 2/3로 올라간다. 왜 이러한 결과가 나오는지는 곧 살펴볼 것이다.

이 역설적으로 보이는 상황을 1990년대에 다시 제기한 사람은 지적인 칼럼니스트로 이름을 날리던 마릴린 보스 사반트$^{\text{Marilyn vos Savant}}$였다. 그녀는 몬티 홀의 문제에서 참가자가 선택한 문을 바꾸어야 한다는 주장을 일련의 잡지 기사들을 통해 밝혔다. 그러자 독자로부터 비판하는 수천 통의 편지가 쇄도했다. 개중에는 박사학위를 소지한 독자들의 편지도 많았고, 그녀를 바보라고 부르는 편지도 많았다.

성난 독자들이 비난하며 사용한 야비한 언어들은 용서받지 못한다 하더라도, 그들의 잘못된 생각까지 용서받지 못할 상황은 아니었다. 실제로 정답이 직관에 반하는 것이었기 때문이다. 사반트가 제시한 정답은 당대의 가장 유명한 수학자 중 한 사람이자 숫자 이론가, 확률 이론가였던 폴 에르되시도 당황하게 만들었다. 결국에는 그도 정답에 승복했지만, 마지못해서 그리고 한 친구에게 컴퓨터 시뮬레이션을 돌려보게 한 다음 문을 바꾸면 캐딜락 획득 확률이 2/3로 올라간다는 결과를 눈으로 확인한 뒤에야 이를 인정할 수 있었다.

해 제

처음에 캐딜락이 어떤 문이든 문 뒤에 숨겨져 있을 확률은 1/3이다. 따라서 참가자가 예컨대 문 1을 선택한다면, 그가 캐딜락을 얻게 될 확률은 1/3이다. 반면에 그가 쇼 장을 빈손으로 떠나게 될 확률은 캐딜락이 다른 2개의 문 중 하나 뒤에 숨겨져 있기 때문에 2/3이다.

이제 몬티 홀이 문 2를 열어 염소의 존재를 확인시켜주고, 참가자는 문 1이라는 자신의 처음 선택을 여전히 고수한다고 가정해보자. 진행자가 다른 문 하나를 열었다고 해서 참가자가 캐딜락을 얻을 확률이 변하지는 않는다. 참가자가 캐딜락을 얻을 확률은 여전히 1/3이다. 하지만 염소가 문 2의 뒤에 있다는 사실이 알려지고 나면 남은 2/3의 확률은 이제 온전히 문 3의 몫이 된다. 그러므로 캐딜락이 문 1 뒤에 있을 확률은 1/3인 반면 문 3 뒤에 있을 확률은 2/3이다. 따라서 참가자는 문 1에서 문 3으로 선택을 바꾸는 것이 더 나을 것이다!

선택을 바꾸는 것이 옳은 전략이라는 것은 다음과 같은 방식으로 이해할 수도 있다. 첫 번째 선택으로 참가자가 그 시점에 자신도 모르게 행운을 거머쥘 확률은 1/3이다. 모든 시도가 1/3의 당첨 확률을 가진 경우, 선택한 문을 고수하는 것이 선택을 바꾸는 경우보다 항상 당첨될 확률이 높다. 지금까지는, 아주 좋다.

반면에 둘 중 하나의 당첨 확률이 2/3인 경우라면, 참가자는 당첨 확률을 올릴 수 있다. 캐딜락이 남은 2개의 문 중 하나의 뒤에 있기 때문이다. 일단 몬티 홀이 참가자가 선택하지 않은 2개의 문 중 어떤 문에 캐딜락이 숨겨져 있지 않은지를 보여준다면, 캐딜락은 다른 두 문 중 하나에 들어 있을 것임에 틀림없다. 하지만 남은 둘 중, 참가자가 선택하지 않은 하나가 2/3의 당첨 확률을 가진 경우라면 선택한 문을 고수하는 것보다 선택을 바꿀 때 항상 당첨될 확률이 높다. 선택한 문을 고수한다면 1/3의 확률로 당첨되지만, 바꾼다면 2/3의 확률로 당첨될 수 있기 때문이다.

부언

캐딜락이 남은 2개의 문 중 하나에 있을 확률이 1/2로 같다고 사람들이 착각하는 데에는 몇 가지 그럴 만한 이유가 존재한다. 하나는, 확률이 모든 가능한 대안적 선택지들 사이에 균일하게 분포한다(그것이 사실이든 아니든 간에)고 사람들이 믿는 경향이 있기 때문이다.

다른 이유는 행동학적인 것이다. 사람들은 첫 번째로 선택된 문의 당첨 확률을 과대평가하는 경향이 있다. 그들이 이미 그 문을 "소유하고" 있기 때문이다. 또한 사람들은 누락 오류보다 실행 오류를 더 후회할 수 있다. 따라서 만약 그들이 문을 바꾸기로 결정한 탓에 캐딜락을 잃게 된다면, 운명이 캐딜락을 다른 문 뒤에 놓기로 결정했고, 그래서 캐딜락을 획득하지 못하게 되었을 때보다 더 많이 자신의 결정을 후회하게 된다. 그러므로 자신이 미래에 후회하게 될 수도 있다고 미리 우려함으로써 사람들은 이미 내린 선택을 고수하는 쪽을 더 선호할 수 있다.

●

2010년에 "조류가 수학자보다 더 영리한가Are Birds Smarter Than Mathematicians?"라는 제목으로 발표된 한 실험에서, 과학자 월터 허브랜슨과 줄리아 슈뢰더는 비둘기를 대상으로 몬티 홀 실험을 실시했다. 새들 앞에는 3개의 반응 키가 놓였으며, 혼합 곡물이 상으로 주어졌다. 흥미롭게도 시간이 경과함에 따라 새들은 키를 바꾸거나 첫 번째 선택을 고수하거나 하는 식으로 그들의 선택을 최적의 전략에 접근하도록 조정해나갔다. 반면에 인간 참가자들을 대상으로 같은 실험 절차를 반복한 결과, 다방면의 훈련에도 불구하고 그들은 최적의 전략 채택에 실패하는 것으로 나타났다. 그러니 지금 당장, 멍청이를 뜻하는 "새대가리"라는 말을 재고하라.

27

치료해야 하는가, 아니면 치료하지 말아야 하는가?

심프슨의 역설

한 제약회사가 새로운 질병 치료제를 발견했다. 젊은 환자를 대상으로 한 임상실험에서 치료제는 90%의 효과를 보였던 데 반해, 위약을 투여한 환자는 80%가 회복하는 데 그쳤다. 노인 환자를 대상으로 한 결과는 그보다는 약간 떨어지긴 했지만, 그래도 치료제의 회복률은 여전히 60%에 달했으며 치료제를 투여하지 않은 경우는 회복률이 50%에 불과했다. 따라서, 이 새로운 약은 해당 질병의 치료제로 확실히 승인되어야 한다.

맞는가?

승인을 위해서는 전후 상황에 대한 설명이 더 필요하다.

무엇보다, 백분율뿐만 아니라 실제 수치들도 좀 더 자세히 들여다볼 필요가 있다. 200명의 젊은이가 치료제를 복용했고, 800

명의 젊은이가 위약을 처방받았다고 가정해보자. 반대로 노인 환자들을 대상으로 한 실험에서는 800명이 치료제를 복용했고 200명이 위약을 처방받았다고 해보자. 치료제를 복용한 200명의 젊은이 중 90%가 회복했으며, 위약을 처방받은 800명의 젊은이는 80%만 회복했다는 점을 기억하라. 노인 환자의 경우, 치료제의 회복률은 60%, 치료제를 투여하지 않은 환자의 회복률은 50%였다는 점 또한 잊지 말라.

연령 집단에 따른 회복률

	치료제의 회복률	위약의 회복률
젊은이	200명 중 180명, 즉, 90%	800명 중 640명, 즉, 80%
노인	800명 중 480명, 즉, 60%	200명 중 100명, 즉, 50%

분명, 이 치료제는 젊은이와 노인 모두에서 위약보다 더 효과적이었다. 하지만 그러한 결과가 이야기의 전부는 아니다. 실제 수치를 조금 다르게 조합하면, 오직 위약만을 처방받은 1,000명의 사람 중 740명이 스스로 회복한 데 반해 치료제를 복용한 1,000명 중에는 겨우 660명만이 회복했다는 것을 알 수 있다.

전체 회복률

	치료제의 회복률	위약의 회복률
실험 대상 전체	1,000명 중 660명, 즉, 66%	1,000명 중 740명, 즉, 74%

표 '연령 집단에 따른 회복률'은 환자가 젊다면 치료제를 제공해야 한다고 말하는 것처럼 보인다. 그리고 환자가 노인일 때도 역시나 치료제를 제공해야 한다고 말하는 것처럼 보인다. 하지만 여기에는 뜻밖의 놀라운 결론이 숨어 있다. 연령 미상일 경우, 치료제의 사용을 보류해야 한다는 점이다.

그렇다면, 이번에는 의료 서비스 핫라인이 있다고 상상해보자. 의사는 전화상으로 환자의 나이를 물어본 다음 답변한 나이와 상관없이 모두에게 치료제를 처방한다. 하지만 만약 환자가 자신의 나이를 밝히지 않는다면, 의사는 치료제를 권하지 않는다.

이 얼마나 말도 안 되는 어리석은 결론인가!

이 역설은 제2차 세계대전이 한창일 때 블레츨리 파크에서 암호 해독자로 일했던 영국의 통계학자 에드워드 휴 심프슨Edward Hugh Simpson의 이름을 따서 명명되었다. 전쟁이 끝난 후, 심프슨은 영국에서 공무원이 되었고 계속해서 공무에 종사하다가 교육과학부 차관으로 은퇴했다. 심프슨은 케임브리지 대학교에 머물던 1951년에 발표한 한 논문에서 이 역설에 관해 설명했다. 하지만 이 역설은 50년 전 20세기로 들어설 당시에 수리 통계학의 창시자였던 칼 피어슨과 우드니 율G.에 의해 이미 확인된 바 있었다.

    이 현상은 현재 종종 율–심프슨 효과$^{\text{Yule–Simpson effect}}$ 또는 심프슨의 역설$^{\text{Simpson's paradox}}$이라 불린다.

해 제

환자가 연령 미상이면 치료제 투여를 보류해야 한다는 잘못된 결론은 표본의 크기들이 현저하게 다르다는 사실에서 기인한다. 데이터에 따르면 노인을 치료하기가 더 어려웠다. 전반적으로 볼 때 치료제는 효과적이었지만, 노인 모집단에서는 60%만 효과를 나타냈다. 임상실험에는 젊은 환자보다 노인 환자가 훨씬 더 많이 포함되었기 때문에, 이에 따라 치료에 성공한 인구 모집단의 전체 비율이 낮아졌다. 반면에 젊은이들은 심지어 위약을 처방받았을 때조차도 노인들보다 더 쉽게 회복했다. 그러나 노인보다 훨씬 더 많은 젊은이가 위약을 처방받았기 때문에 전체 위약 모집단의 회복 백분율은 높아졌다. 그러므로 치료제를 투약한 모집단과 투약하지 않은 모집단들의 전체 평균, 즉 소위 가중 평균은 부정확한 결과를 제공한다.

    수학적으로 본다면, 심프슨의 역설은 공교롭게도 다음과 같은 a/b 와 c/d(치료제를 투약한 젊은이들의 회복 비율과 치료제를 투약하지 않은 젊은이들의 회복 비율)라는 2개의 분수와 A/B 와 C/D(치료제를 투약한 노인들의 회복 비율과 치료제를 투약하지 않은 노인들의 회복 비율)라는 2개의 분수가 존재하기 때문에 발생한다.

$$a/b > c/d \text{ 그리고 } A/B > C/D, \text{ 그러나}$$
$$(a + A)/(b + B) < (c + C)/(d + D).$$

이 장의 임상실험 사례를 이 분수식에 대입해 보면,

$$180/200 > 640/800 \text{ 그리고 } 480/800 > 100/200, \text{ 그러나}$$
$$(180 + 480)/(200 + 800) < (640 + 100)/(800 + 200).$$

그렇다면 이러한 결과를 근거로 치료제를 승인해야만 하는가? 아니면 보다 기본적인 수준에서 합계 데이터의 결과들을 사용하거나, 또는 하위집단 데이터의 합계들까지 활용해야 하는가? 제시된 사례에서 권고 사항은 치료제가 승인되어 모든 사람에게 권장되어야 한다는 것이다.

부언

하지만 일반적으로 확실한 답이란 없다. 결정 여부는 연구 질문, 표본 크기, 교란 변수의 유무, 분석 목표에 달려 있다. 제약회사가 임상실험을 실시했지만 환자의 나이를 간과했다면, 66%의 회복률만을 보이는 치료제는 효과가 없다는 결론에 도달할 수밖에 없었을 것이다. 비록 치료제가 젊은이와 노인 피실험자 환자 모두에게 도움이 됐다 하더라도 연구 노력은 실패로 간주되었을 것이다.

다른 한편으로, 회사는 데이터를 놓고 상상력을 발휘해 온갖 종류의 계층화를 만들어냄으로써 치료제의 성공을 인위적으로 주장할 수도 있다. 치료제를 투약한 경우가 투약하지 않은 경우보다 회복률이 더 낮을 수 있음에도 어떤 대가를 치르든 성공을 입증해 보여야 한다는 압박에 시달리는 연구자라면 회복률이 예컨대 왼손잡이와 오른손잡이 모두에게, 또는 파란색 눈을 가진 사람과 파란색 눈을 가지지 않은 사람 모두에게 더 높게 나타난다고 주장할 수도 있다. 하지만 나이, 성별 혹은 의료 이력 같은 피실험 대상자들의 유의미한 특징들과는 다르게 어떤 손을 주로 사용하는지와 눈 색깔은 무시해야 하는 확실한 교란 변수들이다.

빅 데이터 초창기 시절, 이러한 종류의 작업에는 데이터를 '채굴'한다는 뜻에서 데이터마이닝이라는 오명이 붙기도 했다. 거짓 없는 과학이 되기 위해서는 실험이 시작되기 전에 즉 데이터를 수

집하고 가설을 검증하기 전에 인과 관계가 먼저 설정되어야 한다. 만약 연구자들이 조사가 끝난 후에 적절한 데이터 조각들을 찾아내고 골라내기 위한 차원으로 데이터를 샅샅이 살핀다면(예를 들어 어떤 손을 주로 사용하는지가 결과와 상관성이 있을 거라고 추정할 만한 근거가 없음에도 불구하고, 왼손잡이와 오른손잡이라는 변수가 공교롭게도 결과를 유의미하게 만든다는 점을 발견할 수도 있다), 사후 과잉확신 편향의 죄를 범하는 것이며, 이는 결코 바람직한 과학적 자세가 아니다.

28

전체론적 접근법

두 봉투의 문제

한 TV 게임 쇼 진행자가 손에 2개의 밀폐된 봉투를 들고 있다. 그러면서 한 봉투에는 다른 봉투보다 2배 많은 돈이 들어 있다고 말한다. 그런 다음 그중 한 봉투를 당신에게 건네준다. 당신이 봉투를 열려고 하자, 진행자는 당신이 원한다면 봉투를 바꿀 수 있다고 알려준다. 당신은 봉투를 바꿔야 하는가?

몬티 홀의 역설을 기억하는 당신은 봉투를 바꾸기로 결심한다. 맞는가?

아니다!

다음의 3가지 시나리오를 검토해보자.

시나리오 1: 당신이 건네받은 밀폐된 봉투 속의 알 수 없는 돈의 양을 X라고 표기해보자. 만약 봉투를 바꾼다면, 당신은 2X 아니면 $\frac{1}{2}$X를 얻게 될 것이다. 둘 중 하나가 발생할 확률은 1/2이고, 어떤 행동으로 예측되는 결과는 각각의 결과들에 발생 확률을 곱한 뒤 더한 총합이므로. 봉투를 바꾼 후에는 다음과 같은 결과가 나올 것으로 예측할 수 있다.

$$\frac{1}{2}(2X) + \frac{1}{2}(\frac{1}{2}X) = 1\frac{1}{4}X$$

이는 정확히 X보다 더 많다! 따라서, 봉투를 바꾼다면 $\frac{1}{4}$X를 더 벌 것으로 기대된다. 그러므로 봉투를 바꿔야 한다.

시나리오 2: TV 진행자가 손에 들고 있는 봉투 속 돈의 양을 Y라고 표기해보자. 다른 봉투, 즉 진행자가 당신에게 건넨 봉투에는 $\frac{1}{2}$Y 아니면 2Y가 담겨 있으며, 둘 중 하나일 확률은 같다. 따라서 당신이 손에 들고 있는 봉투에 있을 것으로 기대되는 돈의 양은 다음과 같이 표현될 수 있다:

$$\frac{1}{2}(\frac{1}{2}Y) + \frac{1}{2}(2Y) = 1\frac{1}{4}Y$$

이는 당신이 봉투를 바꿨다면 얻게 될 Y보다 더 많은 양이다. 그러므로 당신은 당신이 가지고 있는 봉투를 계속 유지해야 한다.

시나리오 3: 봉투 속에 든 2개의 금액 중 더 낮은 금액을 Z라고 표기해보도록 하자. 따라서 한 봉투에는 Z가 다른 봉투에는 2Z가 들어 있다. TV 진행자가 당신에게 Z가 든 봉투를 건네주었다고 가정하고 봉투를 바꾼다면, 당신은 Z를 하나 더 얻게 될 것이다. 이번에는 진행자가 당신에게 2Z가 든 봉투를 건네주었다고 가정해보자. 이 경우에 봉투를 바꾼다면, 당신은 Z를 잃게 될 것이다. TV 진행자가 어떤 봉투를 건넬지는 1/2 확률로 발생한다. 그러므로, 봉투를 바꿨을 때 기대되는 이득은 다음과 같다:

$$½(+Z) + ½(-Z) = 0$$

이득이 아무것도 없기 때문에, 당신은 현재의 봉투를 고수하는 게 더 낫다. 아니면 봉투를 바꿀 수도 있다. 하지만 봉투를 바꾸느냐 바꾸지 않느냐는 전혀 중요한 문제가 아니다. 그렇다면, 무엇이 중요한가?

이 문제는 러시아에서 태어난 벨기에 수학자 모리스 크라이치크$^{Maurice Kraitchik}$가 1952년 처음으로 고안했다. 하지만 숫자 이론이 연구 분야였던 크라이치크의 주된 관심사는 유희 수학이었다. 1935년에 그는 브뤼셀에서 이 주제에 대한 첫 번째 학술대회를 조직했다. 제2차 세계대전 동안에는 뉴욕의 뉴 스쿨 사회연구대학$^{New School for Social Research}$에서 오락 수학 부교수로 강의했다.

너무도 당연한 일이지만, 이 문제는 과학 작가인 마틴 가드너의 관심을 끌게 되면서, 1982년 가드너의 책 『아하! 알았다$^{Aha!\ Gotcha}$』에 실렸다. 그리고 1989년에는 예일 대학의 배리 네일버프$^{Barry\ Nalebuff}$에 의해 보다 심층적으로 분석되었다.

해제

우선 시나리오 1이 맞다면, 당첨되기 위해 끊임없이 돌고 도는 하나의 원에 발을 들여놓는 셈이다. 예를 들어, 봉투를 바꾸고 나면 참가자는 같은 질문을 다시 자신에게 던질 수 있고, 그럼으로써 또 같은 대답을 얻게 된다. 그러면 다시 바꾸게 될 것이다. 다시, 또다시. 그리고 또다시. 그런 식으로 참가자는 바꾸기를 무한 반복하게 될 것이다. 따라서 이쯤 되면 여기서 뭔가 수상쩍은 일이 벌어지고 있다는 생각을 하게 된다.

혼란은 조건부 확률과 비조건부 확률을 혼동하기 때문에 발생한다. 예를 들어, 시나리오 1에서 당신이 X를 하나 더 얻거나, 아니면 X의 절반을 잃게 될 확률이 똑같이 50 대 50이라고 말하는 것은 옳지 않다. 그리고 시나리오 2에서 당신이 $1/2\,Y$ 아니면 $2Y$가 든 봉투를 쥐게 될 확률이 같다고 말하는 것 또한 옳지 않다. 우리는 어떠한 조건에서 이러한 득과 실들이 발생하는지를 고려해야만 한다.

시나리오 1에서는 당신이 건네받은 봉투의 금액을 주어진 것으로 간주하는 반면, 시나리오 2에서는 진행자가 들고 있는 봉투의 금액을 주어진 것으로 간주한다. 다른 봉투의 예측 금액을 단순히 계산하기만 해서는 옳은 답을 얻을 수 없다. 다른 봉투의 예측 금액을 계산할 때, 당신이 실제로 쥐고 있는 봉투의 금액을 고려해야만 한다.

따라서 옳은 방법은 시나리오 3에서 설명된 방식을 따라가는 것이다. 2가지 가능성이 존재하며, 각각은 1/2의 확률을 가진다. 즉 당신의 봉투에 Z가 들어 있고 다른 봉투에 2Z가 들어 있거나, 아니면 당신의 봉투에 2Z가 들어 있고 다른 봉투에는 Z가 들어 있거나 한다. 시나리오 3은 두 가능성 모두를 고려함으로써 전체론적 접근법을 취한다.

따라서 당신의 봉투에 들어 있는 금액을 조건으로 하는 "다른" 봉투 속 예측 금액은 다음과 같다:

½(당신의 봉투에 Z가 들어 있다고 가정할 때, 다른 봉투에 들어 있을 것으로 예측되는 금액)

+ ½(당신의 봉투에 2Z가 들어 있다고 가정할 때, 다른 봉투에 들어 있을 것으로 예측되는 금액)

= ½(2Z) + ½Z = 1½Z

같은 계산법에 의해, 다른 봉투에 들어 있는 금액을 조건으로 하는 당신 봉투의 예측 금액 또한 $1\frac{1}{2}Z$이다. 그러므로 각각의 봉투에는 평균적으로 같은 금액이, 즉 $2/3\,Z$가 들어 있다. 물론 이러한 결과는 우리가 이미 예측했던 바와 같다. 두 봉투 모두에 들어 있는 총 금액이 3Z이므로, 각각의 봉투에는 평균적으로 그 금액의 절반이 들어 있다.

따라서 봉투를 바꿔봤자 아무런 소용이 없다.

부언

잘못된 추론의 결함은 다음과 같은 예를 통해 살펴볼 수도 있다. 10달러 지폐 한 장과 20달러 지폐 한 장이 2개의 봉투에 무작위로 담겨 있다고 가정해보자. 당신은 지금 당신이 쥐고 있는 봉투가 어떤 봉투인지를 전혀 알 길이 없다.

우리가 시나리오 1에서 제시한 상황을 분석하는 순진하고 타당하지 못한 방법은 당신의 봉투에 10달러 지폐가 들어 있다고 암묵적으로 가정하는 것이다. 그럴 경우, 당신은 다른 봉투에 5달러 지폐나 20달러 지폐가 들어 있다고 가정하게 된다. 하지만 5달러 지폐는 존재하지도 않는다. 그게 아니라면, 당신의 봉투에 20달러 지폐가 들어 있다고 암묵적으로 가정할 수도 있다. 그럴 경우, 당신은 다른 봉투에 10달러 지폐나 40달러 지폐가 들어 있다고 가정하게 될 것이다. 하지만 40달러 지폐도 역시 존재하지 않는다. 이것이 바로 당신 자신의 봉투에 들어 있는 금액을 고려하지 않은 채 예측 금액을 계산하는 것이 잘못된 이유다. 결국, 타당한 분석법은 시나리오 3의 전체론적 접근법이다.

29

은화와 금화?

베르트랑의 확률 역설

당신 앞에 3개의 상자가 있고, 그 상자 각각에는 2개의 서랍이 달려 있다. 첫 번째 상자의 서랍 2개에는 각각 금화 하나씩이 들어 있다. 두 번째 상자의 서랍 2개에는 각각 은화 하나씩이 들어 있다. 세 번째 상자의 서랍 하나에는 은화 하나가, 또 다른 서랍 하나에는 금화 하나가 들어 있다. 요약하자면, 금화-금화가 든 상자, 은화-은화가 든 상자, 금화-은화가 든 상자가 있다.

무작위로 상자 하나를 선택한 다음 다시 무작위로 서랍 하나를 선택해보라. 거기에 금화 하나가 들어 있다. 그 상자의 다른 서랍에도 금화가 들어 있을 확률은 얼마인가?

50%인가?

만약 그렇다고 말한다면 당신은 상대적으로 많은 비중을 차지하는, 그러나 반드시 머리가 좋다고는 할 수 없는 무리에 속한다. 그렇다고 대답하는 사람들은 대부분 다음과 같은 추론을 따른다. 은화를 뽑지 않았으므로, 그들이 선택한 상자는 2개의 은화가 든 상자일 수 없다. 따라서 그들이 선택한 상자는 금화-금화가 든 상자거나 금화-은화가 든 상자다. 그들이 이 두 상자 중 하나를 뽑을 확률은 50 대 50이므로, 두 번째 서랍에 은화나 금화가 들어 있을 확률도 50 대 50이 틀림없다. 타당한 말처럼 들린다. 하지만 틀렸다!

이는, 프랑스 수학자 조제프 베르트랑이 자신의 책 『확률 미적분학 Calcul des probabilités』에서 순진한 사람들(또는 적어도 확률 이론의 신비를 아직 알지 못하는 사람들)이 어떻게 속을 수 있는지를 보여주기 위해 제시한 누구나 풀 수 있는 수수께끼 중 하나다.

해제

일단 은화-은화가 든 상자를 제외하고 나면, 금화를 뽑을 확률은 3가지가 남는다. 하나의 가능성은 금화-은화가 든 상자에서 금화를 뽑을 가능성이고, 나머지 두 개의 가능성은 금화-금화가 든 상자의 금화들 중 하나를 뽑을 가능성이다. 따라서 금화-금화가 든 상자나 금화-은화가 든 상자를 뽑을 확률은 같다고 하더라도(은화-은화가 든 상자가 이미 제외되었기 때문에), 일단 금화 하나가 공개되고 나면, 다른 동전이 은화일 확률은 1/3이 되며(그림 a), 금화-금화가 든 상자가 뽑힐 확률은 2/3가 된다(그림 b와 c). 그러므로 금화 하나를 뽑은 후에 바로 또 다른 금화를 뽑을 확률은 2/3이다.

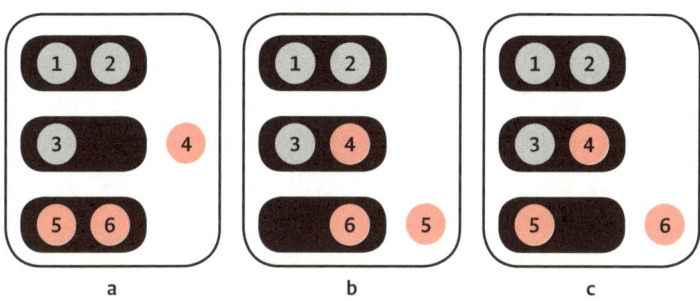

※ 참고: 주황색이 금화를, 회색이 은화를 나타낸다.

사실, 확률 계산이 헷갈리는 이유는 은화 2개가 든 상자 때문이다. 하지만 베르트랑은 단순히 금화와 은화의 총 개수를 같게 만들기 위해 은화-은화가 든 상자를 포함시켰다고 한다.

부언

1980년대에 예루살렘 히브리 대학교의 심리학 교수였던 마야 바르-힐렐과 루마 포크는 1학년 학생들을 대상으로 1가지 실험을 실시했다. 그들은 학생들에게 3장의 플레잉 카드가 든 모자를 제시했다. 카드 중 하나는 양면 모두 빨간색이고, 다른 하나는 양면 모두 흰색이었으며, 마지막 하나는 한 면은 빨간색 다른 면은 흰색이었다. 교수들은 모자에서 카드 한 장을 뽑은 다음 다른 면을 보여주지 않은 채로 테이블 위에 올려놓았다.

문제는 다음과 같았다. 뽑힌 카드의 한 면이 빨간색이라면 다른 면도 빨간색일 확률은 얼마인가? (뽑힌 카드가 흰색인 경우에도 실험은 질문만 달리해 같은 방식으로 진행된다. 즉, 뽑힌 카드의 한 면이 흰색이라면 다른 면도 흰색일 확률은 얼마인가?) 이제 정답이 2/3인 이유가 확실해진다. "확실히, 빨간색 카드를 뽑았을 때 그 카드의 양면이 빨간색일 확률은 한 면만 빨간색일 확률보다 2배 더 높다."

그럼에도 불구하고 53명의 학생 중 35명이 오답을 말했으며, 53명 중 2/3이라는 정답을 제시한 학생은 겨우 3명뿐이었다. (애석하게도, 교수들은 논문에서 나머지 15명의 학생이 뭐라고 답했는지를 보고하지는 않았다.) 논문 저자들은 대부분의 사람이 오답을 제시하는 이러한 경향을 "나머지 사건에 대해 사후 동등 확률을 적용하는 불합리성 오류"라고 불렀다.

●

바르-힐렐과 포크는 베르트랑의 확률 역설을 풀 수 있는 또 다른 예를 설명했다. 스미스 씨는 두 자녀의 아버지로 알려져 있다. 한 소년과 거리를 걸어 내려가고 있는 스미스 씨를 만났다. 스미스 씨는 소년이 자신의 아들이라고 소개한다. 그렇다면, 스미스 씨의 다른 자녀 역시 소년일 확률은 얼마인가? 또는, 만약 스미스 씨가 소년을 자신의 큰아이라고 소개한다면 스미스 씨의 다른 자녀 역시 소년일 확률은 얼마인가?

첫 번째 질문에서 가능한 경우는 소년과 소년, 소년과 소녀, 소녀와 소년이다. 소녀와 소녀가 제외되기 때문에, 스미스 씨와 함께 걷고 있는 자녀가 소년일 때 다른 자녀 역시 소년일 확률은 나머지 3가지 경우 중 하나다.

하지만 두 번째 질문에서 확률은 바뀐다! 스미스 씨가 자신과 함께 걷고 있는 소년이 자신의 큰아이라고 명시하는 순간, 가능한 경우(큰아이부터 나열하겠다)가 더 이상은 소년과 소년, 소년과 소녀, 소녀와 소년이 아니게 되기 때문이다. 우리는 소녀와 소녀의 경우가 이미 제외되었다는 것을 알고 있다. 하지만 이제는 소녀와 소년의 경우 또한 제외된다. 남은 가능한 경우는 소년과 소년, 소년과 소녀다. 따라서 작은 아이 역시 소년일 확률은… 1/2이다!

30

남아 출생률은 50% 이상인가?

린들리의 역설

어떤 나라에서 어떤 해에 100만 명의 아기가 태어났으며, 그중 남아는 501,200명이었고 여아는 498,800명이었다고 가정해보자. 우리는 남아 대 여아의 실제 비율이 50 대 50이라고 믿는다. 하지만 물론 그렇다고 치더라도, 남아의 수와 여아의 수가 각각 50만으로 정확히 떨어질 거라 기대하지는 않는다. 어느 정도의 무작위적인 편차는 늘 발생하는 법이다.

50.12%의 남아 출생률이 남아를 향한 체계적 편향이 존재한다는 것을 보여주는 것은 아닌가? 아니면 100만 명의 아기 중 남아가 수적으로 우세하더라도 2,400명까지는 통계적으로 불가피하니 편향이 존재한다고 할 수는 없는 건가? 달리 말해, 50.12% 대 49.88%의 출산율은 50 대 50의 비율과 양립할 수 있는가?

당신이 누구에게 질문하느냐에 따라, 그렇기도 하고 아니기도 하다.

이 질문의 목적을 위해, 통계학자들을 베이즈주의*를 신봉하는 베이지안Bayesians과 빈도주의적 추론을 선호하는 빈도론자frequentists로 나누어 보자. 이 질문에 대한 답에서 정말로 놀라운 부분이 있다면, 둘 중 어느 집단에 속하느냐에 따라 통계학자들의 대답이 달라진다는 점이다.

베이지안들은 남아와 여아의 실제 분포가 50 대 50이라고 가정하더라도 그들의 방법론에 따르면 어떤 특정 국가의 어떤 특정 해에는 편차가 최대 50.12% 대 49.88%까지 벌어질 가능성이 크다고 주장할 것이다. 따라서 그들은 이 편차가 무작위적이므로 해당 국가의 출산율은 남아가, 태어난 모든 신생아의 절반을 차지한다는 가설을 지지한다고 주장한다.

빈도론자들은 다르게 주장한다. 그들의 통계학적 방법론에 따르면 남아 대 여아의 출생률이 사실상 50 대 50이라면, 남아가 수적으로 2,400명 더 우세할 확률은 매우 낮다. 그러므로 그들은 편차가 무작위적이라는 가설을 기각하고, 실제 출생률이 사실상 50 대 50이라는 가설도 받아들이지 않는다.

---

* 확률론적인 접근 방식으로, 주어진 정보와 경험을 통해 기존의 정보에서 새로운 내용들을 업데이트 하는 방법을 설명하는 이론

역설이다!

이 문제는 영국 통계학자 해럴드 제프리스 경이 1939년 한 통계학 교과서에서 문제를 논의하면서 처음 알려졌다. 하지만 거의 20년 후인 1957년, 케임브리지 통계학자 데니스 린들리가 "통계학적 역설Statistical Paradox"이라는 제목의 논문을 발표하고 나서야 비로소 유명해졌다.

문제의 핵심은 토머스 베이즈가 18세기에 고안해낸 한 정리 속에 있다. 베이지안들은 가설 H_0을 경쟁 가설 H_1과 비교한다. 처음부터 이 두 가설 모두는 특정 확률을 가진다고 가정된다. 예를 들어 H_0이 옳을 확률이 25%라면, H_1이 옳을 확률은 75%이다. 하지만 추가 데이터가 수집된다면 그에 따라 확률도 수정되어야 한다. H_1를 지지하는 증거가 쏟아져 들어오면 H_1의 확률도 따라서 올라가며, 그 반대도 마찬가지다. 베이즈는 확률을 어떻게 업데이트해야 하는지를 보여주는 방정식을 개발했다.

린들리는, "법의학의 문제A Problem in Forensic Science"라는 제목의 논문에서 1가지 흥미로운 역설적 사례를 제시했다. 한 강도 용의자의 옷에서 유리 파편이 발견된 경우였는데, 문제는 파편의 굴절률이 강도 행각을 벌이는 동안 깨진 유리창의 굴절률과 일치하느냐 아니냐의 여부였다. 법원이 빈도주의적 접근법을 사용하는지, 아니면 베이즈주의적 접근법을 사용하는지에 따라, 용의자는 유죄일 수도 또는 무죄일 수도 있다.

해제

(A) 베이지안들은 처음부터, 즉 신생아의 숫자를 세기 전부터, 가설 H_0("남아 대 여아의 실제 비율은 50대 50이다")이 옳을 확률이 50%이고 대안 가설 H_1("실제 비율은 어떤 것이든 가능하다")이 옳을 확률도 50%라고 생각한다. 만약 H_1이 옳다면, 0%에서 100% 사이의 모든 남아 대 여아 비율들이 다 가능해진다.

일단 실제 비율(남아 501,200명 대 여아 498,800명)이 확정되면, 베이지안들은 H_0이 옳을 확률을 업데이트한다. 베이즈의 공식에 따르면, H_0이 옳을 확률은 50 대 50에서 98 대 2로 업데이트된다. 이는 실제 액면 비율이 50.12 대 49.88임에도 불구하고, 이 액면 비율을 감안할 때, 남아 대 여아의 실제 비율이 50 대 50일 확률이 98%라는 것을 의미한다. 그러므로, 베이지안들은 실제 비율이 50 대 50이라는 가설을 받아들인다.

(B) 빈도론자들의 주장은 다음과 같다. 여아 대 남아의 비율은 소위 이항 분포를 구성하며, 대개는 종 모양의 정규분포를 이룬다. 이 말은 사례의 68%가 평균의 1 표준 편차 이내에 위치하며, 95%가 2 표준 편차 이내에 위치한다는 것을 의미한다.

이제, 신생아 100만 명이 구성하는 이항 분포의 분산은 250,000명이고, 표준 편차는 500이다.[3] 남아 1,200명이 추가로 더 태어날 가능성은 남아 500,000명이라는 추정치에서 2.4 표준 편차만큼 이탈해야 얻을 수 있는 값이므로 극히 희박하다. 다시 말해, 그러한 일이 일어날 가능성은 모든 사례의 1.6%에 불과하다. 따라서 빈도론자들은 관찰된 데이터가 실제 비율이 50 대 50이라는 가설과 일치하지 않는다고 주장할 것이다.

이렇듯 서로 다른 판단들이 내려지는 이유는 무엇인가? 베이지안들은 50.12% 대 49.88%라는 결과가 50% 대 50%와 크게 다르지 않다고 주장한다. 따라서 그들은 그 결과가 "50 대 50"이라는 가설을 지지한다고 결론 짓는다. 빈도론자들의 접근법은 보다 장황하다. 그들은 50.12% 대 49.88%라는 결과를 0%와 100% 사이의 모든 비율과 비교한 다음, "50 대 50"으로는 그 결과를 잘 설명하지 못한다고 결론 짓는다. 예를 들어, 50.05%의 남아 대 49.95%의 여아가 데이터에 대한 더 나은 설명일 수 있다. 그렇다면 그 비율이 남아 대 여아의 실제 비율이라고 할 수 있는가? 아니면 50.20% 대 49.80%가 실제 비율에 더 가깝다고 해야 하는가? 일반적으로 빈도론자들은 베이지안들보다 특정 가설을 더 쉽게 기각한다.

---

3 분산 = $np(1-p)$ = 1,000,000 × 0.5 × 0.5. 표준 편차는 분산의 제곱근이다. 즉, $\sqrt{250,000}$ = 500

부언

P(A)는 A의 확률을 나타내고 P(A|B)는 B가 주어졌을 때 A의 확률을 나타낸다. 새로운 증거 B가 수집되면, 베이지안들은 다음과 같은 베이즈의 정리에 따라 확률들을 업데이트한다:

$$P(A|B) = \frac{P(B|A)P(A)}{P(B)}$$

순열 조합이론에 따르면

$$P(501{,}200|H_0) = \binom{501{,}200}{1{,}00{,}000} \left(\frac{1}{2}\right)^{501{,}200} \left(1-\frac{1}{2}\right)^{498{,}800}$$

그리고

$$P(501{,}200|H_1) = \binom{501{,}200}{1{,}00{,}000} \int_0^{+1} \left((\theta)^{501{,}200}(1-\theta^{498{,}800})\right) d\theta$$

데이터를 베이즈 정리에 대입시켜 업데이트해 보면:

$$P(H_0|501{,}200) = \frac{P(501{,}200|H_0)P(H_0)}{\frac{1}{2}P(501{,}200|H_0) + \frac{1}{2}P(501{,}200|H_1)}$$

H_0의 사전 확률이 1/2과 같고 그 수를 대입한다고 하면, $P(H_0|501,200)=0.98$이다

7장 자유분방한 철학

심사숙고하자

철학자들은 역설이라면 물 만난 물고기처럼 신이 나서 몰두한다. 역설과 씨름하는 과정에서 철학자들의 관념은 우리의 정신 세계와 우리가 세상을 바라보는 방식을 주조한다. 하지만 일단 역설의 정체가 명확히 드러나는 순간, 이는 명백할 수도 그렇지 않을 수도 있다.

31

자기 자신을 면도할 것이냐, 면도하지 않을 것이냐

러셀, 이발사의 역설

피가로는 세비야의 이발사다. 그는 세비야의 스스로 면도하지 않는 모든 남성을 면도해야 한다. 그렇다면 피가로는 자기 자신도 면도해야 하는가?

만약 피가로가 자신을 면도한다면, 그래서는 안 된다. 하지만 만약 피가로가 자신을 면도하지 않는다면, 면도해야만 한다.

이 말을 조금 더 이해하기 쉽게 풀어 써보자. 피가로가 자기 자신을 면도한다면, 스스로 면도하지 않는 세비야의 모든 남성을 면도하는 이발사는 피가로를 면도해서는 안 된다. 만약 피가로가 자기 자신을 면도하지 않는다면, 이발사는 피가로를 면도해야만 한다. 문제는 피가로가 그 이발사라는 사실이다. 그렇다면, 이발사인 피가로는 어떻게 해야 한다는 말인가?

이 유명한 역설은 1902년 철학자 버트런드 러셀Bertrand Russell의 발견에 기반한다. 사실, 이 역설은 이전에도 제기된 적이 있었다. 하지만 러셀은 19세기 말 수학자 게오르그 칸토어가 창시하고 논리학자 고트로브 프레게가 더욱 발전시킨 당대의 최첨단 집합론의 관점에서 이 문제를 공식화했다.

집합이라는 용어 대신 모음class이라는 용어를 사용해, 러셀은 이 역설의 핵심이 무엇인지를 지적했다. "모음 중에는 그 자신을 원소로 하는 모음도 있고, 그 자신을 원소로 하지 않는 모음도 있다. 모든 모음의 모음도 하나의 모음이며, 찻주전자가 아닌 것들의 모음도 하나의 찻주전자가 아닌 모음이다. 자기 자신을 원소로 하지 않는 모든 모음의 모음이 있다고 가정해보자. 그 모음이 자기 자신의 원소인 순간, 그 모음은 자신의 원소가 아니게 된다. 역으로 그 모음이 자기 자신의 원소가 아니라면, 그 모음은 자신의 원소다."

거의 같은 시기에, 프레게는 그의 논리학 이론을 공식화한 『산술의 기본 법칙Grundgesetze der Arithmetik』제2권의 집필을 막 끝낸 상황이었다. 그의 목표는 그가 자명하다고 생각하는 몇 가지 공리로부터 모든 산술 법칙을 연역하는 것이었다. 이 두 권의 저서는 그의 인생에서 최고의 역작이 될 터였다. 하지만 실은, 제2권이 1903년 이제 막 출간되려는 순간 해협 너머 영국에서 불길한 편지 한 통이 도착했다. 프레게 저서 속 편지는 프레게의 연구 전체에 의문을 제기하고 있었다.

이 논리학자는 망연자실했다. 그러나 그는 자신이 처한 곤경을 설명하는 부록을 다음과 같이 책에 덧붙임으로써 놀라우리만큼 정직한 지성을 보여주었다. "과학적 논리에 따른 글쓰기를 지향하는 저자에게, 작업이 끝나고 난 뒤에야 자신이 동원한 논리 구조의 토대 중 하나가 불완전하다는 사실을 알게 되는 것보다 유감스러운 일은 없다. 이 책의 인쇄가 거의 마무리되려 하는 시점에 당도한 버트런드 러셀 씨의 편지 한 통으로, 나는 정확히 그러한 상황에 놓이게 되었다." 프레게는 그에게 제기된 문제를 인식하고 인정했으며, 이 과정에서 자신의 수학에 기반한 논리적 신념의 많은 부분을 포기해야 했다.

해 제

이발사의 역설은 집합이론에서 한 집합의 원소들이 자기 자신을 가리킬 때 발생하는 악명 높은 문제의 하나다. 집합이론에서 집합은 옷장 속의 셔츠들, 도서관의 책들, 홀수들처럼 하나의 공통 속성을 지닌 항목들의 모임으로 정의된다. 어떤 하나의 항목은 해당 집합에 속하거나 속하지 않거나 한다. 청바지는 셔츠 집합에 속하지 않으며, 엘비스 프레슬리 CD는 책 집합에 속하지 않고, 2, 4, 6 같은 숫자는 홀수 집합에 속하지 않는다. 그렇다고 해서 항목들이 반드시 통상적인 의미에서 공통의 속성을 지녀야만 하는 것은 아니다. 예를 들어, 내 선글라스, 성서 1권, 조약돌 하나, 냉장고 속 바나나를 가지고 4개의 항목으로 이루어진 집합 하나를 구성할 수도 있다. 이 경우, 항목들 사이에 존재하는 유일한 공통점은 내가 그것들을 하나의 집합을 이루는 원소들로 상상했다는 사실뿐이다.

집합들의 집합 또한 하나의 집합이다. 하지만 이 집합의 항목이 지닌 공통 속성은 셔츠나 책이 아니라 집합이라는 점을 기억하자. 예컨대, 어떤 도서관에 프랑스어 책들의 집합과 이탈리아어 책들의 집합이 있을 수 있다. 그럴 경우, 도서관 자체는 2개의 책 집합을 포함한 하나의 집합이다.

지금부터는 "도서 목록"을 작성해보도록 하자. 우리는 도서 목록을 자기 자신을 포함하지 않는 모든 집합들을 목록화한 소책자라고 정의할 것이다. 분명, 도서 목록에는 "프랑스어 책"과 "이탈리아어 책" 집합이 포함된다. 이 두 집합 중 어떤 것도 자기 자신을 포함하지 않으므로, 우리의 집합 정의는 충족된다. 그렇다면 도서 목록이라는 소책자 자체는 어떤가? 도서 목록은 그 자신을 원소 중 하나로 목록화하지 않은 하나의 집합이며, 그 원소들이라고 해봐야 프랑스어 책과 이탈리아어 책이 전부다. 따라서 도서 목록은 도서 목록에 목록화되어야 한다. 그러나 도서 목록이 목록화되는 순간 도서 목록은 자신을 포함하는 것이 되므로, 결과적으로 소책자 조건을 어기게 된다. 따라서 도서 목록은 목록화되어서는 안 된다.

"피가로는 자기 자신을 이발하지 않는 세비야의 모든 남성을 이발해야 한다."는 진술에서 주어(피가로)와 목적어(타인의 면도를 받는 사람들)는 같은 인구 집합에 속한다. 그는 자신이 직접 면도하는 사람과 타인의 손을 빌려 면도하는 사람으로 이루어진 남성 공동체에 속해 있다. 역설이 발생하는 이유는 피가로가 자신을 직접 이발하는지 아니면 타인의 이발을 받는지를 단언할 수 없기 때문이다.

여기서 범인은 "세비야의 모든 남성"에서처럼 "모든"이라는 단어다. 이 딜레마에서 벗어나는 1가지 방법은 피가로가 세비야에서 태어난 사람이 아니라 다른 도시 출신이라고 가정하는 것이다. 아니면 이발사가 여성이라고 가정하는 것도 1가지 방법이다. "수산나는 자기 자신을 직접 면도하지 않는 모든 남성을 면도해야 한다"는 진술에는 아무런 문제도 없다. 수산나가 남성 공동체에 속하지 않기 때문이다. 그러나 이러한 방식들은 문제를 회피하는 것에 불과하다. 사실, 이 딜레마를 해결하는 해법은 단순하다. 이러한 자기 지시적 진술은 참도 거짓도 아니며, 무의미하다는 점을 아는 것이다. 간단히 말해 그러한 조건을 만족하는 이발사란 없다. 즉 피가로는 존재하지 않으며, 존재할 수도 없다.

부언

일련의 논리적 추론이 어떤 결론과 그 정반대의 결론 모두로 이어진다면, 그것이 무엇이든 문제가 있는 것이며 뭔가를 바꿀 필요가 있다. 다행스럽게도, 보통은 논리학과 수학으로 이러한 문제의 원인을 지목하는 것이 가능하다. 그리고 이발사의 문제 또한 그러하다. 프레게는 몇 가지 공리를 기초로 그의 산술 법칙들을 끌어냈다. 그러나 법칙들을 결합해서 사용했을 때 역설이 발생한다면, 법칙 중 하나가 다른 법칙들과 모순을 일으키는 것이 분명하다. 프레게의 "기본 법칙 $V^{\text{basic law V}}$"이 범인이라는 사실이 곧 명백해졌다.[4]

결과적으로 악명 높은 기본 법칙 V는 심지어 산술 법칙을 증명하는 데도 필요하지 않다. 법칙 V는 "흄의 원리"로 대체해서 사용할 수도 있다. 흄에 따르면, F와 G라는 어떤 개념이 있다고 가정할 때, Fs와 Gs 간에 일대일 대응이 존재한다면, 오직 그때만 Fs의 수와 Gs의 수는 같다고 주장한다. 다시 말해 두 개념 집합의 각 원소를 일대일로 대응시킬 수 있다면, 두 집합의 크기는 같다. 어쨌

---

[4] 기본 법칙 V를 이해하려는 시도조차 하지 말자. 『스탠퍼드 철학 백과사전$^{\text{Stanford Encyclopedia of Philosophy}}$』에 따르면, 기본 법칙 V는 다음과 같다:

$$\varepsilon' f(\varepsilon) = \alpha' g(\alpha) \equiv \forall x[f(x) = g(x)]$$

거나, 여기서는 흄의 원리만으로도 자기 지시의 역설을 피할 수 있다고 지적하는 것으로 충분하다.

●

러셀이 공식화한 이발사의 역설은 다른 많은 형태로 나타날 수 있다. 적절한 타동사(예를 들어, "광고하다")와 그 타동사의 명사 형태("광고쟁이")만 있으면 역설을 만들어낼 수 있다. 자기 자신을 광고하지 않는 모든 사람을 광고하는 광고쟁이는 그 자신을 광고하는가? 이를테면 "가르치다" "그리다" 또는 "사랑하다"로 역설 만들기를 시도해보라. 보이는가? 당신에게도 역설이 생겼다.

32

나는 그렇다고 믿지 않는다

무어의 역설

대안적 사실에 상당한 일가견이 있는 대가가 다음과 같이 말한다고 해서 깜짝 놀라거나 할 사람은 없을 것이다. "기후가 점점 따뜻해지고 있습니다만, 나는 그렇다고 믿지 않습니다." 또는 "기후가 점점 따뜻해지고 있습니다만, 나는 그렇지 않다고 믿습니다."[5]

하지만 일반적으로는 그게 누구든 이런 식의 선언을 하는 사람이 있다면, 그는 매우 혼란스러운 상태이거나 아니면 마리화나 같은 것을 피웠다고 여겨질 것이다. 이러한 진술은 딱 봐도 앞뒤가

---

[5] 트럼프 행정부가 직접 작성한 기후 보고서 결과를 묻는 질문에, 도널드 트럼프 대통령은 "나는 그렇게 믿지 않습니다(I don't believe it)"라고 응수했다. "Trump on Climate Change Report: 'I Don't Believe It,'" BBC News, November 26, 2018, https://www.bbc.com/news/world-us-canada-46351940.

맞지 않을 뿐 아니라, 데이터와도 모순된다. 그런가?

아니, 그렇지 않다. 이 진술에 모순은 존재하지 않는다. 사람들이 "대안 사실"을 어떻게 생각하든, 이 게시글은 모순되지 않는다.

뭐라고? 이 X(트위터) 사용자는 한편으로 무언가를 주장하면서도 동시에 다른 한편으로는 바로 그 주장을 믿지 않는다고 부정한다. 그러한 선언은 명백히 불합리하거나 적어도 확실히 터무니없게 들린다. 어떻게 사실을 주장하는 동시에 바로 연이어 그 사실에 대한 믿음을 부정할 수 있단 말인가?

만약 이러한 진술들이 모순되지 않는다면, 그럼에도 우리는 왜 그러한 진술들에서 역설적이라는 불편한 느낌을 받는 것인가? 그러한 느낌을 받는 것 자체가 역설 아닌가?

이러한 외관상의 역설은 케임브리지 대학교의 유명한 영국 철학자 조지 에드워드 무어에서 비롯되었다. 이 영향력 있는 사상가는 버트런드 러셀, 루드비히 비트겐슈타인과 함께 케임브리지를 분석철학의 중심지로 만든 트리니티 칼리지Trinity College의 철학자 3인방 중 하나였다. 언젠가 비트겐슈타인은 무어의 가장 중요한 철학적 업적은 이 장의 서두에서 언급한 게시물 같은 기이한 문장들을 발견한 것이라고 말했다. 그리고 이러한 역설에 무어의 이름을 붙인 사람도 다름 아닌 비트겐슈타인이었다.

앞선 당혹스러운 진술은 "보는 것이 곧 믿는 것이다"라는 속담에 반하는 다른 견해를 보여준다. 즉 "나는 지금 내가 보고 있는 것을 믿을 수 없다"라는 이 충격적인 발언은 "나는 그것을 보고 있지만, 그러나 그것을 믿지 않는다"는 말로 좀 더 쉽게 풀어서 쓸 수도 있고, 또 "그것이 존재하지만(혹은 그 일이 일어나고 있지만), 그러나 나는 그것을 믿지 않는다"라는 무어식 문장으로 전환할 수도 있다. 터무니없는 소리가 맞다. 하지만 비논리적이지는 않다.

어쨌거나, 무어식 문장은 2개의 다른 버전으로 만들 수 있으며, 그 버전 간에는 약간의 차이가 있다. 첫 번째 버전, 예를 들어 "비가 오고 있다, 하지만 나는 비가 온다고 믿지 않는다"라는 문장은 어떤 믿음의 부정을 나타낸다. 그에 반해 두 번째 버전, 예를 들어 "비가 오고 있다, 하지만 나는 비가 오고 있지 않다고 믿는다"라는 문장은 진술의 부정에 대한 믿음을 표현한다. 첫 번째 버전은 역설의 부작위 형태라 불린다. 문장이 부작위적인, 즉 소극적인 신념을 나타내기 때문이다. 반면 두 번째 버전은 역설의 작위 형태라 불린다. 화자가 신념을 분명히 하고 있기 때문이다.

해제

첫째, 이러한 무어식 게시글 속 선언들이 역설이 아닌 이유는 무엇인가? 왜냐하면 그 선언 속에는 모순이 포함되어 있지 않기 때문이다. 그 선언들은 완벽하게 논리적이고 용납될 수 있다.

이러한 선언 모두는 2개의 진술로 이루어진다. 첫째는 단언("기후가 점점 따뜻해지고 있다")이고 둘째는 신념("나는 그렇다고 믿지 않는다" 또는 "나는 그렇지 않다고 믿는다")이다. 단언과 신념은 둘 다, 각각 그 자체로만 본다면 참일 수 있다. 그리고 이 두 진술이 합해져서 하나의 진술이 만들어진다고 하더라도 두 진술 각각은 여전히 참일 수 있다. 예를 들어, 만약 창문이 없는 방에 앉아 있는데 날씨 방송에서 비가 오고 있다는 안내가 나온다면, 나는 "비가 오고 있지만, 그러나 나는 그렇다고 믿지 않는다"라고 충분히 말할 법하다. 그러한 진술은 결코 비합리적이지도 또 터무니없지도 않다. 그저 날씨에 대한 나의 확신과 관련해 무언가 의견을 표명하는 것일 수 있기 때문이다.

분명, 우리가 "기후가 점점 더 따뜻해지고 있다. 그러나 기후는 점점 더 따뜻해지고 있지 않다"고 선언했다면, 우리는 모순적인 진술을 말한 것이 된다. 또한 "나는 기후가 점점 더 따뜻해지고 있다고 믿는다. 그러나 기후가 점점 더 따뜻해지고 있다고 믿지 않는다"라거나 "나는 기후가 점점 더 따뜻해지고 있다고 믿는다. 그러나 기후가 점점 더 따뜻해지고 있지 않다고 믿는다"라는 진술도 모순적인 문장이 될 것이다. 이들은 이 장의 서두에서 인용된 진술들과는 다르다.

이는 두 번째 질문을 제기한다. 그렇다면 우리는 왜 불합리한 진술을 마주하고 있다는 불편한 느낌을 받게 되는 걸까? 그리고 방금 살펴보았듯이 그렇지 않음에도 불구하고, 우리는 무어의 역설에서 왜 직관적으로 그러한 문장들이 터무니없다고 느낄까?

그 이유는 일반적으로 무언가를 단언하는 한 그것이 참이라고 믿어야 하기 때문이다. 그러므로 우리가 "기후가 점점 더 따뜻해지고 있다"와 같은 사실 진술을 언급한다면, 우리는 이 주장이 참이라고 믿는다는 것을 암묵적으로 시사하는 셈이다. 따라서 이 장 서두의 문장은 보다 광범위한 측면에서 "나는 기후가 점점 더 따뜻해지고 있다고 믿지만, 따뜻해지고 있지 않다고 믿는다"라는 의미를 함축하는 것처럼 보인다. 물론, 이는 정말로 터무니없는 진술이다. 화자의 신념들이 모순을 일으키기 때문이다.

실제로 무어식 문장은 수식하는 단어들을 추가하지 않고 있는 그대로의 순수한 구조만 놓고 보면 비논리적이지도 또 역설적이지도 않다. 이는 문장을 과거 시제로 바꿔보면 바로 알 수 있다. 예컨대 "나는 비가 오고 있다고 믿지 않았지만, 사실은 비가 왔다"는 문장은 모순되지 않는다. 무어식 문장에 거슬리는 구석이 없다는 사실은 문장을 3인칭으로 바꾸면 더욱 명확해진다. 이를테면, "기후가 점점 더 따뜻해지고 있지만, 기후 변화를 부정하는 사람들은 그렇지 않다고 생각한다"는 심히 유감스럽기는 해도 어느 모로 보나 완벽하게 논리적이며 합리적인 진술이다.

부언

무어의 역설에 관해 많은 연구를 해온 로이 소렌슨[Roy Sorensen]은 "내 무신론은 신을 화나게 한다"고 재치 있게 표현하기도 했다. 이 기지 넘치는 발언은 "신은 존재하지만, 나는 신이 존재하지 않는다고 믿는다"는 무어식 문장을 함축한다.

이는 무어의 문장들이 말을 삼가는 인터뷰 대상자로 하여금 자신의 신념 체계를 증언하지 않은 채 우물쭈물 상황을 빠져날 수 있게 해준다는 점에서 흥미롭다는 것을 보여준다. "신은 존재하지 않지만, 나는 신이 존재한다고 믿는다"라거나 "신은 존재하지만, 나는 그렇다고 믿지 않는다"라고 주장함으로써, 우리는 모든 것을 인정하는 동시에 아무것도 인정하지 않을 수 있다(그럼에도, 신을 의미하는 영단어 God을 대문자로 표기한다면, 암묵적으로 자신의 신앙을 인정하는 것과 같다). 보다 현실적인 문제로 눈을 돌려보자. "공산주의 혹은 사회주의 혹은 자본주의는 우리 모두에게 좋지만, 나는 그것을 신봉하지는 않는다"는 진술은 화자로 하여금 확실한 의견을 말하지 않은 채 애매한 입장으로 남을 수 있게 해준다.

•

심지어 아주 이성적인 사람일지라도 무어의 역설이 필요할 수 있다는 일화를 소개하는 것으로 이 장을 마무리하도록 하겠다. 한번은 알베르트 아인슈타인이 자신 못지않게 유명한 과학자였던 닐스 보어의 집을 방문했을 때의 일이다. 아인슈타인은 무지한 사람들이나 불운을 막아준다고 믿는 말굽 편자 하나가 현관문 위쪽 벽에 못질되어 있는 것을 알아차렸다:

아인슈타인: 보어 선생, 설마 이런 난센스를 믿는 건 아니지요?

보어: 물론, 아닙니다. 믿지 않으시겠지만, 효력이 있다고 들어서요.

33

알려진 기지의 것과 알려진 미지의 것

피치의 역설

"우리가 알다시피, 알려진 기지의 것들이 존재한다. 즉 우리가 안다는 사실을 우리 자신이 알고 있는 것들이 존재한다. 우리는 알려진 미지의 것들이 존재한다는 사실 또한 알고 있다. 다시 말해, 우리가 알지 못하는 어떤 것이 존재한다는 사실을 우리는 알고 있다. 그러나 알려지지 않은 미지의 것도 존재한다. 즉 우리가 알지 못한다는 사실 자체를 우리가 알지 못하는 것들 또한 존재한다."

대체 뭐라는 건가?

그렇다! "뭐라는 거야?" 2002년 2월 12일, 도널드 럼스펠드 국방부 장관이 뉴스 브리핑을 가장해 모호한 말을 쏟아냈을 때 그곳에 있었던 많은 언론인도 정확히 그렇게 반응했다. 장관의 논평은 모두를 어리둥절하게 했다. 그렇다면, 그의 말이 틀렸던 걸까?

럼스펠드는 알려지지 않은 기지의 정보들을 발표에서 생략했다는 점에 주목하자. 적절한 선택이었다. 그로 인해 모순이 발생했을 것이기 때문이다. 그것만 빼면, 그가 한 말은 완벽하게 타당했다. 비록 그날, 장관의 마음속 최우선 고려사항이 타당성은 아니었을 수도 있지만 말이다

언론인 중에는 장관의 발표에 다음과 같은 심오한 인식론적 질문이 담겨 있음을 알아차린 사람도 있었을 것이다. 원칙적으로, 모든 진리를 아는 것이 가능한가? 충분한 노력을 기울이기만 한다면, 모든 진술의 진릿값을 결정할 수 있는가? 가짜 뉴스와 대안적 사실이 난무하는 시대를 사는 언론인이라면, 아마도 많은 이들이 그렇지 않다고 답할 것이다. 하지만 탐사 정신이 강한 언론인이라면 그렇다고 대답할지도 모를 일이다. 이들 후자는 원칙적으로 모든 진리를 알 수 있다고 주장하는 소위 인식가능성 테제 knowability thesis에 동의한다고 말할 수 있을 것이다.

누군가는 인식가능성 테제를 받아들일지도 모르지만, 누군가는 받아들이지 못할지도 모른다. 탐사 정신이 강한 언론인은 충분히 캐기만 한다면 모든 진실은 드러나기 마련이라고 말할 것이다. 또한 인식가능성 테제에 동의하는 수학자는 모든 수학적 진술이 올바른 한 원칙적으로 증명 가능하다고 주장할 것이다. 충분한 시간과 재능만 필요할 뿐이다. 그들은 20세기 초반의 선도적인 수학자 다비트 힐베르트의 다음과 같은 명언을 들먹이고는 한다.

"우리는 알아야 한다. 우리는 알게 될 것이다!"

그러나 인식가능성 테제를 받아들인 결과는 이른바 우리가 잠재적으로 '전지적'이라는 어리석은 결론으로 이어진다. 만약 잠재적으로 모든 진리를 알 수 있다면, 실제로 우리는 모든 것을 알 수 있다. 하지만 우리는 심지어 잠재적으로라도 전지적이지 못하기 않기 때문에 모든 진리를 알 수 있다고 주장할 수 없다.

이 역설은 1963년 당시 예일 대학교 철학과 스털링 교수로 재직 중이던 프레더릭 피치$^{\text{Frederic Fitch}}$가 발표한 잘 알려지지 않은 한 논문에서 비롯되었다. 이는 '역설과 관련된 정리 4$^{\text{theorem 4}}$'라는 제목의 논문 중간에 있어 잘 눈에 띄지도 않았을 뿐 아니라 저자 자신도 큰 의미를 부여하지 않았다. 정리 4에 따르면, "전지적이지 않은 모든 행위자에게는 그 행위자가 알 수 없는 참 명제가 존재하기 마련이다." 그리고 이를 역으로 풀어 써보면 다음과 같은 문장을 얻을 수 있다. "모든 참인 명제를 알 수 있다면, 전지적인 행위자가 존재한다." 곧 살펴보겠지만, 이 역명제는 역설로 이어진다.

피치가 정리 4를 그 혼자 힘으로 만들어낸 것은 아니었다. 각주에서 그는 이 정리가 익명의 논문 심사위원이 보내준 논평 덕분에 세상에 나오게 되었다고 밝혔다. 50년 후에, 이 익명의 심사위원은 바로 프린스턴의 유명한 논리학자 알론조 처치였다는 사실이 밝혀졌다.

해 제

설명을 위해 유명한 수학적 명제인 푸앵카레 정리$^{Poincaré\ theorem}$를 이용해보자. 한 세기 동안 이 정리는 억측에 불과했으며, 아무도 그것이 참인지 아닌지를 알지 못했다. 그러다 2002년, 러시아 수학자 그리고리 페렐만이 푸앵카레 정리가 참임을 보여주는 대단히 복잡한 증명을 발표했다. 그 후 세계 최고의 수학자들에 의해 그 증명의 타당성을 입증받았다.

나는 푸앵카레 정리가 옳다는 사실을 안다. 전문가들이 그렇다고 말하기 때문이다. 이것이 바로 인식가능성 테제이다. 애석하지만 그저 언젠가 죽음을 맞이하게 될 존재인 나로서는 그 증명의 타당성을 확증할 수 없는 것은 말할 것도 없고 제대로 이해할 수도 없었다. 내가 푸앵카레 정리의 역사에 대한 책을 집필했었음에도 말이다. 그러므로, 나는 개인적으로 푸앵카레 정리의 타당성을 보증할 수 없다. 이를 "무지 테제$^{ignorance\ thesis}$"라 명명하도록 하자. 그렇다면, 이 두 테제는 공존할 수 있는가?

수학적 표기법에 따라, "정리"를 p로, "나는 …를 알고 있다"를 K로 표기해보자. 이에 따라, Kp는 "나는 정리 p가 옳다는 것을 안다"를 의미한다. 반면에, 만약 내가 p가 옳은지 아닌지를 알지 못하는 경우라면 ~Kp라고 쓴다.

인식가능성 테제 덕분에, 나는 원칙적으로 (a) p가 옳다는 사실을 알고 있다. 전문가들이 그렇다고 말하기 때문이다. 하지만 나는 전지적이지 않기 때문에, (b) 내가 p가 옳다는 사실을 모른다는 것 또한 알고 있다. 따라서 이를 수학적으로 표기하면 다음과 같다. $K(p \& \sim Kp)$.

일단 우리가 2개의 조합이 옳다는 사실을 안다면, 2개 각각도 그 자체로 옳아야만 한다. (예를 들어, 내가 비가 와서 도로가 젖었다는 사실을 안다면, 나는 비가 온 사실도 알고, 도로가 젖었다는 사실도 안다.)

그러므로, $K(p \& \sim Kp)$는 Kp와 $K\sim Kp$ 모두를 암시한다.

두 번째 암시 부분인 $K\sim Kp$는 $\sim Kp$로 간략하게 줄일 수 있다. "나는 내가 …을 알지 못한다는 사실을 안다"는 "나는…을 알지 못한다"고 말하는 것과 같기 때문이다.

바로 이 지점에서 문제가 발한다. 우리는 인식가능성 테제와 무지 테제의 조합으로부터 Kp와 $\sim Kp$ 모두를 끌어냈다. 그리고 바로 그 점이 모순을 일으킨다! 우리는 어떤 진술이 참이라는 사실을 아는 동시에 그 진술이 참이라는 것을 알지 못할 수 없다. 그러므로 우리에게는 2개의 선택지가 주어진다. 첫 번째 선택지에 따르면 인식가능성 테제가 옳으며, 원칙적으로 모든 진리를 알 수 있다. 이 경우, 우리는 무지 테제를 버려야 한다. 따라서 우리는 전지적이다. 하지만 두 번째 선택지에 따르면 인식가능성 테제는 틀렸으며, 우리는 무지하다. 이 경우, 진리 중 일부는 알 수 없다. 선택은 당신의 몫이다.

다음과 같은 예를 들 수도 있다. 휴대용 계산기에 2개의 큰 숫자 A와 B를 넣었더니 C라는 결과가 나왔다고 가정해보자. 두 수를 직접 곱해서 답이 맞는지 확인해 볼 수도 있지만, 시간을 낭비하고 싶지 않다. 그래서 우리는 이론상으로 A × B = C라는 명제(편의상 m이라 칭하자)를 실제로 그런지는 알지 못하지만 받아들인다. 즉, 수학적으로 표기한다면, 우리는 K(m & ~Km) 하다. 이번에는 인식가능성 테제에 동의하고 무지 테제를 폐기하기로 한다. 산술에서, 이제 우리는 전지적이다.

부언

이 두 테제의 충돌이 사소해 보일지도 모른다. 쉽게 말해, 당신이 모든 것을 안다면 당신은 전지적이지만, 당신이 알지 못하는 것들이 존재한다면 당신은 무지할 것이기 때문이다. 하지만 실제로는 여기에서 철학적으로 중요한 문제가 제기된다. 철학 학파 중에는 인간의 감각으로 입증할 수 있는 진리만이 타당한 진리라고 주장하는 경우도 있다. 대조적으로, 인식가능성 테제는 오직 사고 과정에 따른 논리 규칙을 통해서만 진리가 확립될 수 있다고 주장한다.

물론, 인식가능성 테제는 신의 존재와 관련된 질문들을 제기한다. 수십억의 사람들이 신이 존재한다고 믿지만, 그러나 나는 신이 존재하는지 알지 못한다. 유일신교에서는 심지어 원칙적으로도 신을 알 수 없다는 것 자체가 신이 지닌 신성의 본질이라고 말한다. 그러므로 신의 경우, 인식가능성 테제는 거부되어야 하며 우리는 무지한 상태로 남는다.

34 사막에는 ATM이 없다

파핏의 히치하이커

다음과 같은 시나리오를 상상해보자. 사막을 거닐던 루신다가 강도에 붙잡혀 소지품을 모두 약탈당한다. 사막에 버려져 죽어가는 그녀에게 남은 것이라곤 몸에 걸친 옷과, 도적들이 가져가봐야 번거롭기만 했을 신용카드만 남은 텅 빈 지갑뿐이다. 그때 뜬금없어 보이게도, 갑자기 SUV 한 대가 다가온다. 운전자가 창틀에 몸을 기대며 "길을 잃어버렸어요?"라고 묻는다. 상당히 불필요한 질문이 아닐 수 없다. 간신히 머리를 든 그녀는 그렇다는 의미로 머리만 끄덕인다. 그러자 그는 그녀에게 1가지 제안을 한다. "내가 다음 마을까지 당신을 태워다 줄 수 있어요, 하지만 그러기 위해서는 내가 가려던 길을 한참 돌아가야 해요. 수고비로 천 달러만 주세요."

탈수 상태에다 길도 잃었지만, 안도감과 고마운 마음에 루신다는 운전자를 올려다보며 제안을 수락한다. 그러면서 문명 세계에 돌아가자마자 ATM에서 현금을 찾아 수고비를 지불하겠다고 약속한다. 그녀를 유심히 살펴본 운전자는 그녀가 합리적인 사람인지를 확인한다. 그러고는 오도 가도 못하는 상태의 그녀를 남겨두고 홀로 차를 몰아 떠나버린다.

운전자는 합리적이었는가?

그렇다, 운전자는 비록 매우 무자비했을지 모르지만 완벽하게 합리적이었다. 또한 루신다 역시 매우 합리적이었으며, 그 사실을 운전자에게 제대로 전달했다. 그리고 그것이 그녀가 구조되지 못한 결정적 원인이었다! 만약 그가 그녀를 마을로 데려갔다면, 그녀는 구조될 수 있었을 것이다. 하지만 그러고 나면, 완벽하게 합리적인 사람인 그녀는 스스로 자문하게 될 것이다. "그에게 그만큼의 돈을 지불해야 할 이유가 있는가?" 돈을 주는 대신에 그녀는 오히려 그에게 꺼지라고 말할 것이다. 터무니없는 요구를 했으니, 그런 취급을 당해도 싸다고 생각하면서 말이다.

오, 하지만 잠시 기다려보라! 사막에서 운전자가 그녀에게 다가갔을 때, 그는 루신다가 합리적인 인간이며 그녀의 목숨을 구해준다면 기꺼이 천 달러를 지불할 의사가 있음을 확인했다. 하지만 그는 그녀가 일단 마을에 들어가면 더 이상 그에게 돈을 지불할 어떠한 이유도 사라진다는 사실 또한 깨달았다. 그 자신도 합리적인 인간이기에 루신다가 위험에서 벗어나는 순간 어떻게 반응할 것인지를 정확하게 예측할 수 있었다. 그런데도 번거롭게 마을로 멀리 우회해야 할 이유가 있을까? 곤경에 처한 그녀를 사막에 남겨두고 그냥 운전해서 떠나버리는 것이 그에게는 더 나은 선택이었다. 그래서 그는 그렇게 했다.

따라서 루신다가 그녀의 목숨을 구해주는 값으로는 하찮은 천 달러를 지불할 충분한 의사가 있었고, 운전자에게 이 사실을 확실하게 했음에도 불구하고, 그는 떠났고 그녀는 죽도록 방치되었다. 그녀가 합리적으로 보인다는 바로 그 사실이 만들어낸 결과였다.

역설, 그 자체다.

•

이 문제는 영국 철학자 데릭 파핏$^{Derek\ Parfit}$이 그의 저서 『이유와 인간$^{Reasons\ and\ Persons}$』에서 그 상황을 논하면서 "파핏의 히치하이커"로 알려지게 되었다. 미국 주간지 《뉴요커》는 파핏을 소개하는 프로필에서 파핏이 "영어 사용권에서 가장 중요한 도덕 철학자"이며, 3권으로 된 그의 저서 『중요한 것에 관하여$^{On\ What\ Matters}$』는 "100년이 넘는 시간 동안 도덕 철학 분야에서 쓰인 가장 중요한 저술"이라고 극찬했다. 그는 윤리와 합리성, 개인의 정체성에 대한 문제를 중요한 철학적 탐구 주제로 삼아왔다. 파핏은 다음과 같이 썼다. "우리의 행위에는 이유가 존재한다. 우리는 특정 방식으로 행동해야만 하지만, 어떤 행동 방식들은 도덕적으로 옳지 않다. 행위에 따르는 어떤 결과들은 도덕적 타당성과 관련된다는 점에서 선하거나 악하다."

해제

루신다가 곤경에 처한 이유는 그녀가 운전자에게 합리적인 사람으로 보였다는 사실 때문이었다. 사막에서 길을 잃는다면 합리적인 사람일지라도 자신의 목숨을 구하기 위해 기꺼이 천 달러를 지불할 것이다. 하지만 일단 구조되고 나면, 자선가가 되지는 않으려 할 것이다. 마을에 도착하고 나면, "내가 지금 어떠한 일을 한다고 치더라도, 사막에서 일어난 일을 바꾸지는 못할 것이다."라고 혼잣말을 할지도 모를 일이다. "그러니, 내가 지금 천 달러를 지불한다고 해서 내게 더 이상의 이득은 없을 것이다." 물론, 루신다는 자신이 사막에서 길을 잃었다는 것을 알아차리기 전에도 이 사실을 알고 있었으며, 운전자 역시 그 사실을 알고 있었다. 그러므로 루신다를 남겨두고 떠난 그는 합리적인 일을 한 셈이었다.

이 문제의 근본적인 원인은 한 사건이 또 다른 사건의 원인이 됨으로써 원인과 결과 관계가 역전된 데 있다. 일반적으로 원인은 결과를 수반한다. 예를 들어, 총알이 발사되면 표적에 명중된다. 또는 꽃에 물을 주면 꽃이 자란다. 그러나 이 장에서 설명된 시나리오의 경우, 원인-결과 상황이 뒤집힌다. 운전자는 돈을 받는다(원인)면, 루신다를 태워주려(결과) 한다. 하지만 이 두 사건은 틀린 순서로 발생한다!

이 문제는 법률과 규칙을 제정한 다음, 그것을 강제하는 메커니즘을 제도화함으로써 해결할 수 있다. 실제로, 강제적인 집행 메커니즘의 부재는 종종 채무자에게 아주 유리하게 작용할 수 있다. 하지만 이 경우 실행 메커니즘의 부재는 루신다에게 매우 불리하다. 만약 사막에서 그녀에게 구속력 있는 약속, 즉 그녀가 마을에 도착하자마자 천 달러를 확실히 지불할 것이라는 약속을 할 수 있는 방법이 있었다면, 그녀는 구조되었을 것이다. 그러나 이 시나리오 속에는 그러한 수단이 존재하지 않으며, 그런 이유로 운전자는 그녀를 버리고 떠나간다.

그 사람의 신용을 높이거나 낮추는 방법이 또 다른 강제 메커니즘으로 동원될 수도 있다. 하지만 이는 같은 사건이 반복해서 일어나는 시나리오에서나 가능한 방법이다. 두 주인공이 다시는 서로 마주칠 것 같지 않은 상황에서 신용은 아무런 역할도 하지 못한다.

부언

유권자들이 앞선 SUV 운전자만큼만 합리적이라면, 선거운동을 할 때마다 약속을 남발하지만 정작 당선되면 그 약속을 망각하는 "합리적 정치인들"은 "합리적 투표자들"에 의해 결코 선택받지 못할 것이다. 다행히 신통찮기는 하지만 공약의 이행을 강제하는 집행 메커니즘이 존재하기는 한다. 이 경우에는 재당선되기를 원한다는 정치인들의 바람이 그 역할을 한다.

물론, 강제적인 집행 메커니즘과 계약법이 만병통치약은 아니다. 지급 불능 상태를 의미하는 파산으로 채권자들의 발이 묶일 수도 있기 때문이다.

뭐 어쨌거나, 택시보다는 버스가 더 합리적이다. 버스 여행 요금은 선불로 내야 하지만, 순진한 택시 기사는 여행이 끝나야 요금을 청구한다.

35

플러스 연산이냐 쿼스 연산이냐?

크립켄슈타인의 역설

1) 25 + 14 = 39

2) 68 + 57 = 5

3) 어떤 숫자든 그 자신으로 나누면 1이 된다.

맞는가?

1) 맞다.

2) 맞을 수도 있다.

3) 항상 맞는 것은 아니다.

뭐라고?

우선은 (1)과 (2)만 살펴보도록 하자.

사미라는 영리한 소녀이다. 두 수를 더해보라고 하면, 언제든 그녀는 산술 합을 제시한다. 예컨대 25 + 14 = 39, 68 + 57 = 125라고 답한다.

쿠엔틴은 약간 우둔하다. 실제로, 두 수를 더해보라는 요청을 받는 경우 그 합이 57보다 작거나 같다면, 언제든 그는 정확한 산술 합을 제시한다. 하지만 덧셈의 제1항인 피가수가 57보다 크기라도 하면, 언제든 그는 5라고 답한다. 선생은 소년의 지능이 떨어지는 것이 아니라, 괴짜일 뿐이라며 불같이 화를 내는 소년의 부모를 진정시킨다. 쿠엔틴은 지금 "플러스" 연산이 아니라, 피가수가 57보다 크다면 언제든 그 답이 5인 "쿼스quus" 연산을 하는 중이다.

피가수가 57보다 작거나 같다면, 플러스 연산의 결과와 쿼스 연산의 결과는 일치한다. 그러나 쿠엔틴의 세계에서 25 쿼스 14는 39이지만, 68 쿼스 57은 5이다.

자비에라가 IQ 테스트를 받으러 왔다. 그녀는 35와 12를 더해보라는 요청을 받는다. 그녀는 47이라고 답한다. 자비에라는 그 답을 플러스 연산을 통해 얻었으니 영리한가? 아니면 쿼스 연산을 통해 얻었으니 괴짜인가?

이 역설은 루드비히 비트겐슈타인의 언어와 의미 연구에서 연원한다. 1982년에 12개의 상과 명예박사 학위를 받은 저명한 미국 철학자이자 논리학자인 솔 크립은 비트겐슈타인의 분석을 재조사하고 재해석했다. 그는 비트겐슈타인의 분석 경로를 그대로 따르지 않았다. 따라서 이 장에서 살펴보고 있는 역설은 이 주제에 관한 크립키와 비트겐슈타인 사고의 혼합물로 "크립켄슈타인의 역설"이라 명명되었다.

해제

자비에라가 플러스 연산을 했는지, 아니면 쿼스 연산을 했는지 어떻게 알 수 있는가? 자비에라는 자신이 어떤 연산을 수행했는지 스스로 인지하고 있는가? 피연산자가 57보다 큰 수가 제시된다면, 어떤 답이 나올지를 예측하기 위해서는 자비에라가 어떤 연산을 수행했는지를 알아야 한다.

실제로, 자비에라는 과거에 플러스 연산을 나타내기 위해 "+"라는 문자 기호를 사용했던 것으로 보인다. 하지만 지금까지 살면서 그녀가 받아온 요청이란, 57보다 작은 수들을 더하라는 것뿐이었다. 따라서 그녀의 과거 이력만으로는 그녀가 어떤 연산을 수행했는지 판단할 수 없으며, 57보다 큰 수가 주어졌을 때 그녀가 어떤 연산을 수행하게 될 것인지 우리로서는 결코 알지 못한다. 즉 그녀가 이전에 했던 답변들은 그녀가 플러스 연산을 했는지 아니면 퀴스 연산을 했는지의 여부와 관련하여 아무런 정보도 알려주지 않는다.

자비에라에게 35 + 12 = 47이라는 결과를 어떤 식으로 얻었는지 직접 물어볼 수도 있다. 만약 그녀가 "+" 기호를 마주할 때마다, 예컨대 테이블 위에 35개의 구슬을 올려놓은 다음, 거기에 추가로 또 다른 구슬 12개를 얹은 후에 그 전체 구슬의 수는 세는 식의 일종의 셈법 절차에 따른다고 대답한다면, 우리는 그녀의 이러한 방식이 플러스 연산과 정확히 일치한다고 결론 내릴 수 있을 것이다. 하지만 더 큰 수의 경우, 모든 구슬을 올려놓기에는 테이블이 너무 작을 수도 있으며, 일부는 테이블 밑으로 굴러 떨어져 47개의 구슬만 남을 수도 있다. 그런 경우라면, 자비에라는 퀴스 연산의 절차를 따른 게 될 것이다. 어쨌거나 우리는 또다시 미궁에 빠진다.

그렇다면, 이번에는 크립키가 "성향"이라고 부르기도 했던 자비에라의 마음을 살펴보도록 하자. 아마도 이전에 그녀는 "68 더하기 57은 얼마인가?"라는 질문을 받아본 적이 없었을 것이다. 그럼에도 불구하고, 크립키는 그녀가 그러한 질문을 받으면 "125"라고 답하는 성향을 지녔을 거라고 넌지시 암시하고는 했다. 이러한 유의 설명은 그녀의 의도를 과거 그녀의 사용법에서 찾는 것보다는 다소 더 효과적이긴 하다. 하지만 그것대로 정당화될 필요가 있다. 왜냐하면 자비에라는 이른바 학습장애의 일종인 난산증 경향이 있을 수도 있고, 또 크립키도 지적했듯이, 광증에 사로잡히거나 환각제인 LSD에 취해서 실수를 범하기 쉬운 사람일 수도 있기 때문이다. 그런데도 그녀가 플러스 연산을 사용하고 산술적으로 옳은 답을 제시하는 경향이 있다고 말할 수 있는가?

그 이유를 발견하기 위해서는 자비에라 개인의 생각을 넘어 사회학으로 눈을 돌려야만 한다. 자비에라는 공동체에 속해 있다. 따라서 그녀의 용어 사용은 공동체 구성원들이 그 용어에 부여하는 의미와 일치하는 한 정당하다. 누군가가 그 용어에 부여하는 의미에 일단 공동체가 동의하기만 한다면, 자비에라가 플러스 연산의 의미로 산술적 더하기를 수행하고 있다는 주장도 정당화될 수 있다.

부언

이제 진술 (3)으로 되돌아가보도록 하자. 이 세 번째 진술에 따르면, 모든 숫자는 그 자신으로 나누는 경우 1이 된다.

비트겐슈타인도 크립키도 언젠가 쿠엔틴처럼 행동하는 개인용 컴퓨터가 나타날 거라고는 상상도 하지 못했을 것이다. 어떤 숫자를 그 숫자로 나눠보라고 요청하면, 배정밀도 연산을 사용하는 대부분의 개인용 컴퓨터는 정확히 1.0000 혹은 0.999… (소수점 뒤로

9가 15개나 더 있다)라고 답할 것이다. 개인용 컴퓨터의 반올림 오차가 불가피하다는 점을 감안하더라도 0.999… 라는 숫자는 1과 같다고 여겨도 무방하다.

하지만 1994년, 824,633,702,441보다 큰 특정 숫자들을 그 자신으로 나누라고 요청하자 일부 개인용 컴퓨터는 소수점 뒤로 9를 8개만 나열한 뒤, 연이어 무작위적으로 보이는 10개의 한 자리 숫자들을 늘어놓은 답들을 내놓았다. 이는 사소한 오차로 보일지도 모르지만, 실은 엄청나게 큰 스캔들이었다. 당시 개인용 컴퓨터들의 사양대로라면 소수점 이하 18자리까지 정확도가 보장되어야 했지만, 이 반올림 오차는 허용 범위보다 10억 배 더 컸기 때문이다.

결론은 개인용 컴퓨터 중 일부 컴퓨터들이 다른 컴퓨터들이 컴퓨팅^{computing}하는 동안 쿰퓨팅^{quomputing}하는 경우들이 있다는 사실이었다! 문제는 작은 수의 경우 그 자신으로 나누어 보라고 했을 때 우리가 소수점 18자리까지 정상적으로 9들을 나열한 결과 값을 얻는다 하더라도, 그 값이 컴퓨터에서 컴퓨팅해서 얻은 값인지 아니면 쿰퓨팅해서 얻은 값인지를 확신할 수 없다는 것이었다.

상당한 시간이 걸렸다. 하지만 마침내 인텔사가 생산한 프로세서들이 실제로 쿰퓨팅을 수행하고 있었다는 사실이 밝혀졌다. 그 유명한 펜티엄 버그의 발견이었다. 인텔은 결국 5억 달러를 들여 결함이 있는 쿰퓨터^{quomputer} 칩을 교체했다. 이제, 다음과 같은 걱정

스런 질문을 당신 자신에게 던져보라. 당신의 가정용 컴퓨터는 컴퓨팅하고 있는가, 아니면 쾀퓨팅하고 있는가?

이상한 순환 논리
무의미해 보이는 것에 의미 부여하기

8장

논리라는 것이 대체 존재하기는 하는가? 논리라는 관념은 고대 그리스 철학자들에 의해 창안되었다. 하지만 그들은 논리와 함께 역설도 만들어냄으로써 논리적 사고를 중요하게 여기는 이들을 당황스럽게 했다. 현대의 논리학자들도 도발적이긴 마찬가지다. 이 파트에는 내가 가장 좋아하는 2가지 역설, 메논의 역설과 헴펠의 역설이 포함되어 있다. 그러니 특히 주목해주기를 바란다.

36

신은 존재한다, 그리고 달은 치즈로 만들어져 있다

커리의 역설

이 진술이 참이라면, 달은 치즈로 만들어졌다.
이 진술이 참이라면, 독일과 중국은 국경을 접하고 있다.
이 진술이 참이라면, 12는 소수다.
이 진술이 참이라면, 12는 소수가 아니다.
이 진술이 참이라면, 신은 존재한다.
이 주장들은 참인가?

놀랍겠지만, 그렇다. 참이다!
 형식 논리학에서, 조건부 주장 (A)는 "만약 전건* (B)가 참이면, 그 후건**인 (C)도 참이라는 결론이 성립한다"는 진술 형태를 취한다. "비가 오면, 거리가 젖는다"라는 조건부 주장을 예로 들어

보자. 만약 이 주장(전체 문장)이 참이고 전건("비가 온다") 또한 참이라면, 후건("거리가 젖는다") 역시 참이다. 논리적 결론을 끌어내기 위해 사용된 이 추론 규칙은 라틴어로 모두스 포넨스$^{\text{modus ponens}}$라 불리며, 일반적으로 긍정 논법이라고 번역된다. 수학적으로는 다음과 같이 표기될 수 있다. 만약 P가 참이고, P가 Q를 함축한다면, Q 또한 반드시 참이다.

이 주장이 "비가 올 때만, 거리가 젖는다"고 말하는 것은 아니라는 점에 주목하자. 거리는 비가 오지 않아도 젖을 수 있다. 어쨌거나, 누군가 거리에 물을 쏟았을 수도 있고 개가 인도에 오줌을 쌌을 수도 있다.

또한 모두스 포넨스, 즉 긍정 논법은 전건이 거짓이라 하더라도 조건부 주장 전체가 참일 수 있다는 사실을 배제하지 않는다는 점에도 주목하자. 실제로, 어떤 주장은 그것의 전건이 거짓이더라도 참이다. 이 말은 "비가 오지 않는다면, 거리가 젖는다"라는 주장 역시 참임을 의미한다. 즉, 물이 쏟아졌거나 개가 오줌을 눴을 수도 있다. 따라서 "비가 온다면, 거리는 젖는다"라는 주장도 참일 뿐만 아니라, 다른 2가지 주장, "비가 오지 않는다면, 거리는 젖는다"와 "비가 오지 않는다면, 거리는 젖지 않는다" 역시 참이다.

- 조건문에서 if 다음에 오는 부분을 가리키는 논리학 용어
- • 조건문에서 then 다음에 오는 부분을 가리키는 논리학 용어

물론, 이 주장이 비가 오지 않는데도 거리가 실제로 젖는다는 의미를 함축하는 것은 아니다. 이는 비록 후건 (C)가 독립적인 진술로는 거짓일 수 있다 할지라도, 주장 (A)는 참이라는 것을 의미할 뿐이다. 다른 한편으로, 후건 자체는 오직 주장 전체와 전건이 모두 참인 경우에만 참이다.

요약하자면, 전건 (B)가 거짓이라 하더라도(즉, 비가 오지 않는다 하더라도), 그리고 후건 (C)가 참이건 아니건 간에(즉, 거리는 젖어 있을 수도 있지만 젖어 있지 않을 수도 있다), 주장 (A) 자체는 여전히 참이다. 이 맥락에서 확실하게 거짓인 명제는 "비가 온다면, 거리가 젖지 않는다"는 주장뿐이다. 비가 온다면 틀림없이 거리는 젖기 때문에 이러한 주장이 거짓인 것은 직관과도 부합한다.

●

이 장을 시작하면서 제기한 조건부 주장(예를 들어, "만약 이 진술이 참이라면, 12는 소수다")의 문제는 "이 진술이 참이라면"이라는 전건 (B)가 "이 진술이 참이라면, 12는 소수다"라는 전체 주장 (A)를 지시한다는 데 있다. 우리는 다시 한 번 자기 지시의 곤혹스러운 사례에 직면한다. 전건 속 진술이라는 단어가 전체 문장 자체를 지시하기 때문이다.

"만약 이 진술이 참이라면, 12는 소수다"라는 조건부 주장을 자세하게 분석해보자. 우리는 12가 소수가 아니라는 사실을 알고 있다. 2, 4, 6으로 나누어떨어지는 수이기 때문이다. 하지만 어떤 일이 생기는지를 살펴보도록 하자.

우선, 주장 (A)가 참이라고 가정해보자. 주장과 전건이 완전히 동일하므로, 주장이 참이라고 가정하는 것은 주장의 전건인 (B) 역시 참이라고 말하는 것과 같다. 이제, 주장과 전건 모두 참이므로 "12는 소수다"라는 결과 또한 참이 된다.

이번에는 주장 (A)가 거짓이라고 가정해보자. 또다시, 주장과 전건이 완전히 동일하므로, 주장이 거짓이라고 가정하는 것은 주장의 전건인 (B) 역시 거짓이라고 말하는 것과 같다. 지금부터가 핵심이다. 앞에서 설명했듯이, 전건이 거짓이라 할지라도 조건부 주장은 여전히 참이다. 즉, 자기 지시를 신뢰하는 사람들로서는 기쁘게도 주장 (A)가 거짓이라는 두 번째 가정은 거짓이다.

우리가 주장이 참이라고 가정하는 것에서 시작하든, 아니면 주장이 거짓이라고 가정하는 것에 시작하든 위의 두 경우 모두 12는 소수라는 의미를 함축하게 된다. 비슷한 논리에 따라 달은 치즈로 만들어졌다. 또한 독일은 중국과 국경을 접하며, 12는 소수가 아니다. 그리고 신은 존재한다.

이 역설은 미국의 수학자 해스켈 커리$^{Haskell Curry}$의 이름을 따라 명명되었다. 커리는 1930년에 독일 괴팅겐에서 당시 수학계의 명실상부한 대사제였던 다비트 힐베르트로부터 박사학위를 취득했다. 역시나 커리의 역설이라고 종종 언급되는 기하학적 수수께끼 "사라지는 정사각형 퍼즐"을 고안한 뉴욕의 마술사, 폴 커리와 혼동하지는 말자. 이는 그저 단순한 착시 현상을 이용한 것으로 밝혀졌다. 결국, 이 장에서 말하는 커리의 역설은 자기 지시 역설의 또 다른 예라고 할 수 있겠다.

해 제

문제의 핵심은 "만약 이 진술이 사실이라면…"이라는 주장에서 진술이라는 단어가 무엇을 의미하는지 명확하지 않다는 점이다. 만약 "이 진술"이 "만약 이 진술이 사실이라면, 12는 소수다"라는 문장을 가리키는 것이라면, 그렇다면…

"만약 '이 진술이 참이라면, 12는 소수다'가 참이라면, 12는 소수다."

그렇다면 이는 다음을 의미한다.

"만약에 '"만약 이 진술이 참이라면, 12는 소수다"가 참이라면, 12는 소수다'라는 명제가 참이라면, 12는 소수다."

따라서 "이 진술"은 하나의 실제 진술을 가리키는 것이 아니라, 진술들의 무한 회귀를 가리키며, 확실히 정의되지 않는다. 그렇다면, 정의되지 않은 진술이 대체 어떻게 참일 수 있는가? 그러한 진술은 참일 수 없다. 정의되지 않은 진술들의 진실성을 주장하는 것은 타당하지 않다.[6]

부언

이 역설은 우리가 생각해낼 수 있는 어떤 진술도 참으로 증명될 수 있다는 점을 보여주는 것처럼 보이기 때문에 특히 당혹스럽다. "신은 존재한다"는 진술은 참인 것처럼 보일 수 있으며, 마찬가지로 "신은 존재하지 않는다"는 진술도 참인 것처럼 보일 수 있다. "독일은 치즈로 만들어졌다"와 "달은 중국과 국경을 접하고 있다" 같은 엉뚱한 진술들도 입증될 수 있다. 셰익스피어의 비극 『햄릿』에 나오는 유명한 대사를 약간 바꿔 써보면, 숫자 12는 소수이기

---

[6] 예를 들어, 대우형 명제를 만들면 다음과 같다. "달이 치즈로 만들어지지 않았다면, 이 진술은 거짓이다." 실제로 달은 치즈로 만들어지지 않았다. 따라서 이러한 주장은 거짓말쟁이의 역설에 불과하다.

도 하고 소수가 아니기도 한, 존재하면서도 존재하지 않는 것$^{\text{to be}}$ $_{\text{and not to be}}$•으로 드러날 수 있다.

결론적으로 커리의 역설이 정말로 우리를 어리둥절하게 만드는 이유는 "모든 것이 가짜"라는 일부 정치인들의 확신과는 대조적으로 모든 것이 참일 수 있다는 것을 보여주기 때문이다. 참이다. 그러나 참으로 어리석은 참이 아닐 수 없다!

• "To be or not to be, that is the question." 햄릿 왕자가 망령이 된 아버지 햄릿 왕을 만나고 고뇌에 차서 내뱉는 유명한 대사이다. 저자는 이 책에서 대사의 "To be or not to be"를 "To be and not to be"로 바꿔 쓴다. 번역어로 "사느냐 죽느냐"가 맞는지 "있음이냐 없음이냐"가 맞는지는 독자의 판단에 따르면 될 일이다. 다만, 여기서는 모순적인 두 상태가 어느 하나로 양자택일되는 상황이 아니라, 둘 다 긍정되는 부조리한 상황을 지적하기 위해 동원된 표현이라고 이해하면 되겠다.

37 아무것도 알지 못한다

소크라테스의 역설

"나는 내가 아무것도 알지 못한다는 사실을 알고 있다." 자신의 지적 한계에 대해 이처럼 자기를 낮추는 듯한 겸손한 말을 한 사람은, 다름 아닌 소크라테스라고 알려져 있다. 하지만 자신이 아무것도 알지 못한다는 사실을 아는 것이 가능한가?

확실히 이 문장은 모순된다. 문장의 앞부분과 뒷부분이 충돌하기 때문이다. 다시 말해, 화자는 한편으로는 자신이 아무것도 알지 못한다는 사실을 인정하면서도 다른 한 편으로는 자신이 아무것도 알지 못한다는 사실 그 하나는 알고 있다고 주장한다.

그야말로 역설이다!

이는 "나는 결코 어떤 말도 하지 않을 것이다"라고 말하는 것과 비슷하다. 이 문장을 말함으로써 화자는 그 자신이 지금 막 한 말에 반하는 행동을 하게 된다.

플라톤은 소크라테스의 문답을 문서로 정리했지만, 소크라테스가 정확히 이 문장을 말했다고 인용한 적은 없다. 대신 그는 『변론^{Apologies}』에서 소크라테스가 아테네 법정 앞에서 했던 연설을 전한다. 연설에서 소크라테스는 델포이 신전의 식탁에 관한 일화를 소개한다. 한 친구가 신탁을 내리는 사제에게 소크라테스보다 지혜로운 사람이 있는지를 물었다. 사제는 그런 사람은 없다고 대답했다. 그러자 겸손한 소크라테스는 신탁이 틀렸음을 반박하기 위해 자신보다 현명한 사람들을 찾아 나선다. 소크라테스는 현명하다고 소문난 한 정치인을 찾아냈다. 하지만 이내 그가 소크라테스 자신만큼이나 아는 것이 없다는 사실을 알게 되었다. 그러나 이 남자와 소크라테스 사이에는 1가지 다른 점이 있었다. 그는 자기가 아무것도 알지 못한다는 사실조차 몰랐다. 반면에 소크라테스는 자신이 아무것도 알지 못한다는 사실을 알고 있었고, 이렇게 말한다. "나는 이 사람보다 현명하다. 그도 나처럼 무엇이 선하고 무엇이 고귀한지를 모르는 것 같다. 하지만 그는 알지 못할 때조차 자신이 무언가 대단한 것을 알고 있다고 생각하는 반면, 나는 내가 알지 못한다면, 내가 안다는 생각조차 하지 않기 때문이다. 그리고 바로 이 점에서 내가 그보다 약간 더 현명한 것 같다. 즉, 내가 알지 못하는 것이 무엇이든, 나는 그것에 대해 내가 안다는 생각조차 하시 않는나."[7]

무의미해 보이는 것에 의미 부여하기

이런 점에서, 소크라테스는 정말로 그 근방에서 가장 현명한 사람이었다. 자신의 무지를 인정할 준비가 되어 있는 유일한 사람이었기 때문이다. 그러나 그의 진술 속에는 여전히 모순이 존재하며, 그것이 바로 이 장의 요점이다.

해제

"나는 내가 아무것도 알지 못한다는 사실을 알고 있다"는 진술은 있는 그대로만 본다면 말이 되지 않는다. 진술 속에 주장과 그 주장의 부정이 모두 포함되어 있기 때문이다. 아무것도 알지 못한다는 사실을 인정하는 것은 그 자체로 무언가를, 즉 자신이 아무것도 알지 못한다는 사실을 알고 있다는 것을 인정하는 것과 같다.

비슷한 맥락에서, "나는 어떤 말도 하고 있지 않다"라는 진술 역시 말이 되지 않는다. 만약 누군가가 "나는 정치에 대해 어떤 말도 하지 않을 것이다"라고 말한다면, 이 발언은 타당하다. 하지만 당신이 어떤 말도 하지 않을 것이라고 말한다면, 그것은 그 자체로 모순된다. 마찬가지로 "나는 내가 분석기하학에 대해 아무것도 알지 못한다는 사실을 알고 있다"는 말이 된다. 하지만 당신이 알

---

7 Socrates, Apology 21d.

지 못한다는 사실을, 혹은 더 나아가 당신이 어떤 것도 알지 못한다는 사실을 알고 있다는 것은 그 자체로 모순된다.

그렇다면, 이 유명한 사상가의 진술을 우리의 논리적 직관과 조화를 이루도록 할 수 있는 방법은 없는가? 한편으로 "나는 내가 아무것도 알지 못한다는 사실을 안다"는 진술은 모순적이며, 우리의 귀에는 비논리적인 소리로 들린다. 다른 한편으로, 이 진술은 첫 번째 "안다"라는 단어와 두 번째 "안다"라는 단어가 서로 다른 어떤 것을 가리킨다면 타당한 의미를 지닐 수 있다. 예를 들어, "나는 내가 아무것도 이해하지 못한다는 사실을 안다"에서처럼, 첫 번째 "안다"가 "이해하다"의 동의어일 수도 있다. 또는 "나는 내가 아무것도 깨닫고 있지 못하다는 사실을 안다"에서처럼, 첫 번째 "안다"는 "깨닫다"의 의미로 사용될 수도 있다. 만약 소크라테스가 "나는 삶의 목적에 대해 아무것도 깨닫고 있지 못하다는 사실을 안다"같은 어떤 의미를 전달하려고 했던 것이라면, 우리가 소크라테스의 진술을 문제 삼을 이유는 없다.

부언

소크라테스의 이 유명하지만 자기 모순적인 인용구와 비슷한 주장들을 만들어 볼 수 있다. "나는 지금 논리적인 사고가 되지 않는다"라는 주장도 하나의 예라 할 수 있다. 만약 어떤 술꾼이 뒤죽박죽인 의견을 내놓으면서, 그 순간 자신의 사고 과정이 정확한 "논리적 사고가 되지 않는" 상태라고 설명한다면, 사실상 그는 논리적으로 사고하는 셈이 된다. 즉, 적어도 자신의 현재 정신 상태를 설명하는 데 있어서만큼은 논리적이라는 말이다.

"나는 어떤 것도 기억할 수 없다" 역시 또 다른 예다. 이 말을 다음과 같은 보다 완전한 진술로 확장해서 자세히 들여다보자. "나는 내가 어떤 것도 기억하지 못한다는 사실을 상기한다." 확실히 "상기하다"와 "기억하지 못한다"는 서로 모순된다. 하지만 "나는 내 어린 시절에 대해 어떤 것도 기억할 수 없다"는 더할 나위 없이 타당한 진술일 것이다.

이와 관련해 2018년 미국 대법원판사 지명자 인사청문회에서 강간 혐의와 관련해 자신을 방어하는 가운데 술자리에서 정신을 잃었는지 아닌지를 상기할 수 없다고 말한 캐버노 판사의 주장 또한 매우 수상쩍어 보인다. "상기하다"와 "정신을 잃다"는 서로 완전히 상충하는 단어일 수 있기 때문이다.

"나는 질과 짐의 혼외정사와 관련하여 결코 어떠한 이야기도 하지 않을 것이다"라는 의견 표명은 터무니없는 진술의 범주에 속할까? 지금까지 우리는 "나는 결코 어떠한 말도 하지 않을 것이다"라는 진술이 말이 되지 않는다고 논해 왔다. 하지만 "나는 질과 짐에 대해 어떠한 이야기도 하지 않을 것이다"라는 진술은 이치에 맞는 발언이다. 반면에 "나는 질과 짐의 혼외정사와 관련해 어떠한 이야기도 하지 않을 것이다"는 모순된다. 혼외정사가 일어나고 있다는 비밀을 화자가 지금 막 누설했기 때문이다.

●

끝으로, "나는 어떤 말도 하고 있지 않다"와는 대조적으로 "나는 아무런 말도 하지 않을 것이다"라는 통속적 선언은 완벽하게 이치에 들어맞는다. 아마도 십중팔구 화자에게 의미를 통하게 하려는 의도는 없었겠지만, 그럼에도 불구하고 이중 부정으로 인해 타당한 진술이 만들어진다. 그렇다면 "나는 더 이상 아무에게 아무런 말도 하지 않을 것이다"는 어떤가?

38 질문을 한다는 것 자체가 무의미한 일인가?

메논의 역설

'헥사카이데카헤드론'이란 무엇인가?

다리가 12쌍도 더 되는 곤충 이름인가? 아니면 마술에 쓰이는 주문? 만약 내가 태양계의 외행성 중 하나라고 답한다면, 당신은 내 말을 믿겠는가? 또는 16면 다면체의 하나라는 소리를 듣는다면, 어떤가? 그럴듯한가?

그럼, 보다 보편적인 질문을 해보자. 질문하는 것이 의미 있는 일인가? 다시 말해, 질문하는 것 자체가 쓸데없는 일은 아닌가?

헥사카이데카헤드론이 무엇이냐는 질문에 당신이 다면체라고 대답한다면, 맞다. 정답이다. 그렇다면 당신은 그 대답이 정답인지를 어떻게 알 수 있는가? 어쩌면 당신은 고등학교에서 고급 기하학을 배웠을지도 모른다. 혹은 헥사카이데카헤드론이 등장하는 케플러의 추측$^{\text{Kepler's conjecture}}$에 대한 내 책을 읽었을지도 모른다. 그것도 아니라면, 전에 그 용어를 어딘가에서 들어 본 적이 있어서, 그게 무엇인지를 알고 있었을지도 모를 일이다. 이 모든 경우라면, 당신은 그 용어의 의미를 물어볼 필요도 없었을 것이다. 이미 정답을 알고 있었기 때문이다.

하지만 만약 당신이 헥사카이데카헤드론이 무엇인지를 지레짐작으로라도 알지 못하는 상황에서, 누군가 당신에게 단순히 "헥사카이데카헤드론은 16면 다면체다"라고 말한다면 어쩌겠는가? 당신이라면 이 정의가 정답인지 아닌지를 어떻게 알아낼 것인가? 만약 누군가 당신에게 "헥사카이데카헤드론은 16개의 선분으로 이루어진 다각형이다"라고 말한다면? 당신이라면 이 정의가 틀린 답이라는 사실을 어떻게 알 수 있겠는가? 알 수 없을 것이다. 따라서, 만약 당신이 이미 정답을 알고 있지 못하다면, 아무리 정답을 당신 귀에 반복해서 읊조린다 해도 그 답이 옳은지를 인지할 수 없을 것이다.

결국 이 모든 것의 핵심은, 당신이 어떤 질문에 대한 답을 알고 있다면 답을 물을 필요가 없다는 것이다. 즉, 당신은 질문을 통해 어떤 것도 배울 수 없다. 또한 만약 당신이 답을 알지 못한다면 정답이 주어진다 하더라도, 당신에게는 그것이 옳은 답인지를 알아챌 수 있는 방법이 없다. 그러므로 질문을 해봐야 소용이 없다는 결론이 나온다.

이 모든 논의는 당연하게도 다음과 같은 질문으로 이어진다. 우리는 과연 우리가 인터넷상에서 접한 정보를 신뢰할 수 있는가? 페이스북에 올라온 가십, 구글 검색으로 찾은 정보, 챗지피티가 제공하는 답변, 미심쩍은 웹사이트들이 전달하는 뉴스가 진짜인지 아니면 가짜인지를 과연 우리는 구분할 수 있는가?

플라톤이 전하는 바에 따르면, 소크라테스가 메논이라는 이름의 한 젊은 장군과 토론을 벌이는 중에 질문을 한다는 것 자체가 무의미한 문제가 아닌가 하는 질문이 제기되었다고 한다. "미덕"이란 무엇인가를 논하면서, 소크라테스는 메논에게 미덕을 정의해보라고 요구한다. 여러 차례 실패를 거듭한 끝에 막 포기하려는 순간, 불현듯 메논에게 1가지 영감이 떠오른다. 그러자 소크라테스와 자신의 입장을 역전시키기라도 하려는 듯, 이번에는 메논이 철학자 소크라테스에게 다음과 같은 질문을 던진다. 소크라테스여, 만약 당신이 미덕이 무엇인지를 이미 알고 있지 못하다면 올바른 답인지 어떻게 알겠습니까?

메논에 따르면 답을 찾는 사상가는 딜레마에 빠지는 법이다. 그는 자신이 아는 것을 찾을 수 없는데, 그가 답을 안다면 그러한 것을 찾을 필요가 없기 때문이다. 또한 그는 자신이 알지 못하는 것을 찾을 수도 없는데, 그가 답을 알지 못한다면 자신이 찾고 있는 것이 무엇인지조차 알 수 없기 때문이다.

해제

메논은 자신의 묘안에 기뻐하며 흡족하다는 듯이 말한다. "소크라테스여, 이제, 이 논쟁은 깔끔하게 정리된 것 같지 않습니까?" 소크라테스는 즉시 대꾸한다. "나는 그렇게 생각하지 않는다오!"

당연하게도, 소크라테스는 동의하지 않는다. 소위 변증법이라고도 불리는 소크라테스 질문법의 특징은 대화 상대가 "진리에 도달"할 때까지 대화를 나눔으로써 진리를 스스로 끌어내도록 하는 것이다. 자신의 방식을 예증하기 위해, 소크라테스는 땅에 기하학적 도형 몇 개를 그린 다음 메논의 무지한 노예 중 하나에게 대화법의 일련의 단계들을 밟아나가도록 유도한다. 마침내 이 무학의 노예는 기하학적 진리를 깨닫는다. 노예는 정답을 미리 알지도 못했고 또 무엇을 질문해야 하는지도 알지 못했다. 그럼에도 불구하고 소크라테스와 노예가 대화를 주고받는 과정에서 올바른 답이 분명해지자 진리가 정확히 그의 뇌리를 강타했다. 결국, 지식이란 경험적 조사가 아닌 논리적 추론을 통해 획득될 수 있으며, 진리는 변증법적 질문 과정을 통해 그 모습을 명확하게 드러낸다.

하지만 이러한 설명 속에는 1가지 중요한 논리적 연결 고리가 빠져 있다. 소크라테스의 주장은 노예가 완전히 무지하지는 않다는 것을 전제로 한다. 노예는 자기 스스로 답을 발견할 수 있을 만큼은 아니지만, 그러나 정답이 나타나면 그것이 옳다는 사실을 알아챌 수 있을 만큼은 안다. 그렇다면, 소크라테스는 그 점에 대해 어떻게 설명하는가?

자, 이제 소크라테스의 말을 들어보자. 소크라테스는 노예가 선험적 지식을 가지고 있다고 말한다. 즉 다른 사람과 마찬가지로, 노예 역시 인간 존재가 지닌 불멸의 영혼에 전해지는 깨달음을 가지고 태어난다. 합리적인 질문이 주어지는 경우, 인간은 필요하다면 언제든 상기 과정을 통해 이 지식을 소환할 수 있다. 그러므로 우리는 이전에 알지 못했던 것을 알게 된다.

부언

소크라테스의 결론은 그다지 설득력 있어 보이지 않는다. 불멸의 영혼과 선험적 지식에 호소하는 건 억지스러운 일이다. 사실, 이러한 결론이 설명을 회피하기 위한 변명거리에 불과하다고 생각한다고 해서 비난받을 일은 아니다. 어쨌거나, 노예가 소위 그 자신의 선험적 지식에만 의지해서 진리를 깨닫게 되었던 것은 아니다. 유도신문으로 노예를 올바른 답으로 인도함으로써 그 안에 잠재되어 있다고 여겨지는 지식을 끌어내기 위해 소크라테스가 "선험적 지식"이라고 명명한 것의 역할을 한 사람은, 다름 아닌 바로 소크라테스 자신이었다.

    토론이 계속됨에 따라 소크라테스는 자기 자신도 자신의 선험적 지식과 상기 이론에 대해 그다지 확신하지는 못하고 있음을 인정한다. 하지만 그가 확신하는 것이 있었으니, 그는 다음과 같이 열렬히 강조한다. "우리가 알지 못하는 무언가를 알아내고자 하는 일이 옳다고 믿는 한 우리는 더 용감하고 더 나은, 그럼으로써 더 활동적인 사람이 될 것이다."

    하지만 그렇게 하려면 대체 어떻게 해야 하는가? 우리는 매일 묻고 또 매일 답을 얻는다. 과연 그 답들을 믿을 수 있는 걸까? 검색 엔진과 미디어, 인공지능 챗봇, 소셜 네트워크는 차치하더라도 친구들과 교사들, 정치인들, 의사들을 믿어도 되는 건가? 메논의 딜레마를 피할 수 있게 해주는 마법과도 같은 방법은 존재하지는 않는다. 결국 우리에게는 이미 증명된 전략들만이 남는다. 즉, 우리가 사용할 수 있는 방법은 답을 비판적으로 검토하고 그 답과 알려진 사실들을 비교해 또 다른 차선의 견해가 없는지를 찾아보고, 전문가들의 의견을 경청하고 조언을 구하며, 역사적으로 신뢰할 만한 출처들에 의지하는 것뿐이다.

•

소크라테스의 선험적 지식 이론은 정작 소크라테스 자신조차 의심한 이론이었음에도 후일 노암 촘스키의 언어 습득 이론으로 부활했다. 이 MIT 언어학자는 다음과 같이 자문한다. 소위 빈 서판과 같은 상태로 태어나는 어린이들이 어떻게 말하는 법을 배울 수 있는 걸까? 또한 성장함에 따라, 어린이들은 어떻게 그들이 경험적으로 알지 못하는 것을 표현하는 법을 배우는 건가? 촘스키는 인간의 언어 능력이 생득적이며 두뇌에 내장되어 있다고 주장한다. 그리고 이러한 견해는 정확히 소크라테스의 선험적 지식 개념을 연상시킨다.[8]

---

[8] 촘스키의 언어 습득 이론이 보편적으로 받아들여지지는 않는다는 점을 지적해야 할 것 같다. 한술 더 떠, 독일 사상가 임마누엘 칸트는 인간이 생득적 수학 능력을 지니고 있다는 관념을 일찌감치 촘스키보다도 훨씬 전에 주장하기도 했다.

39

오직 참인 모든 진리의 입증 불가능성

괴델의 불완전성 정리

1 더하기 2는 3이다. 3 더하기 2는 7이 아니다. 산술의 모든 것이 그렇듯, 이 진술을 증명하기는 쉽다. 정수(… −3, −2, −1, 0, 1, 2, 3…)에 관한 진술은 참 아니면 거짓이며, 참 아니면 거짓으로 언제든 증명될 수 있다. 맞는가?

아니다!

산술 체계 중에는 참이지만 증명할 수 없는 진술들을 포함하는 체계도 존재하는 것으로 밝혀졌다.

구체적으로 설명하기 위해, 수학 체계의 사례가 아닌 영어의 사례를 살펴보도록 하자. "이 진술은 증명할 수 없다"는 선언을 예로 들어 보자. 우리는 이 진술이 사실상 증명 불가능하다는 것을 입증할 수 있는가? 만약 우리가 입증할 수 있다면, 실제로 우리는 모순을 입증하는 셈이다. 다시 말해 우리는 증명 불가능한 진술을 증명하게 되는 것이기 때문에, 그거야말로 불가능한 일이다. 따라서 우리는 이 진술을 증명할 수 없음에 틀림없다. 또한 우리가 그것을 증명할 수 없기 때문에, "이 진술은 증명할 수 없다"라는 진술은 물론 참이다.

이 예는 영어에 참이지만 증명할 수 없는 진술들이 존재할 수 있음을 보여준다. 이 책에서 인용된 다른 몇 가지 역설들에서처럼 문제의 핵심은 자기 지시다. 선언은 "이 진술"을 가리킴으로써 그 자신을 지시하며, 이는 늘 그렇듯 역설을 만들어낸다.

1900년 파리에서 열린 세계 수학 대회에서 당시 세계 최고의 수학자였던 다비트 힐베르트는 일련의 문제들을 제기하면서 다가오는 20세기에는 이 문제들이 반드시 해결되기를 바란다는 희망을 피력했다. 그중 하나가 완전하고 일관된 산술 공리들의 집합을 발견하는 것이었다.

그러기 위해서는 먼저 3가지 개념이 명확하게 정의되어야 한다. 첫째, 공리 집합은 자명하게 참인 진술들의 모음으로, 이들로부터 여타의 참 진술들을 도출할 수 있어야 한다. 둘째, 공리 집합은 일관적이어야 한다. 즉 공리 집합으로 어떤 진술과 그것의 부정 진술 모두를 옳다고 입증할 수는 없다. 이는 정당한 요건이다. 어쨌거나 어떤 진술과 그것의 부정 진술을 동시에 입증할 수 있는 체계란 쓸모가 없을 것이기 때문이다. 셋째, 공리 집합은 완전해야 한다. 즉 모든 참 진술들을 입증할 수 있는 한편 모든 거짓 진술들을 반박할 수 있어야 한다. 법정에서처럼 완전하고 일관된 공리 집합은 모든 진리를, 그리고 오직 참인 진리만을 입증할 수 있어야 한다. 이것이 바로 힐베르트가 산술에 바랐던 것이었다.

애석하게도, 힐베르트가 그의 문제 목록을 발표한 지 30년이 지난 후 누군가가 완전하고 일관된 산술 공리들의 집합을 발견해주기를 바랐던 그의 희망은 완전히 날아가버렸다. 아무도 그러한 집합을 발견하지 못했을 뿐 아니라 문제는 더욱 악화되었다. 1931년, 오스트리아 수학자 쿠르트 괴델은 산술 공리 집합은 완전할 수도 또한 일관될 수도 없다는 것을 증명하는 논문 한 편을 발표했다. 무엇보다 일관된 공리 집합(그러한 체계만이 우리의 유일한 관심사다[9])은 완전할 수 없다. 참인 산술적 진술 모두를 증명하기란 불가능하며 거짓인 산술적 진술 모두를 논박하는 것도 불가능하다. 경악한 수학자들의 당혹스러움에도 불구하고, 그러한 공리들의 토대 위에 세워진 체계는 증명할 수 없는 진리들을 필연적으로 포함하게 될 것이었다.

모든 산술 공리 체계가 내재적으로 불완전하다는 괴델의 증명은 수리 논리학과 수학 철학에도 심대한 영향을 미쳤다. 괴델의 불

---

[9] 괴델은 또 다른 정리, 이른바 두 번째 불완전성의 정리도 증명했다. 이 정리에 따르면, 일관된 체계는 그것이 실제로 일관적이라는 사실을 증명할 수 없다.

완전성 정리가 수학의 토대에 가지는 중요성은 논외로 하더라도, 그 정리는 구체적인 수학적 질문들에까지 영향을 미칠 수 있었다. 이를테면 쌍둥이 소수 추측(둘 다 소수인 n과 n + 2의 쌍둥이 소수 쌍은 무한히 존재한다), 골드바흐의 추론(모든 짝수는 두 소수의 합이다), 리만의 가설(리만 제타 함수의 자명하지 않은 영점들의 실수부는 1/2이다) 같은 정수 이론의 유명한 미해결 문제들이 영향을 받을 수도 있었다. 어쩌면, 우리에게 익숙한 공리 체계로는 이 문제들을 증명하는 것이 불가능한 건 아닐까?

해제

현재로서는 이 역설을 풀 수 있는 해법이 없다. 따라서 불완전성 정리는 앞으로도 꽤 오랫동안 유효할 것 같다. 괴델은 참이지만 증명할 수 없는 진술들이 존재한다고 주장했다. 뿐만 아니라 그러한 진술이 어떤 산술 공리 체계에서 어떻게 생성될 수 있는지도 보여주었다. 그는 소수를 결합하는 복잡한 방법을 사용해 공리와 산술적 진술들을 수치 부호로, 소위 괴델 수*로 "전환하는" 방법을 개발했다. 그는 어떤 수학적 진술이 참인지를 증명하려면 그

---

* 초수학적인 속성을 수학적인 속성으로 변경하기 위해서 괴델이 생각해낸 수

진술의 괴델 수가 진술을 도출하는 데 사용한 공리들의 괴델 수로 인수분해될 수 있는지 아닌지를 입증하기만 하면 된다고 말했다. 그런 다음 괴델은 이 체계를 이용하여 이 장 앞부분에서 인용한 것("이 진술은 증명할 수 없다")과 유사한 자기 지시적 진술을, 즉 비록 참이라 할지라도 이러한 산술 공리 체계에서는 입증할 수도 또 논박할 수도 없는 그러한 진술을 생성해냈다.

그렇다고 해서 이 진술이 모든 공리 체계에서 증명될 수 없다는 의미는 아니다. 진술의 진리를 입증할 수 있는 새로운 공리 체계를 고안해낼 수도 있기 때문이다. 실례로 산술이 아닌 기하학의 예를 들어 보도록 하자. 유클리드 공리 5가지 중 4가지를 통합한 공리 체계로는, "평행선은 결코 교차하지 않는다"는 진술을 증명할 수 없다. 이 진술이 참이라는 사실을 우리가 직관적으로 알고 있다 할지라도, 첫 번째 공리 4가지의 도움만으로는 진술을 입증할 수 없다. 하지만 평행선 공리("직선 L과 L 선상에 위치하지 않은 점 P가 주어졌을 때, P를 지나면서도 L과 평행한 선은 정확히 하나만 존재한다," 또는 달리 말해, "평행선들은 결코 교차하지 않는다")를 추가하는 순간, 진술은 이제 수학적으로도 자명하게 참이 된다.

그러나 괴델이 산술로 보여줬듯이, 문제가 되는 진술을 공리로 추가한 후에도 그 새로운 공리로는 증명할 수 없는 또 다른 참 진술을 언제든 구성해낼 수 있다.

하지만 쌍둥이 소수 추측 같은 정수 이론에서 볼 수 있는 미해

결 추론의 경우에서처럼, 추론은 거짓이 아니라 그저 우리에게 익숙한 공리 체계 내에서 증명될 수 없는 것뿐일 수도 있다. 어쩌면 추가적인 공리나 완전히 다른 공리 체계가 필요한 걸지도 모른다. 많은 수학자는 증거가 불충분한 리만 가설처럼 아직 증명되지 않은 가설에 입각하여 어떤 정리를 증명하곤 한다. 그렇게 함으로써 유클리드가 평행선 공리로 그랬듯 그 가설을 그저 또 하나의 공리로 추가하는 미봉책을 쓴다. 즉 그들은 "리만 가설이 옳다는 가정 하에서만" 성립하는 수학적 증거를 제시한다.

부언

불안으로 신경이 날카로울 독자들을 진정시키기 위해, 소위 선택 공리를 추가한 이른바 체르멜로-프렝켈$^{Zermelo-Fraenkel}$ 집합 이론을 예로 들어 보자. 통상 "ZFC"로 표기되는 체르멜로-프렝켈 집합 이론은 일상생활에 필요한 온갖 평범한 산술 문제들을 증명하기에 충분하다. 그러니, 불완전한 산술 문제로 다리가 붕괴하고 비행기가 추락하거나 엘리베이터 안에 갇힐 걱정은 하지 않아도 된다. 그러나 일부 애매한 추론들은 직관적으로는 당연히 참일 수 있지만, 우리에게 익숙한 ZFC 체계로는 증명 불가능하다.

40

모든 까마귀는 검은색인가?

헴펠의 역설

"태양이 빛나면, 비는 오지 않는다"라는 가설이 있다고 해보자.

엄밀한 논리에 따르면, 이 가설은 소위 그것의 대우 명제인 비가 온다면, 태양은 빛나지 않는다와 동치다. 우리는 "대칭적"이라 알려진 대우 명제를 검증함으로써 가설을 검증할 수도 있고, 가설을 검증함으로써 그 대우 명제를 검증할 수도 있다.

이제 가설을 입증할 수 있는 증거들을 찾아보도록 하자. 월요일에는 태양이 빛났고 비가 오지 않았다. 이는 가설이 옳다는 증거다. 하지만 화요일에는, 비가 왔고 태양은 빛나지 않았다. 이것 역시 가설이 옳다는 증거로 쓰이는 데 아무런 문제가 되지 않는다. 가설의 대우 명제를 입증하는 증거이니, 원래의 가설을 입증할 수 있는 추가적인 증거라 할 수 있기 때문이다. 요약하자면, 화창한 월요일과 비 내린 화요일 모두 원래 가설을 입증하는 증거다. 그렇다, 지금까지는, 좋다.

이번에는 "모든 까마귀는 검은색이다"라는 또 다른 가설이 있다고 가정해보자.

가설과 논리적 동치 관계에 있는 대우 명제는 다음과 같다. 검은색이 아닌 모든 것은 까마귀가 아니다.

다시 한번, 증거를 찾아보도록 하자. 센트럴 파크로 가서 까마귀 한 마리를 발견한다. 검은색이다. 가설을 입증하는 훌륭한 증거다. 빨간색 꽃들이 피어 있는 화단이 눈에 띈다. 꽃들은 검은색이 아니며, 까마귀도 아니다. 이 역시 증거로서 타당하다. 대우 명제를 충족시키기 때문이다. 대우 명제의 증거는 원래 가설의 증거이기도 하다는 점을 기억하자.

요약하면, 검은색 까마귀와 빨간색 꽃 둘 다, 모든 까마귀는 검은색이라는 가설의 증거이다. 그런가?

흐음!

빨간색 꽃을 발견한 것이, 대체 어떻게 모든 까마귀가 검은색이라는 가설의 추가적인 증거가 될 수 있단 말인가?

이번에는 당신의 갈색 신발을 살펴보도록 하자. 신발은 검은색이 아니며, 까마귀도 아니다. 따라서 신발은 대우 명제를 입증하는 증거다(반면에, 비록 당신의 신발이 검은색이라고 할지라도, 그것이 "모든 까마귀는 검은색이다"라는 가설의 확실한 반증이 되지는 못한다). 증거는 더 있다. 당신의 야구모자는 초록색이고, 티셔츠는 파란색이다. 갈색 신발, 초록색 야구모자, 파란색 티셔츠는 모든 까마귀가 검은색이라는 가설을 입증하는 추가적인 증거인가? 엄밀한 논리에 따른다면, 그렇다. 추가 증거다. 하지만 직관에 따른다면, 결코 아니다. 논리 자체는 완벽해 보이지만 우리의 직관과는 부합하지 않는다.

그야말로 역설이다!

•

이 역설은 1945년, 독일 철학자 칼 구스타프 헴펠에 의해 제기되었다. 1930년대 중반에 고국을 떠난 헴펠은 그 후 시카고 대학교와 예일, 프린스턴, 이스라엘 히브리 대학교, 피츠버그 대학교에서 학생들을 가르쳤다. 진술을 입증할 수 있는 증거가 갖추어야 할 요건이란 무엇인지, 또는 가설을 어떻게 확증할 수 있는지에 관한 그의 견해는 한 세대 이상의 과학 철학자들에게 심원한 영향을 미쳤다. 그의 과학철학에 대한 공헌 중 가장 유명한 것이 바로 이 장에서 설명하고 있는, 이른바 까마귀의 역설 또는 입증의 역설이다.

2개의 진술을 P와 Q로, 그것의 부정을 ~P와 ~Q로 나타내보자. 그런 다음, "P는 Q를 수반한다"는 진술은 "P → Q"로 표기하기로 하자. 여기서 P는 전건을 Q는 후건을 의미한다. 두 진술을 역으로 만들어 뒤집으면, 가설의 대우 명제를 얻을 수 있는데, 이는 "Q의 부정은 P의 부정을 수반한다"를 의미하며 "~Q → ~P"로 표기된다. 원래의 가설과 그것의 대우 명제는 동치 관계에 있다. 즉, 이 두 진술은 같은 가설을 다른 형식으로 표현한 것에 불과하다. 따라서 하나가 참이라면, 다른 하나 역시 참이다.

경이로움과 우스꽝스러움은 종이 한 장 차이라는 것을 입증하기라도 하듯, 조류 관찰자는 바깥 날씨를 무릅쓰는 대신에 거실의 안락의자에 앉아서 그저 가구를 관찰하는 것으로 조류학 실습을 할 수도 있다. 마찬가지로 검은색이 아닌 모든 물체가 모든 까마귀가 검은색이라는 가설을 증명하는 데 기여할 수도 있다. 예를 들어, 나무 테이블은 검은색도 아니고 까마귀도 아니다. 노란색 양탄자도, 파란색 알루미늄 책장도, 또 갈색 고리버들 의자도 마찬가지다. 관찰 결과는 모든 까마귀가 검은색이라는 가설을 입증한다. 심지어 더 기묘한 일은, 거실의 가구들이 "모든 까마귀는 자주색이다"라는 가설의 증거이기도 하다는 것이다. (가구들은 자주색도 아니고 까마귀도 아니기 때문이다).

해 제

헴펠은 이 모든 것이 역설적으로 보인다는 것을 알고 있었다. 하지만 여전히 확고했다. 그는 잘못된 것은 직관이지, 논리에는 아무런 문제가 없다고 주장했다. 실제로 관찰을 통해 발견한, 까마귀가 아닌 검정색 물체 하나하나는 별거 없이 하찮고 사소할지라도 모든 까마귀가 검정색이라는 가설이 옳다는 것을 보여주는 증거다.

비록 아무리 많을지라도, 증거가 곧 증명인 것은 아니다. "모든 까마귀는 검은색이다"와 같은 일반적인 진술을 입증하는 것은 불가능하다고 말한 사람은 다름 아닌 철학자 칼 포퍼였다. 그에 따르면 누군가가 아무리 많은 검정색 까마귀를 관찰한다 할지라도, "모든 까마귀는 검정색이다"라는 가설이 참이라고 말할 수는 없다, 왜냐하면 (그다음 순간) 하얀색 알비노 까마귀가 느닷없이 하늘에 나타날 수도 있기 때문이다. 그러므로 우리가 할 수 있는 유일한 일은 검은색이 아닌 단 한 마리의 까마귀를 발견해서 가설에 이의를 제기하는 것뿐이다.[10] 그 단 한 마리가 가설을 결정적으로 반박하게 될 것이다. 그러므로, 진리를 추구하는 사람이라면 가설

---

[10] 과학적 가설이 언제든 증거에 의해 반박될 수 있다는 사실을 반증 가능성이라 부른다. 반면에, 종교적 신념과 이데올로기적 도그마는 반증 불가능하며, 따라서 과학이 아니다.

의 거짓을 입증하는 일에 매진해야 한다. 만약 진지하게 시도했음에도 가설을 논박할 어떠한 증거도 발견할 수 없다면, 그 가설은 틀리지 않을 수도 있다. 하지만 가설이 명백히 참이라고는 말할 수 없다.

블레츨리 파크Bletchley Park에서 앨런 튜링과 함께 암호화된 나치 메시지를 해독하는 데 일조하기도 했던 어빙 존 굿Irving John Good은, 한술 더 떠서 검은색 까마귀를 발견하는 일조차 가설을 입증하는 데 필수적인 증거는 아니라고 논했다. 그러면서 다음과 같은 하나의 예를 들었다. 새들이 사는 2개의 세계가 있다. A 세계는 핀치새 950마리와 검은색 까마귀 50마리가 살고 있으며, B 세계는 핀치새 50마리와 검은색 까마귀 949마리와 하얀색 까마귀 1마리가 살고 있다. 한 관찰자가 새 한 마리를 발견한다. 자세히 살펴보니 검은색 까마귀다. 그렇다면 이 까마귀는 어느 세계에 사는 걸까?

조건부 확률에 관한 베이즈 정리에 따르면, 까마귀는 아마도 B 세계에 사는 새일 가능성이 크다(왜냐하면 B 세계에는 949마리의 까마귀가 사는 데 반해, A 세계에는 단 50마리만 살기 때문이다). 실제로 까마귀가 B 세계에 살고 있을 확률은 95%이다. 하지만 여기에는 고려해야 할 결정적인 사실이 1가지 더 있다. B 세계에는 하얀색 까마귀도 한 마리 살고 있다는 사실을 기억하자. 그러므로, 조류 관찰자가 발견한 검은색 까마귀 한 마리는 그 까마귀의 세계에서조차 모든 까마귀가 검은색은 아니라는 증거다.

부언

베이즈 정리에 따르면, 누군가가 검은색 까마귀를 발견했을 때 그 까마귀가 B 세계에 살고 있을 확률을 계산하는 방법은 다음과 같다.

$$P(B \text{ 세계} \mid \text{검은색 까마귀}) =$$
$$P(\text{검은색 까마귀} \mid B \text{ 세계}) \times P(B \text{ 세계}) / P(\text{검은색 까마귀})$$
$$= (949/1{,}000) \times \frac{1}{2} / (999/2{,}000) = 0.9499$$

신앙에 대한 몇 가지 질문들
놓치기 쉬운 경전의 구절들

신자든 불신자든, 성자든 죄인이든, 교리와 관련해 모두 혼란스럽기는 마찬가지다. 교리를 숙고하다 보면, 심지어 반드시 따라야 하는 계명 중에도 역설이 있음을 알게 된다.

41

주 하느님의 이름으로 명하노니

제 3계명

성서의 제 3계명(유대교 셈법으로는 제 3계명이지만, 가톨릭교회의 교리에 따르면 제 2계명)은 "주 하느님의 이름을 함부로 부르지 마라"고 명한다. 그리하면 벌이 내려질 것인데, "주님은 그의 이름을 함부로 부르는 이를 죄 없다 여기지 않을 것이기 때문이다."

바로 이 지점에서 까다로운 질문이 제기된다. "그렇다면 무엇이라고 부를 때 함부로 부르는 것이 되는가? 다시 말해, 정확히 어떤 이름으로 부르지 말아야 하는가?" 인간에게는 그 이름을 말하는 것이 허락되지 않는다. 그러면 무지한 인간에게 그 이름을 사용하지 말라고 어떻게 가르칠 수 있다는 말인가?

불가능한 일이 아닐 수 없다!

신이 몸과 형상을 지니지 않고, 우상 숭배가 금지된 상황에서

신에 대한 경외감은 신의 이름을 두려워하고 그의 이름을 말하는 행위를 엄격하게 제한하는 것으로 표현된다. 신성모독은 유대교도가 범할 수 있는 가장 사악한 죄 중 하나라고 여겨진다.

하지만 신성모독의 경우에만 금지된 호칭을 입 밖으로 내는 것은 아니다. 누군가에게 모욕을 주거나 저주를 퍼부을 때도 신의 이름은 소환되고 더럽혀진다. 그리고 물론 이 또한 엄격히 금지된다. 맹세와 서약을 하는 경우도 마찬가지다. 맹세와 서약은 다른 어떤 존재나 대상의 이름이 아닌 항상 신의 이름으로 행해진다. 거짓 증언(9번째 계명에 의해 금지된다)뿐 아니라 불필요한 맹세도 금지된다는 것에 주목하자. 그 역시 신의 이름을 함부로 부르게 만들 것이기 때문이다.

그러므로 한편으로는 신의 이름을 함부로 부르지 말아야 하지만, 다른 한편으로 맹세하고 증언을 해야 하는 경우라면 신의 이름으로 그렇게 해야만 한다.

하지만 무엇을 말하면 안 되는지를 모르는데, 어떻게 무지한 인간들이 행여 실수로라도 그 이름을 발음하지 못하게 할 수 있는가? 만약 유대인이라면 무엇을 말하는지를 안다고 그저 당연시될지도 모른다. 하지만 아무도 그들에게 그 이름의 철자까지 정확하게 알려주지는 않을 것이다.

그야말로 모순이 아닐 수 없다!

문제는 우리가 다시 한 번 자기 지시의 사례, 즉 주체가 자신을 배제하기 위해 자기 자신을 가리키는 진술과 마주하고 있다는 것이다. 러셀의 "자기 자신을 원소로 하지 않는 모든 집합의 집합"[11]부터 그루초 마르크스Groucho Marx의 "나는 내가 구성원이 아닌 어떠한 클럽에도 속하고 싶지 않다"는 진술과 자기 자신을 면도하지 않는 모든 사람을 면도하는 이발사에 이르기까지 철학에서 우리가 흔히 보듯이, 자기 지시는 역설을 낳는다.

말해서는 안 되는 이름을 말하는 경우도 마찬가지다. 히브리어 문자로 된 성서와 기도서에서 신의 이름은 소위 테트라그라마톤Tetragrammaton(히브리어로 신을 나타내는 4개의 글자)을 사용해서 통상 "YHWH"로 표기된다(왼쪽에서 오른쪽으로 Yod(요드), Heh(헤), Wav(바브), Heh(헤)로 발음한다). 신의 이름은 오직 대제사장만이, 그것도 유대력으로 가장 성스러운 날인 욤 키푸르Yom Kippur, 이른바 속죄일 단 하루에만 말할 수 있도록 허락되었다.

정통 유대교도들은 금지된 이름을 다른 단어로 대체해 부름으로써 조심스레 어려움을 우회해왔다. 유대교 전례에서 테트라그라마톤을 만날 때면, 예컨대 성서를 낭독하거나 기도문을 읊조릴 때 혹은 그저 누군가의 행운 또는 악운을 빌 때면, 회중은 신의 이름을 "아도나이Adonai(우리 주)" "엘로힘Elohim(신)" "샤다이Shaddai(전능하신 분)"로 바꿔 부르거나 이 모든 것을 가리키는 이름인 "하셈

---

[11] 그러한 집합은 그것이 원소가 아닌 경우, 오직 그 경우에만 원소다.

^HaShem^(그 이름)"이라고 부른다. 하지만 그것조차 신에게 너무 다가갔다는 생각에 편치 않을 수 있다. 그래서인지 많은 신자는 "하셈" 대신 "하"라고만 부르기도 한다. (영어로 테트라그라마톤은 대부분 "우리 주"로 번역된다.)

해제

저주와 욕설은 어쨌거나 금기시되는 것이니 논외로 하자. 그럼, 불경스러운 소리를 내뱉는 사람들은 어떤가? 그들을 재판해 처벌받게 하려면 어떻게 해야 하는가?

성서 시대에 신성모독에 대한 형벌은 사형이었다. 하지만 유대인 신성모독자에게 사형 선고를 내리기 위해서는 그가 신의 이름을 말하는 것을 들은 증인이 그 사실을 증언할 수 있어야만 했다. 따라서 법정은 딜레마에 봉착할 수밖에 없었다. 한편으로 판사는 증인이 들었던 바를 묘사하는 것을 들어야 했지만, 다른 한편으로는 증인이라 하더라도 신의 이름을 말하는 것은 금지되어 있었다. 그렇다면 대체 어떻게 재판을 진행할 수 있었던 걸까?

랍비들은 자신이 처한 딜레마, 아니 정확히 말하면 역설을 피할 수 없었다. 이 현자들이 할 수 있었던 일은 가능한 한 부수적 피해를 줄이는 것뿐이었다. 이 사형에 처할 만한 죄악의 여파를 줄이기 위해 그들은 정교한 절차를 고안해냈다. 증인에 대한 심문이 진행되는 동안, 신의 이름이 언급되어야 할 때마다 "요시"라는 흔한 이름이 대신 사용되었다. 잠깐은 괜찮았지만, 더 이상 어떤 식으로든 빠져나갈 수 없는 순간이 왔다. 어쨌든 증인이 자신이 들은 바를 말로 되풀이해야 했기 때문이다. 재판에서 극적이고 가장 흥미진진한 순간이었다. 판사와 증인을 제외한 모든 사람이 재판정 밖으로 내보내졌다. 그런 다음 판사는 증인에게 그가 들은 바를 있는 그대로 반복하라고 요구했다. 증인이 신성한 테트라그마톤을 입 밖으로 내뱉자마자, 판사는 충격과 비애를 이기지 못하고 자신의 옷을 찢었고 그렇게 신성모독자의 운명은 결정되었다.

끔찍한 결과를 맞을 걸 알면서도, 신성모독은 시간이 지나면서 널리 확산했다. 그러자 지금으로부터 약 1,800년 전 사람이었던 현자 랍비 히야는 다음과 같은 포고령을 내리면서 옷을 찢는 기괴한 전통을 중단시켰다. "오늘날에는 신의 이름이 모욕당하는 것을 듣는다고 해서 더 이상 옷을 찢을 필요는 없다. 그럴 때마다 옷을 찢는다면, 옷이 아니라 넝마를 걸치고 다녀야 할 것이기 때문이다."[12]

---

[12] The Talmud, Sanhedrin 60a.

부언

모세가 불타는 덤불을 만났을 때 신께 이름을 묻자, 신은 대답했다. "에흐예 아쉐르 에흐예$^{Eheye\ asher\ eheye}$." 영어로 통상 "나는 곧 나다(I am what I am)"라고 번역되지만, 히브리어 동사 활용에서 현재와 미래 시제가 같다는 것을 감안하면 존재를 의미하는 "~이다"를 다음과 같이 옮기는 것도 가능하다. "나는 내가 되고자 하는 바로 그것이다(I will be what I will be)."

동어반복적 대답이 그다지 유용하지 않은 것은 차치하더라도 문장의 정확한 발음조차 의견이 분분하다. 히브리어 원본에는 오직 자음들만 적혀 있기 때문이다. 이스라엘인들이 구어에서 어떤 모음을 사용했는지도 훨씬 뒤에 유대인 서기들에 의해 추정되었을 뿐이다. 따라서 현재로서는 "나는 나다"라는 신의 말을 원래 정확히 어떻게 발음했는지 알지 못한다. 남아 있는 것은 4개의 자음이 전부이며, 학자들은 그것이 "~이다"라는 동사의 1인칭 단수 혹은 3인칭 단수의 현재시제일 수도 또 과거시제나 미래시제를 가리키는 것일 수도 있다고 미루어 짐작하고 있다.

◆

모름지기 언론인이라면 결코 인종차별적 발언(예를 들어, 흑인을 칭하는 말 중 하나인 n-word*)을 해서는 안 되며, 상류사회에 초대 받은 손님이라면 결코 욕설을 입에 올려서는 안 된다. 그렇다면 6살짜리 아이에게 어른이 돼서 어떤 단어를 사용하면 안 되는지를 대체 어떻게 설명할 수 있는가?

* 흑인을 칭하는 말 중 하나로 깜둥이^{nigger}를 대신해서 조금 순화해 쓰는 말

42

들어올리기에는 너무 무거운 돌

전능의 역설

전능한 존재라면, 그 자신이 들어 올릴 수 없을 정도로 무거운 돌도 창조할 수 있는가?

전능한 존재는 원과 면적이 같은 정사각형을 만들어 낼 수 있는가?

그 존재는 2 더하기 2를 5로 만들 수 있는가?

전능한 신은 죄를 범하거나 거짓말을 할 수 있는가?

전능한 존재라면, 어떤 것이든 심지어 그 자신이 들어 올릴 수 없을 정도로 무거운 돌이라 하더라도 창조할 수 있어야 한다. 또한 전능한 존재라면, 비록 그 자신이 들어 올릴 수 없을 정도로 무거운 돌을 포함해 모든 것을 들어 올릴 수 있어야만 한다. 이거야말로 악순환이 아닐 수 없다.

원을 정사각형으로 만든다는 것은, 직선 자와 컴퍼스만을 이용하여 원과 표면적이 같은 사각형을 그릴 수 있는 기하학적 절차를 고안해낸다는 말과 같다. 하지만 애석하게도, 그러한 절차는 존재하지 않는다. 왜냐하면 그 절차가 숫자 파이(π)를 포함하는 어떤 것을 작도해야 함을 의미할 것이기 때문이다. π는 초월수이므로 직선 자와 컴퍼스로 이를 완성하기란 불가능하다. 실제로 "원과 면적이 같은 정사각형을 만든다"는 구절은 실현 불가능한 어떤 것을 가리키기 위해 사용되곤 한다. 어쨌거나, 그렇다면 전능한 존재는 기하학적 도구로 초월수를 작도할 수 있는가?

다음으로. 수상쩍은 무언가를 피웠다거나 취한 상태에서 2 더하기 2가 5가 되는 수 체계를 만드는 상상을 해볼 수도 있다. 그러한 수 체계의 불합리성은 조지 오웰의 디스토피아 소설 『1984』에 등장하는 빅 브라더를 통해 잘 드러난다. 실제로 오웰의 "영국식 사회주의"에 따르면, "전쟁은 곧 평화"고 "2 더하기 2는 5"다. 하지만 빅 브라더는 잊자. 전능한 존재는 2 더하기 2가 5가 되게 할 수 있는가?

끝으로 1가지 예를 더 들어보자. 신들이 인간과 마찬가지로 죄를 범할 수 있는 그리스 신화와는 다르게 아브라함 계통의 종교들에서 신은 전능하고 무한히 선한 존재로 그려진다. 그렇다면, 전능한 유일신도 거짓말을 할 수 있는가? 신 역시 악할 수 있는가? 신도 죄를 범할 수 있는가?

아니, 아니다. 신은 절대 그럴 수 없다.

동일한 역설에서 파생하는 또 다른 악명 높은 난제는, 저항할 수 없을 정도로 압도적인 힘을 가진 존재가 움직일 수 없는 부동의 물체를 만나면 어떤 일이 생기는가?라는 것이다. 이것 외에도 비슷한 문제를 더 많이 제기할 수 있다. 그러나 어떤 문제든 전능하지만 상황에 따라 제한된 능력만을 발휘할 수 있는, 따라서 전능하지 않은 존재라는 역설과 맞닥뜨리게 된다는 사실에는 변함이 없다.

이 질문들, 그리고 이와 비슷한 많은 질문은 중세 이래로 종교학자들을 중심으로 논의되어왔으며 대표적인 인물로는 이슬람 법학자 아베로에스, 유대계 의사 마이모니데스, 가톨릭 사제 토마스 아퀴나스를 들 수 있다.

이러한 맥락에서 다양한 종교의 신봉자들이 끊임없이 논의해 온 문제 중 하나는 전능한 존재가 하나 이상 존재할 수 있느냐 없느냐다. 확실한 것은, 없다가 정답이라는 점이다. 전능한 존재란, 있다 한들 기껏해야 하나만 존재할 수 있을 뿐이다. 하나 이상 존재한다면 각각은 다른 존재에 의해 그 행동이 좌절될 수도 있으며, 그럼으로써 전능하지 못하게 될 것이다. 사실 이러한 통찰은 경쟁 상황에 놓인 종교들을 화해시키는 계기가 될 수 있다. 전능한 존재가 하나만 존재한다는 말은 유대교의 엘로힘^{Elohim}과 이슬람의 알라, 그리고 기독교의 하느님이 비록 다른 이름으로 불리기는 하지만 완전히 같은 존재임에 틀림없을 것이기 때문이다.

해제

일반적으로 신이라 불리는 전능한 존재는 실로 어떤 일이든 할 수 있다. 이는 바로 종교학자들이 통상적으로 고수하는 교의이자 전능이라는 단어의 정의이기도 하다. "전"은 모두를, "능"은 강력한 힘을 의미한다. 하지만 말로 표현할 수 있는 모든 것이 존재하는 것은 아니다. 회의론자들, 심지어 종교적 회의론자들도 전능한 존재가 모든 것, 즉 우리가 말로 나타낼 수 있는 정말로 모든 것을 행할 수 있어야만 전능한 것인지에 의문을 제기해왔다. 그리고 이러한 문제 제기는 전능의 역설을 의미론적 문제로 축소하게 될 것이다.

철학자들은 전능과 논리가 절대로 양립 불가능하다고 지적한다. P와 ~P가 동시에 참일 수는 없다. 따라서 P와 ~P를 모두 행할 수 있는 능력인 전능은 철학자들이 보기에 부조리까지는 아니더라도 상상조차 할 수 없는 일이다.

그 결과, 일부 회의적인 사람 중에는 전능이라는 용어를 논리적으로 가능한 행위들만을 가리키는 것으로 한정해야 한다고 주장하는 경우도 있었다. 그들에 따르면 전능한 존재란 실제로 어떠한 것이든 할 수 있지만, 논리적 규칙을 어기지 않는 한도 안에서만 그러하다. 그러므로 원과 면적이 같은 정사각형을 만들고, 2 더하기 2를 5로 만들며, P와 ~P를 동시에 가능하게 하는 것은 논외의 문제이다.

강경한 신자들은 논리, 자연, 실재가 반드시 일치할 필요는 없다고 반박한다. 전능한 존재인 신은 우주뿐만 아니라 우리를 비롯한 우주 안의 모든 것을 창조했다. 그러니 우리가 아는 바대로의 논리적 규칙 또한 신의 창조물이다. 따라서 신이 원한다면 언제든 그 규칙은 바뀔 수 있다.

합리적인 신자(모순어법을 사용한 점은 양해해 주기 바란다)들은 전능한 존재가 논리적으로 가능한 일이라면 어떤 것이든 할 수 있지만, 신이라 할지라도 논리적으로 부조리한 일을 할 수는 없다는 생각을 공통적으로 가지고 있는 것처럼 보인다. 이는 7세기 전 유대교 현자 레비 벤 게르손의 견해이기도 했다. 그는 기적을 행할 수 있는 신의 능력이, 그것이 무엇이든 자연에 존재할 수 있는 것들로 한정된다고 믿었다. 예를 들어, 신이 모세의 지팡이를 뱀으로 바꾸는 것은 아주 자연스러운 일이었다. 뱀이 자연에 존재하는 동물이기 때문이다. 하지만 신이라도 처음부터 자연에 존재할 수 없었던 어떤 것을 만들어내지는 못한다고 여겼다.

반대로 합리적 회의론자들, 이른바 현대의 무신론자들은 다른 결론에 도달한다. 그들은 역설이 전능한 존재 자체가 존재할 수 없는 분명한 증거라고 주장한다.

부언

적어도 1가지 점에서는 죽을 수밖에 없는 운명을 지닌 인간이 전능한 존재보다 더 뛰어나다. 제한적인 능력을 지닌 존재인 인간은 자신의 다리를 절단할 수는 있지만 그럴 경우 걸을 수 없으며, 이빨을 뽑을 수는 있으나 이빨이 없는 관계로 씹을 수 없으며, 코를 틀어막을 수는 있으나 그럴 경우 냄새를 맡을 수 없다. 여기서 핵심어는 할 수 없다는 것이다. 반면에 전능한 존재라면 자기 자신을 걷지 못하게 하거나 씹지 못하게 하거나 냄새 맡지 못하게 하는 일, 다시 말해 무언가를 할 수 없게 만들 수도 있는 그 어떠한 일도 자신에게 할 수 없어야만 한다. 역설적이게도, 전능한 존재는 정의상 제한적인 능력을 지닌 존재가 된다.

•

이 역설과 관련해 전능한 존재라면 자신이 들어 올릴 수 없을 정도로 무거운 그 돌을 들어 올릴 수 있는 자신의 능력을 일시적으로 제거한 다음, 다시 능력을 회복시킬 수 있다고 명기하자는 해법이 제시되기도 했다. 하지만 이러한 임시방편도 처음의 질문을 다음과 같이 바꿔 묻는다면 아무런 소용이 없다. "전능한 존재라면, 자신이 결코 들어 올릴 수 없을 정도로 무거운 돌도 창조할 수 있는가?"

43

부를 축적하라 그러나 부를 향유하지는 말라

금욕주의의 역설

예수는 평상 수훈^{the Sermon on the Plain}에서 "부자에게 화가 미칠지니(Woe to you who are rich)"라고 설교하면서 검소함을 옹호하고 사치에 반대했다. 사치를 멀리하는 검소한 생활방식은 가톨릭 수도원과 수녀원에서 정점을 찍었는데, 그곳에서 수사와 수녀들은 일체의 부를 포기하고 가난한 삶을 살았다. 금욕주의가 유행했고, 사치와 쾌락이 사라졌다.

하지만 북유럽을 중심으로 종교개혁이 이루어지면서 부는 더 이상 조롱거리가 아니었다. 부를 추구하는 것은 오히려 근사한 일이 되었다. 개신교도, 특히 칼뱅교도들은 소위 프로테스탄트 노동 윤리에 따라 고된 노동과 규율, 근면과 시간 엄수, 성실함과 신뢰성을 옹호하는 가운데 생계 벌이와 부의 축적을 삶의 목표로 삼았다. 어떤 일을 하도록 예정되어 있건, 예컨대 기업을 운영하든, 구두를 수선하든, 아니면 음식점에서 음식을 나르든 간에 그 일을 하는 것이 곧 신의 부름을 따르는 것이었다. 그러한 삶의 태도가 자본주의 탄생을 가져왔다.[13]

개신교가 가톨릭으로부터 물려받은 기본적인 특징 상당수는 지금까지도 여전히 미덕으로 여겨진다. 검소함과 절약은 옹호되는 반면, 사치품에 방탕하게 돈을 낭비하는 모습은 불쾌감을 불러일으킨다. 그리고 이러한 이미지는 수 세기 동안 지속되어왔다.

하지만 잠시 기다려보라! 부의 축적과 검소함이 대체 어떻게 공존할 수 있다는 말인가? 신을 경외하는 사람들은 부를 축적하기 위해 근면하게 열심히 일해야 한다. 하지만 한편으로 그들은 검소하게 절약함으로써 자신의 부를 낭비해서는 안 된다. 즉, 생계 벌이를 위해 땀 흘려 열심히 일해야 하면서도 그렇게 힘들여 번 돈을 헛되이 낭비해서는 안 된다. 자기 절제는 미덕이며, 개인적인 사치품에 돈을 낭비하는 것은 죄악이다.

그렇다면, 긁어모은 부를 가지고 무엇을 해야 하는가? 쌓아두기만 해도 되는가? 아니면 거저 나눠주어야 하나? 수양과 금욕, 온갖 탐닉의 자제를 주장한다면 애초에 부를 쌓을 이유가 있는

---

[13] 자본주의의 기원을 추적해온 역사학자 중에는 자본주의가 15세기의 베네치아, 피렌체 플랑드르의 상업 중심지에서 뿌리내리기 시작했다고 주장한다.

가? 그야말로 역설이다.

아우구스티누스 수도회, 프란체스코 수도회, 도미니크 수도회, 카르멜 수도회 같은 가톨릭 탁발 수도회 수사들은 노동하는 가난한 삶의 방식을 추구한다. 개인의 소유는 인정되지 않으며, 수사들은 육체노동의 대가나 기부금, 자선 물품으로 생계를 꾸려간다. 종교개혁의 주역이기도 했던 아우구스티누스 수도회의 수사 마르틴 루터의 가르침을 시작으로 노동은 신에 대한 의무이자 개인과 전체로서의 사회 모두를 이롭게 하는 것이라 여겨졌다.

4세기 후, 독일의 정치 철학자이자 사회학자인 막스 베버는 개신교와 자본주의의 출현 사이에 긴밀한 연관성이 있음을 지적한 최초의 인물 중 하나였다. 그의 독창적인 저서 『프로테스탄트 윤리와 자본주의 정신』에서 베버는, 개신교도들이 직업과 무역에 종사하거나 사업을 발전시키는 것을 종교적 의무로 여겼다는 점에 주목했다. 충실한 신자였던 그들은 이러한 일이 신이 자신들에게 부여한 소명이라 믿었기에 가능한 한 열정적으로 이를 수행해야 했다. 동시에 최소한의 생필품을 제외한 어떤 것에도 돈을 낭비하는 행동은 금지되었다. 매일매일 부지런히 일하면서도 돈은 쓰지 않는 사람들이, 결과적으로 부를 축적하게 된다는 것은 너무도 당연한 이치다. 이 개신교 신자들이 고수하던 성격적 특징들은 부를 낳을 수밖에 없었다.[14]

하지만 종교가 자본주의 발전의 유일한 요인은 아니었다. 베버의 이론에 따르면, 종교적 세계관은 퇴색했지만, 프로테스탄트 윤리는 여전히 "자본주의 정신"으로 남아 있다. 벤저민 프랭클린이 좋은 사례다. 미국 건국의 아버지 중 한 사람인 그는 신앙이라는 이러한 이상에 기반하지 않았음에도 검소와 절약을 중시하고 열심히 일할 것을 강조했다.

해제

이처럼 새로운 방식으로 부를 축적한 사람들이 불쌍하고 가난한 사람들에게 남는 돈을 기부하면 되지 않겠느냐는 생각이 들 수도 있다. 하지만 그래서는 안 된다. 자선은 눈살을 찌푸리게 만든다. 빈곤이 게으름의 결과라고 여겨지기 때문이다. 자선을 베푸는 행동은 구걸을 부추기고, 구걸을 일삼는 가난뱅이들은 타인에게 짐이 될 뿐이니, 이는 결과적으로 신을 모욕하는 것과 같다. 일하지 않는 사람은 신에게 영광을 돌리지 못한다.

그 결과, 개신교도들과 자본가들은 돈이 많지만, 그 돈을 낭비해서는 안 된다는 딜레마에 봉착하게 된다. 베버에 따르면 이 딜레마를 해결할 수 있는 방법은 부를 투자하는 것뿐이다. 하지만

---

14 54장에서 살펴보게 될 맨더빌Mandeville의 역설 또한 참조하라.

어디에 투자해야 하는가? 교리에서 금지하는 보석이나 요트, 휴가여행, 또는 갖가지 사치품이 아닌 것은 확실하다. 그럴 바에는 차라리 더 많은 부를 창출할 수 있는 수단, 예를 들어 공장과 기간시설에 투자하는 것이 좋을 것이다. 그리고 이러한 노력으로 얻어진 이익은 또다시 재투자되어 훨씬 더 많을 부를 창출하는 데 쓰여야 한다. 전형적인 자본주의가 탄생하는 순간이었다.

부언

카를 마르크스는 종교와 같은 인간의 제도가 그 시대의 경제적 조건에 부합하는 형태로 진화한다고 주장했다. 그러나 베버는 『프로테스탄트 윤리』와 자본주의 정신에서 정반대의 주장을 펼쳤다. 즉, 종교야말로 자본주의를 성장시킨 결정적 동력이라고 이야기한다.

44

도둑질을 허하노라

산상 수훈

모세가 시나이 산^{Mount Sinai}에서 건네받은 10계명은 2개의 석판에 쓰였다. 첫 번째 석판에는 하느님의 신성함, 안식일, 부모를 공경해야 할 필요성을 명하는 5개의 계명이 적혀 있었다. 그리고 6계명부터 시작하는 두 번째 석판에는 사회 구성원들이 지나치게 많은 분쟁에 휩쓸리지 않으며 조화롭게 살아갈 수 있도록 해주는 율법들이 나열되어 있었는데, 그 구체적인 내용은 다음과 같다:

6) 너희는 살인하지 말라
7) 너희는 간음하지 말라
8) 너희는 도둑질하지 말라
9) 너희는 거짓으로 증언하지 말라

10) 너희는 네 이웃의 집, 아내 등을 탐하지 말라

모세가 석판을 건네받은 지 약 12세기가 흐른 시점에, 나사렛 예수는 갈릴리 호수$^{Sea\ of\ Galilee}$ 인근 지역을 돌아다니면서 율법을 설교하고 병자를 고치며 기적을 행했다. 마태복음이 전하는 바에 따르면, 하루는 예수가 오늘날의 이스라엘 북부에 위치한 한 언덕 위에서 모세의 10계명에 대해 설교하기로 했다. 소문이 퍼지자 군중이 모여들었다.

청중의 의심을 풀어주기라도 하듯, 예수는 하느님의 말씀을 각색하거나 하지 않을 것이며 그저 율법을 반복해서 설명하겠다고 청중을 안심시켰다. 그러면서 다음과 같이 말했다. "너희는 살인하지 말라" "간음하지 말라" "이혼한 여자와 혼인하는 자는 누구든 간음을 범하는 것이다" "맹세를 어기지 말라" "만약 누군가 너의 오른쪽 뺨을 때린다면, 그에게 다른 쪽 뺨도 내주어라" "원수를 사랑하라" "가난한 이들에게 베풀라" "기도하라" "금식하라" "근심하지 말라" "심판하지 말라"

이러저러한 얘기들을 들려주면서, 예수는 무한한 지혜의 하느님이 두 번째 석판에 새겨주신 모든 말씀을 자세히 설명했다. 그러고도 한참을 더 얘기했다.

그렇다면, 예수는 석판에 새겨진 모든 말씀을 다 설명했는가?

아니, 모두 다는 아니었다. 1가지 눈에 띄는 누락이 존재했으니, 예수는 "너희는 도둑질하지 말라"라는 말을 한 번도 언급하지 않았다.

예수는 이 제 8계명이 생각나지 않았던 걸까? 아니면 생각은 났지만, 애써 그 생각을 밀쳐놓고 도둑질을 너그럽게 봐주기로 한 걸까? 도둑질에 대한 언급은 예수가 도둑이 훔쳐 갈 수도 있으니 부를 축적하는 것은 무의미하다고 지적할 때만 등장한다. 예수는 강도를 비난하는 것이 아니라 피해자를 나무라며 고소하다는 듯이 다음과 같이 말한다. "너희는 자신을 위해 보물을 땅에 쌓아두지 말라. 땅에서는 좀과 해충이 망가뜨리고 도둑들이 뚫고 들어와 훔쳐 간다."

사실, 다른 곳들에서 예수는 도둑질을 살인, 간음, 성적 악행, 거짓 증언, 비방에 대한 생각과 함께 사악한 생각(마태복음 5:19)의 하나로 포함시켰다. 그리고 한 남자가 어떤 계명을 지켜야만 하는지를 묻자, 예수는 다음과 같이 답하기도 했다. "너희는 살인하지 말라, 너희는 간음하지 말라, 너희는 도둑질하지 말라, 너희는 거짓으로 증언하지 말며, 너희의 아버지와 어머니를 공경하고, 네 이웃을 네 자신처럼 사랑하라."(마태복음 5:18-19) 하지만 이 말들은 부연설명인 듯 보인다. 율법에 대한 강의로 상당한 기대를 모았던 가장 중요한 산상 수훈 Sermon on the Mount 에서는 도둑질에 대한 아무런 언급도 없었다.

이것이 단 한 번의 누락이 아니었다는 점에 유의하자. 산상 수

훈의 속편 격인, 소위 평상 수훈(누가복음 6)에서도 예수는 도둑질을 범죄로 언급하지 않았다. 그에 대해서는 한마디도 찾을 수 없다.

예수가 갈릴리 지방을 떠돌기 훨씬 오래전부터 도둑질은 범죄로 여겨져 왔다. 이를테면, 바빌로니아인들에게는 함무라비(기원전 18세기에)가, 유대인들에게는 모세(기원전 14세기에)가, 그리스인들에게는 솔론^{Solon}(기원전 7세기에)이, 중국인들에게는 공자(기원전 6세기에)가, 로마인들에게는 데쳄비리^{Decemviri}(기원전 5세기에)가, 인도인들에게는 카우틸랴^{Kautilya}(기원전 5세기에)가 법전을 만들어준 이래로 도둑질은 범죄가 아닌 적이 없었다.

실제로 20세기에 간음이 모든 곳에서 더 이상 불법적인 성행위로 여겨지지 않을 때까지 살인, 도둑질, 간음이라는 3가지 중범죄는 모든 문화권의 모든 법전에서 계속해서 중요하게 다루어졌다.

해 제

하지만 도둑질이 범죄 목록에서 확실하게 누락되었다는 사실과 예수의 가르침 사이에는 어떤 뚜렷한 일관성이 존재한다. 보다 정확히 말하자면 10계명에 대한 논의를 시작하기 전에 예수는 서두에서 자신의 견해를 명확히 밝혔다. 그는 "마음이 가난한 자는 복이 있나니"라고 선포하면서 "애통해하는 자, 온유한 자, 배고프고 목마른 자…"에 대해 언급했다. 평상 수훈에서도 가난한 자, 굶주린 자, 배고픈 자, 눈물 흘리는 자, 미움받는 자에게 복이 있다고 재차 선언했다. 어쩌면 이 서론 격의 선언이 도둑질을 범죄 목록에서 누락시킨 이유를 이해할 수 있는 중요한 실마리가 될지도 모른다.

가난을 칭송하고("가난한 자에게는 복이 있나니") 부의 축적을 억제하는 것("부자에게는 화가 있을지니")으로 미루어 볼 때, 예수는 사유 재산에 거의 관심이 없는 것처럼 보인다. 물론, 산상 수훈에서 예수가 언급한 것은 빈민이 아니라 정확히 "마음이 가난한 이들"이다. 하지만 평상 수훈을 통해 그가 "가난한" 이들이라고 언급한 것은 다름 아닌 물질적으로 가난한 이들이라는 것이 확실해진다.

이 점은, "너희 목숨을 위해 무엇을 먹을까 무엇을 마실까, 너희 몸을 위해 무엇을 입을까를 걱정하지 말라"(마태복음 6:25)는 훈계를 통해 강화된다. 예수에 따르면 모든 것이 제공될 것이므로 재산을 소유할 필요가 없다. 따라서 부를 축적해야 하는 유일하게 명백한 이유는 자선을 베풀기 위함이다. 결국 사유 재산이 불필요하므로 도둑질을 논할 필요도 존재하지 않는다.

이 점은 평상 수훈에서 가져온 다음과 같은 또 다른 인용문을 통해서도 강화된다. "너희의 물건을 빼앗는 사람에게 다시 돌려 달라고 요청하지 말라."(누가복음 6:30) 그는 도둑질은 비난받지 않을 뿐만 아니라, 도둑이 당신에게서 무언가를 훔친다면 그럴 때마다 가져가도록 내버려 두어야 한다고 말한다. 사유 재산은 아무도 건드릴 수 없는 무언가가 아니며, 당신이 영원히 간직할 수 있는 당신만의 소유물도 아니다.

부언

우리는 산상 수훈과 평상 수훈을 통해 이웃을 사랑해야 하며 이웃의 집이나 아내를 탐하지 말아야 하지만, 이웃의 재산은 훔쳐도 좋다는 가르침을 얻을 수 있다. 맞는가?

글쎄, 그런 말은 아닌 것 같다. 또 다른 복음서에서 사도 바울은 "네 이웃을 네 자신처럼 사랑하라"는 계명 속에 실질적으로 다른 모든 계명이 포함된다고 설명한다. 그러면서 사도 바울은 우리가 이 장에서 살펴본 바로 그 계명 역시 포함됨을 분명하게 지적한다. "너희는 도둑질하지 말라."(로마서 13:9)

45

모든 것이 완벽하다

스마란다케의 역설

모든 것이 가능하다.

모든 것이 완벽하다.

모든 것이 좋다.

아무것도 확실하지 않다.

모든 규칙에는 예외가 있다.

그렇다면…

모든 것이 가능하다면, 불가능한 것도 가능한가?

모든 것이 완벽하다면, 불완벽한 것 또한 완벽한가?

모든 것이 좋다면, 나쁜 것 또한 좋은가?

아무것도 확실하지 않다면, 불확실한 것은 확실한가?

모든 규칙에 예외가 있다면, 모든 규칙에 예외가 있다는 이 말에도 예외가 있는가?

이 상투적인 역설적 표현들은 저항 불가능할 정도로 압도적인 힘이 움직일 수 없는 물체를 만난다면 어떤 일이 생기는지, 또 전능한 존재(예컨대 신)가 그 자신이 들어 올릴 수 없을 정도로 무거운 돌을 창조할 수 있는지 아닌지 같은 질문들과 유사한 문제를 제기한다.

이 역설은 1954년 루마니아에서 출생했으나 현재는 미국에서 살며 일하고 있는 수학자 플로렌틴 스마란다케$^{Florentin\ Smarandache}$의 이름을 따라 명명되었다. 나는 이 역설에 그의 이름을 붙이기를 약간 주저했는데, 과학 공동체에서 스마란다케는 예의 바른 사람들에게는 물의를 빚는 인물로, 무례한 사람들에게는 어릿광대짓을 일삼는 인물로 여겨지기 때문이다. 차우셰스쿠 정권을 피해 미국으로 도망하기 전, 스마란다케는 크라이오바 대학교에서 수학을 공부했다. 미국으로 망명한 뒤로는 수학과 이론 물리학뿐만 아니라 작가, 시인, 극작가, 예술가로서의 활동까지 아우르며 스스로를 다재다능한 천재라 부르기 시작했다.

이후 2년제 전문대학에 고용된 그는 인터넷 문서 보관소, 무명의 정기간행물, 자비출판 서적과 보고서들을 통해 수백 편의 학술 논문을 유포해왔는데, 사실 이 논문들은 모두 엄밀한 심사를 거치지 않은 것들이었다. 논문들은 오타와 문법적 오류가 넘쳐났으며, 대개는 엉터리거나 아니면 시시하거나 했다. 또한 그의 공저자들은 하나같이 잘 알려지지 않은 비인가 대학 출신이었다.

이 글을 쓰고 있는 현재, 그에 대한 유일한 위키피디아 항목은 독일어로 되어 있으며, "소개 페이지"는 주로 스마란다케 자신이 직접 작성한 것으로 위키피디아와 항목 작성자들, 그리고 상당히 모호한 과학 마피아에 대한 불평과 욕설, 폭언으로 채워져 있다.

예술가로서의 스마란다케가 그냥 무시해버려도 좋은 수준이라는 데에는 논쟁의 여지가 없다. 그는 예술을 가능한 한 추하고 부적절하며 형편없는 것으로 만들려고 노력한다.

스마란다케의 진짜 재능은 자기 홍보에 있다. 어쨌거나 그는 19세기에 이미 발견됐음에도 그간 잘 알려지지 않았던 함수를 자신이 발견해냈다고 주장함으로써, 그 무명의 수학적 상수에 자신의 이름을 붙이는 데 성공했다. 뿐만 아니라, 존재하는지조차 확실치 않은 것으로 유명한 소수와 지금 막 우리가 살펴본 이 역설에도 어떻게든 자신의 이름을 붙이는 데 성공했다.

해 제

이 역설은 하나의 진술로 서로 정반대인 양극단을 연결하려 할 때 발생한다. 사실 우리는 지금 2개의 서로 다른 우주에 대해 이야기하는 중이며, 그 점을 인식하는 것이 중요하다. 한 우주에서는 양극단이 모두 발생할 수 있지만, 또 다른 우주에서는 한 극단이 아예 존재하지조차 않는다. 예를 들어, 모든 것이 가능한 우주에서 불가능을 논하는 것은 타당하지 않다. 신이 없는 세상에서 사람들에게 어떤 종교를 믿느냐고 묻는 것도 말이 되지 않는다. 또한 지구가 평평하다고 믿는 사람들에게 지구가 둥글다고 얘기해봐야 아무런 소용이 없다.

짝수 정수 집합을 예로 들어 좀 더 구체적으로 살펴보도록 하자. "이 집합의 모든 원소는 2로 나누어떨어진다"는 진술은 확실히 참이다. 반면에 "모든 원소는 2로 나누어떨어지는 동시에, 2로 나눌 수 없다"는 진술은 거짓일 뿐 아니라 무의미하다. 왜냐하면 "2로 나눌 수 없다"는 구절이 짝수 정수 집합 내에서는 성립되지 않기 때문이다.

이를테면 나누어떨어지는 소수라던가, 아니면 분수로 나타낼 수 있는 무리수에 대한 진술처럼 더 많은 예들을 생각해낼 수도 있다. 하지만 누군가 그러한 우주에 존재하지 않는 개념을 적용하려 한다면, 그럴 때마다 그는 역설에 도달하게 된다.

만약 어떤 집합에 속하는 모든 것이 어떤 속성을 가지고 있다면, 정의상 그 반대 속성을 가지는 어떠한 것도 집합에서 배제된다. 즉, 집합 속에 존재하지 않는다. 그러므로 만약 모든 것이 가능하고 완벽하며 좋을 뿐만 아니라 확실한 우주가 있다면, 그러한 우주 안에서는 불가능하고 불완벽하며 나쁘고 불확실하다는 개념 자체를 상상도 할 수 없을 것이다.

수학적으로 말한다면, 이러한 역설은 다음과 같이 표현할 수 있다. A가 어떤 속성(예컨대 '가능한' '완벽한' '좋은' 또는 '확실한'과 같은)이라고 가정해보자. 그럴 경우 "만약 모든 것이 A라면, ~A 또한 A임에 틀림없다." 누가 보더라도 명백한 헛소리가 아닐 수 없다.

부언

이 역설은 프랑스 철학자 볼테르의 18세기 소설 『캉디드^{Candide}』에 등장하는 가공의 인물, 팡글로스 박사가 내뱉은 유명한 외침을 연상시킨다. 볼테르는 팡글로스 박사의 입을 빌려 "가능한 최고의 세계에서, 그야말로 모든 것이 최상이구나"라고 풍자적으로 선언함으로써 신의 자비에 의지하고 신이 완벽한 세상을 창조했다고 믿는 모든 사람의 낙관론을 자신의 평소 반어적 스타일 그대로 공격했다.

10장 법적 책임

법률 조항과 적용의 조건

속담에 따르면 정의는 맹목적이다. 하지만 아무리 그렇다 한들 침착한 판사와 검사, 변호사들이 역설적 난제에 빠져 이러지도 저러지도 못할 수 있다고 누가 상상이나 했겠는가? 이는 범죄자의 운명이나 피해자의 정당성을 좌지우지할 수도 있으니 매우 우려스러운 일이다.

46

합법적인 2가지 행동이 더해져 부정한 결과를 낳을 때

협박의 역설

블라이미 주식회사^{blimey Inc}*의 수석 엔지니어인 앨릭은 임금 인상을 요구한다. 그는 인사부장인 에리카와 이 문제를 협상하기 위해 만나기로 약속한다. 만나기로 한 전날 저녁, 앨릭은 에리카가 그녀의 남편이 아닌 남성과 데이트하는 장면을 목격한다. 다음날 만남에서 가능한 임금 인상액을 협상하다가 앨릭은 에리카에게 자신이 그 전날 그녀를 봤다고 무심하게 툭 던지듯 말한다. 그러면서 그녀의 남편에게 이 명백한 불륜 사실에 대해 알릴 생각이라고 덧붙인다.

에리카는 단번에 그의 의도를 알아차렸고, 임금 인상은 타결되

---

* blimey는 '맙소사, 어이쿠, 제기랄' 같은 의미로 영어권에서 속어로 쓰이는 감탄사다.

었다. 임금 인상으로 앨릭은 원하는 바를 얻었고, 에리카는 곤경에서 벗어났으며 에리카의 남편이 상황은 이전과 비교할 때 더 나빠지거나 하지 않았으니, 모두가 만족스럽다. 모든 것이 괜찮다!

모든 것이 괜찮다고?

아니다!

왜 아닌가? 임금 인상 요구는 완벽하게 합법적인 일이다. 또한 불륜을 폭로하는 것도, 불륜 사실을 비밀로 하는 것도 합법적이다. 따라서 앨릭의 두 행동이 모두 합법적인데 대체 뭐가 문제란 말인가?

문제는 완벽하게 합법적인 이 2가지 행동이 결합해 협박이 된다는 데 있다. 그렇다면 "내 임금을 올려주세요. 그렇지 않으면 당신의 남편에게 다 불륜 사실을 다 말할 거예요"라는 앨릭의 말이 불법인 이유는 무엇인가? 그리고 "당신이 내 남편에게 말하지 않는다면, 당신의 임금을 올려줄게요"라는 에리카의 말도 불법이 되는 이유는 무엇인가?

법학자들과 법 철학자들은 합법적인 2가지 일이 합해져도 부정한 결과를 낳을 수 있다는 역설을 오래전부터, 그리고 지금도 여전히 숙고하고 있다. 법학 교수 제임스 린드그렌은 "당신이 어쨌거나 합법적인 일을 하겠다고 으름장을 놓는 것이 왜 불법적이란 말인가?"라고 물었다. 어떤 일이 합법적이라면, 그 일을 하겠다고 으름장을 놓는 것 또한 합법적이어야 한다.

하지만 우리는 협박을 용인할 수 있는 행동으로 받아들이기를 꺼린다. 실제로 13세기에 잉글랜드는 왕실 관리들의 강탈 행위(협박과 밀접한 관련이 있는 개념)를 불법으로 규정했다. 스코틀랜드는 1567년에 인적 혹은 재산상의 물리적 위해를 가하겠다는 위협을 통해 재산을 획득하는 행위를 범죄로 규정함으로써 가해자의 금지 요건을 확대했다.

미국에서는 범죄를 폭로하겠다는 위협을 금지하는 첫 번째 법안이 1796년 뉴저지 주에서 통과되었다. 1827년 일리노이주에서는 그러한 종류의 협박을 범죄로 간주했으며, "강탈할 의도로" 어떠한 "취약한 부분이나 약점"을 공개하겠다는 서면 위협도 금지하는 법률을 제정했다. 1835년 매사추세츠 주에서는 법령을 확대하여 구두 위협까지 금지했다. 그리고 영국에서는 형사상의 책임을 질 행동은 아니지만 곤란한 행동의 증거를 폭로하겠다는 위협을 1843년에 불법으로 규정했다.

해제

"당신이 나와 이 문제를 수습하지 않는다면, 나는 당신을 고소할 것이다"라거나 "내 상여금을 인상하지 않는다면, 그만둘 것이다" 또는 "당신이 주당 35시간 노동에 합의하지 않는다면, 우리는 파업에 돌입할 것이다" 같은 공표에서 수단과 목적은 모두 합법적이다. 이혼 소송 절차에서도 대가성 보상은 일반적인 관행이다.

이는 협상 상황에서 구사되는 정상적인 절충 전술의 일환이며 협박을 구성하지 않는다. 그러한 논의에 기초해 합의를 금지하는 것은 결정권이 있는 성인들*이 자발적으로 거래에 참여할 자유를 침해하는 것으로 생각될 수 있다. 또한 누군가는 실제로 자경단 제도를 합법화했던 근거를 들며 협박이 사적인 법 집행의 1가지 형태로 사회를 이롭게 한다고 근거가 미약한 논증을 펼칠지도 모른다.

범죄가 자행되고 있는지 아닌지를 판단하기 위해서는 누가 피해를 당하고 있는지를 고려해야 한다. 피해를 입고 있는 당사자가 협박 위협의 직접적 대상자인가, 아니면 제3자인가, 그것도 아니면 사회 전체인가?

첫째, 피해 당사자가 협박의 대상자라면 그다음으로는 소위 협박이 위협인지 아니면 제안인지를 물어야 한다. 피해자의 입장에서는 분명 협박에 굴복하는 편이 위협이 실행되는 쪽보다 덜 해로운 것이 사실이다. 따라서 최악의 상황이라면 2가지 악 가운데 그나마 덜 나쁜 쪽, 즉 차악을 선택하도록 내버려 두는 편이 피해자에게 이로운 조치로 여겨질 수 있다.

• 법적으로 성관계를 동의할 수 있는 나이가 된 성인을 가리킨다.

하지만 협박은 만약 그 위협의 실행이 불법이라면, 명백히 불법 행위로 간주되어야 한다. 따라서 협박 가해자가 망설이는 협박 피해자에게 신체적 위해나 재산상의 파괴를 가하겠다고 위협한다면 이는 불법이다.

둘째, 만약 피해 당사자가 제3자라면, 배임이 개입되는지의 여부를 물어야 한다. 시민은 마땅히 범죄를 신고하고 증인으로서 의무를 다해야 한다. 그러한 정보를 알리지 않는다면 제3자가 피해를 입을 수도 있다. 만약 스미스 부인이 메르세데스가 피아트를 들이받는 장면을 목격하고 나서 메르세데스 운전자한테 자신에게 특정 금액의 돈을 지불한다면 증언하지 않겠다고 말한다면, 피아트 운전자는 손해를 보게 될 테고, 스미스 부인은 범죄를 저지른 게 된다.

반면에 정부 공무원들은 기밀문서의 비밀을 유지해야 할 의무가 있다. 의사, 변호사, 성직자, 회계사 역시 특정인들만 접근할 수 있는 정보를 새어 나가지 않도록 해야 하며, 기업 경영진은 내부 정보를 누설해서는 안 되고. 기밀 유지 협약 당사자들은 어떠한 정보도 공개해서는 안 된다. 미국 국가안전보장국 National Security Agency(NSA) 직원이자 높은 수준의 방위 정보 접근 허가권을 가지고 있었던 에드워드 스노든 Edward Snowden 은 NSA가 미국 시민들을 도청하고 있었다는 사실을 알게 된다. 내부고발을 결심한 스노든은 러시아로 도망가 망명을 요청했다. 만약 그때 러시아가 스노든에게 그가 알고 있는 모든 사실을 밝히지 않는다면 미국으로 인도하겠다고 위협했다면 러시아는 협박 가해자, 스노든은 협박 피해자, NSA는 피해를 입는 제3자가 되었을 것이다. 만약 스노든이 도망가는 대신 NSA에게 정보를 누설하지 않는 대가로 배상금을 요구했다면, 미국 국민이 피해를 입는 제3자가 되었을 것이다. 만약 그랬다면, (비록 러시아를 기소하기는 어려웠을 테지만) 어쨌거나 두 경우 모두 불법적인 협박 범죄가 성립되었을 것이다.

하지만 제3자가 피해를 입는다 하더라도 공개할 의무가 없는 정보도 존재한다. 이 장을 시작하며 제시한 사례에서 제3자인 에리카의 남편에게는 아내의 은밀한 만남에 대한 정보를 요구할 권리가 없다. 이러한 종류의 정보는 설령 돈을 받은 대가로 은폐한다고 하더라도 범죄로 간주되지 않는다고 주장하는 사람들도 많다.

그렇다면 에리카의 행동은 어떤가? 원칙적으로, 에리카가 앨릭에게 더 많은 돈을 주는 대신 앨릭의 자유 재량권을 얻는 데 동의하는 것은 합법적일 수 있다. 하지만 에리카는 블라이미 주식회사의 소유주가 아니라 직원에 불과하기 때문에 그녀에게는 임금 인상을 해줄 수 있는 권한이 존재하지 않는다. 앨릭의 협박에 굴복한다면, 그녀는 블라이미 주식회사에 손해를 입히게 될 뿐만 아니라, 부패 범죄를 저지르는 게 될 것이다.

끝으로 이론가 중에는 협박이 합법화된다면 사회 전체가 주로 경제적 결과를 통해 피해를 입게 될 것이라고 주장하는 경우도 있다. 협박의 합법화는 사기를 장려하고 신뢰를 부족하게 만들며 부적절한 행동을 하도록 만든다. 결과적으로 자원을 비효율적으로 분배하게 해 사회가 처러야 할 비용을 증가시킨다.

부언

오늘날 미국 연방 법전United States Code은 협박을 연방 범죄라고 분명히 밝히고 있다. 873항에 따르면, "누구든 모든 미국 법이 위법으로 규정하는 어떤 위반 사항에 대해서 그 사실을 고발하겠다고 위협하거나, 또는 고발하지 않는 대가로 어떤 금전적 또는 다른 가치 있는 것을 요구하거나 받는다면, 이 조항에 기초해 벌금형에 처하거나 1년 이하의 징역형, 또는 둘 다에 처한다."

하지만 연방 법전은 연방 범죄와 관련된 협박만을 다룬다. 주 차원에서 본다면 모든 주에는 협박을 금하는 법규가 있지만, 무엇이 협박을 구성하는지의 정의와 법규 예외 조항들에서 주마다 차이가 존재한다.

47

무죄가 입증되기 전까지는 유죄다

검사의 오류

맨해튼에서 열린 한 살인 사건 재판에서 검사가 배심원단에게 사건을 요약하고 있다. 피고의 혈액형이 범죄 현장에서 발견된 매우 희귀한 혈액형과 일치한다. 일반 인구 집단에서 이러한 혈액형이 나타날 확률은 10만분의 1에 불과하다는 것이 검사의 설명이다. 따라서, 만약 피고가 무죄라면 피고의 혈액형이 범죄 현장의 혈액형과 일치할 확률은 0.00001, 즉 1%의 10만분의 1이라고 주장한다. 검사는 "피고가 무죄일 확률은 겨우 10만분의 1에 불과합니다"라고 하면서, 배심원단에게 "그러므로, 그에게 유죄를 선언해야 합니다"라고 호소한다.

검사의 논거에는 설득력이 있다. 그렇다면 그 주장은 옳은가? 아니다!

확실히 무죄인 사람의 혈액형이 그 범죄 현장의 혈액형과 일치할 가능성은 매우 낮다. 하지만 이는 무작위로 선정된 사람들에게나 해당하는 이야기일 뿐이다.

맨해튼에는 약 160만 명의 사람이 살고 있다는 점을 고려하자. 확률이 10만분의 1이라는 것은, 범죄 현장에서 발견된 혈액 샘플과 일치하는 혈액형을 가진 사람이 맨해튼에 16명 있다는 말과 같다. 그중 1명이 범인임에 틀림없을 것이다. 하지만 그중 1명만을 체포한다면, 그가 무죄일 확률은 무려 94%(16명 중 15명)에 달한다.

아니면 다음과 같이 생각해볼 수도 있다. 맨해튼 주민 100명 중 1명(즉, 16,000명)을 무작위로 선정해 검사를 받게 한다고 가정해보자. 일치하는 혈액형을 가진 사람을 발견할 확률은 약 15%이지만, 이 사람이 범인이라는 보장은 없다.[15]

"검사의 오류"라는 용어는 캘리포니아 대학교 어바인 캠퍼스의 윌리엄 톰슨 교수와 에드워드 슈만 교수가 1987년 공동으로 발표한 한 논문에서 만들어낸 신조어다. 그들은 학부 재학생들을 대상으로 실험을 실시했다. 실험은 통계적 증거의 해석에 관한 한

---

[15] 한 번의 검사로 일치하는 사람 1명을 발견할 확률 = $1/100,000 = 0.00001$. 한 번의 검사가 끝난 후에도 일치하는 사람을 1명도 발견하지 못할 확률 = $1 - 0.00001 = 0.99999$. 1만 6,000번의 검사가 끝난 후에도 일치하는 사람을 1명도 발견하지 못할 확률 = $0.99999^{16,000} = 0.852\cdots$ 1만 6,000번의 검사 끝에 일치하는 사람 1명을 발견할 확률 = $1 - 0.852\cdots = 0.147\cdots$

대다수 학생이 잘못된 주장에 노출되더라도 그 오류를 간과하지 못한다는 사실을 보여주었다. 그들은 사람들이 잘못된 결론을 끌어내는 경향이 있으며, 이러한 경향이 유죄 또는 무죄 판단을 내리는 배심원의 능력에 의구심을 갖게 만든다고 결론 내렸다.

해제

이 명백한 역설은 조건부 확률, 즉 무언가 다른 일이 발생하고 난 뒤에 그것을 전제로 무언가가 발생할 확률들을 혼동하기 때문에 빚어진다. 이 장의 사례에서 검사는 "혈액형이 일치한다는 전제하에 피고는 유죄다"라는 진술과 "그 사람이 유죄라는 전제하에 혈액형이 일치한다"라는 진술을 혼동했다. 검사는 실제 조건과 의심스러운 결론의 위치를 바꿔버렸다.

확률을 판단하는 올바른 방식은 제일 먼저 사전 확률, 즉 증거가 존재하기 전의 유죄 확률이 얼마인지를 구하는 것이다. 그것을 $P(A)$라고 부르자. 증거(예를 들어, 혈액형 결과)가 나오면, 사전 확률을 업데이트해서 사후 확률을 구해야 한다. 이를 $P(A|B)$로 나타내보자. 여기서 B는 새로운 증거의 유효성을 가리킨다. 달리 말해, B가 주어졌을 때 A가 발생할 확률을 의미한다. 비슷하게, $P(B|A)$는 A가 주어졌을 때 B가 발생할 확률을 의미한다.

새로운 증거가 명백해졌을 때 확률을 업데이트하는 방법은 토머스 베이즈에 의해 개발되었다. 베이즈의 정리$^{Bayes' theorem}$는 다음과 같다:

$$P(A|B) = P(A) \times P(B|A) / P(B)$$

예를 들어 설명해보자. 데니스는 테이블 위에 놓여 있는 다음 3개의 쿠키 중 하나를 선택해야 한다. 동그라미 쿠키 (R), 네모 쿠키 (S), 세모 쿠키 (T). 이 쿠키 중 하나에 다이아몬드가 숨겨져 있다. 쿠키에 다이아몬드가 들어 있을 사전 확률은 각 쿠키 당 1/3이다. 지금 막 애니가 세모 쿠키를 잡고 한입 베어 물었지만 아무것도 나오지 않았다고 가정해보자. 이제 데니스는 쿠키 (T)에 다이아몬드가 없다는 사실을 알고 있다. 그렇다면 다이아몬드가 동그라미 쿠키 속에 숨겨져 있는 사후 확률은 얼마인가? 이는 쉽게 알아낼 수 있다. 동그라미 쿠키와 네모 쿠키만 남았으니, 확률은 각 쿠키 당 1/2이다.

이것을 베이즈 정리로 어떻게 나타낼 수 있는지를 살펴보자. "동그라미 쿠키 속에 다이아몬드가 들어 있다"를 사건 A로 표시해보자. 사건 A의 사전 확률은 1/3이다. 이번에는 "세모 쿠키 속에 다이아몬드가 없다"를 사건 B로 표시해보자. 사건 B의 확률은 2/3이다. 이제 숫자들을 베이즈 정리에 대입해서 P(A|B)가 얼마

인지를 구해보자. 여기서 P(A|B)란 다이아몬드가 세모 쿠키 속에 없을 때, 동그라미 쿠키 속에 숨겨져 있을 확률이다.

베이즈 정리를 적용하려면, 우리에게는 아직도 P(B|A)가 있어야 한다. 즉, 우리는 다이아몬드가 동그라미 쿠키 속에 있을 때, 삼각형 쿠키 속에 없을 확률 또한 알아야 한다. 하지만 이는 너무도 확실하다. 만약 다이아몬드가 (R) 안에 있다면, (S) 안에는 있을 수 없기 때문이다. 따라서 P(B|A)는 1이다. 이 숫자들을 베이즈 공식에 대입시켜보면, 우리는 다음을 얻게 된다

$$P(A|B) = \frac{1}{3} \times 1 \frac{2}{3}$$

이는 예상대로 1/2과 같다.

•

검사가 오류를 범한 이유는 P(무죄|혈액형 일치)와 P(혈액형 일치|무죄)를 혼동했기 때문이다. 베이즈에 따르면, 사전 확률 P(무죄)를 사후 확률 P(무죄|혈액형 일치)로 업데이트하는 방법은 다음과 같다:

P(무죄|혈액형 일치) = P(무죄) × P(혈액형 일치|무죄) / P(혈액형 일치)

우리는 P(무죄)가 1,599,999/1,600,000 = 0.99999938임을 알고 있다. 또한 무죄인 사람의 혈액형이 일치할 확률이 P(혈액형 일치|무죄) = 0.00001라는 것도 알고 있다.

우리에게는 아직도 P(혈액형 일치)가 필요하다. 이는 용의자가 유죄라면 혈액형이 일치할 확률과 용의자가 무죄라면 혈액형이 일치할 확률의 가중 평균이다. (P(혈액혈 일치|유죄) = 1이라는 점에 주목하라):

P(혈액형 일치) = P(혈액형 일치|무죄) × P(무죄) +
    P(혈액형 일치|유죄) × P(유죄)
= 0.00001 × 0.99999938 + 1 × 0.00000072
= 0.00001072

이 모든 숫자를 베이즈의 공식에 대입하면, 우리는 다음은 얻는다

P(무죄|혈액형 일치) = 0.99999938 × 0.00001 / 0.0000107
= 0.93457...

그리고

$$P(\text{유죄}|\text{혈액형 일치}) = 1 - P(\text{무죄}|\text{혈액형 일치}) = 0.06543\cdots$$

종국적으로 결말은 용의자의 무죄 확률이 10만분의 1에서 10만분의 6,500 이상으로 크게 증가한다는 것이다. 이는 결코 무죄를 입증하는 보증수표가 아니다. 하지만 검사가 배심원들에게 제시한 논거를 크게 약화시킬 수 있다.

부언

비슷한 오류로는 변호사의 오류가 있다. 이번에는 도시 외곽 삼림지대의 범죄 현장에서 인구의 1%에서만 발생하는 혈액형이 발견되었다고 해보자. 용의자가 근방에서 검거되고, 그의 혈액형이 범죄 현장에서 발견된 혈액형과 일치하는 것으로 밝혀진다. 하지만 인구 1백만 명이 사는 도시에서, 이와 같은 혈액형을 가진 사람은 1만 명이나 된다. 따라서 변호사는 용의자가 유죄일 확률은 1만분의 1에 불과하다고 주장한다.

이 논거가 틀린 이유는 용의자가 1백만 명 시민 가운데서 무작위적으로 뽑혔다고 가정할 뿐만 아니라, 다른 모든 증거를 모르는 체하기 때문이다. 분명히, 이 혈액형을 지닌 1만 명 중 대다수는 범죄를 저지를 수 없었다. 그들은 범죄가 일어나던 시점에 도시의 다른 곳에 있었다. 용의자가 범죄자와 같은 혈액형을 가지고 있고 또한 범죄 현장 근처에서 검거되었다는 사실은 그가 범죄자일 확률을 만분의 1보다 훨씬 더 높게 만든다.

48

묵비권
미국 수정 헌법 제 5조

마스크로 얼굴을 가린 강도가 편의점을 털다가 계산원을 죽인다. 여러 사람이 범죄를 목격한다. 누군가는 강도가 총을 뽑는 장면을 봤고, 누군가는 총소리를 들었으며, 또 다른 누군가는 마스크를 쓴 사람이 달아나는 것을 봤다. 몇 분도 채 지나지 않았을 때 경찰들이 현장에 도착하고 용의자를 붙잡아 체포한다.

재판 날이 왔다. 증인들은 심문과 반대 심문을 받는다. 그들의 말은 서로 모순된다. 누군가는 총을 봤고, 누군가는 보지 못했다고 했다. 또 누군가는 용의자가 그 강도라는 것을 알아봤지만, 다른 누군가는 알아보지 못했다. 증인 중 1명은 자신이 용의자의 사촌이라 주장하면서 증언을 거부했다. 운도 없지. 하지만 다른 증인과 마찬가지로, 그 역시 소환장을 받았고 본 대로 설명하지 않을 수 없었다.

다른 모든 증인처럼?

아니다! 증언을 거부하는 다른 1명의 증인이 있다. 그는 어떤 일이 있었는지를 가장 상세하게 아는 사람이기도 하다. 하지만 법률상 법정의 그 누구도 그의 입을 열도록 강요할 수 없다. 그는 바로 용의자 자신이다.

왜 그런가?

형사 법원은 공정한 재판으로 용의자의 무죄나 유죄를 결정할 의무가 있다. 하지만 공정한 재판을 실행하는 방법에는 많은 제약이 따른다. 그중 하나가 미국 수정 헌법 제5조다. 조항에 따르면 "어느 누구도 그 어떤 형사 사건에서든 자신에게 불리한 증언을 하도록 강요당하지 않아야 한다." 그러므로, 용의자는 만약 자신의 증언으로 자신의 무죄 결정이 불확실해질 수도 있다고 생각된다면 증언하도록 강요당할 수 없다. 이는 미국에서만 그런 것은 아니다. 많은 국가의 법령들에는 그러한 규정이 포함되어 있으며, 유럽 인권 재판소는 면책 조항이 공정한 재판을 받을 권리를 실현하기 위한 암묵적인 요건이라고 판단하고 있다.[16]

---

[16] 라틴어 격언 nemo tenetur se ipsum accusare("그 누구도 자신을 고발하도록 문책당해서는 안 된다")이 전해지지만, 로마법에서 형사 재판 중에 묵비권을 행사할 수 있는 면책특권의 흔적이 발견되지는 않는다. 검사는 우스갯소리로 이 수정 헌법 조항이 여성에게는 적용되지 않는다고 주장할지도 모른다는 점에 유의하라. 법조문에는 정확히 "증인은 '그' 자신에게 반하는"이라고 적혀 있기 때문이다.

뭔가가 잘못된 것 같다. 법정에서는 아무도 거짓말을 해서는 안 된다. 증인은 진실을, 온전한 진실을, 오직 진실만을 말하겠다고 맹세한다. 하지만 누군가는 진실을 말하지 않아도 괜찮다. 왜 용의자에게는 그가 목격한 것을, 또는 그가 한 일을 설명하도록 강제하지 않는가? 그의 증언은 진실을 밝히는 데 그 무엇보다 도움이 될 텐데 말이다.

그런데도 이 묵비권 조항을 법전에 남겨 두는 이유는 무엇인가? 역설이 아닐 수 없다!

수정 헌법 제5조가 제정된 한 가지 이유는 고대 유대교 율법까지 거슬러 올라간다. 탈무드에 따르면, 아무리 사형에 처할 정도의 중범죄를 저지른 사람이라 할지라도 그 누구도 자백만으로는 유죄판결을 받을 수 없다. 12세기의 유대교 신학자였던 마이모니데스는 정신이 혼미하거나 죽기를 바라는 사람이나 처형당하기 위해 자신이 사형에 처할 중범죄를 저질렀다고 거짓으로 자백할 수 있다고 설명했다(그렇게 함으로써, 그는 프로이드의 정신분석학 이론을 8백 년이나 앞질렀다). 유대교 율법에 따르면 인간의 생명과 신체는 신성하기 때문에 자살은 금지된다. 따라서 범죄를 자백함으로써 자기 자신을 죽음에 이르게 할 수는 없다. 게다가 10계명의 9번째 계율은 거짓말을 금한다. 고로, 침묵하는 것이 유일한 선택지다.[17]

더 적절한 또 다른 이유는 15세기 잉글랜드로 거슬러 올라간다. 헨리 8세 치세 동안 하급 법원들이 유력한 귀족들을 기소하고 유죄판결을 내리는 것에 부담을 느끼자, 1497년 성실청Court of Star Chambers이 설립되었다. 성실청은 사회적 지위나 정치적 입장에 관계없이 누구든 법정에 소환할 수 있었다. 처음에는 그 권능과 공평함으로 찬사를 받았으나, 왕의 변덕을 위한 수단으로 발전하더니 종국에는 억압 도구로 변질되었다(그러다 1641년에 폐지되었다).

하지만 미국 건국의 아버지들이 수정 헌법 제 5조를 제정한 동기가 성실청 같은 법원이 행사한 억압성 때문은 아니었다. 그들을 움직인 것은 다름 아닌 진실을 찾는 법원의 심문 방식이었다. 검찰은 고생스럽게 증거를 수집하지 않았다. 고문을 비롯해 필요한 모든 수단을 동원해 피고로부터 자백을 끌어내는 것으로 충분했기 때문이다. 그러다 보니, 그것이 사실이든 거짓이든 간에 유죄 자백을 끄집어내기 위해 상상조차 할 수 없는 잔인한 방법이 동원되었다. 18세기가 되어서야 영국 사법부는 범죄 사실에 대한 강요된 자백이 본질적으로 신뢰할 수 없는 것임을 깨닫게 되었다. 그 후, 재판 전이나 재판 중에 고문으로 얻어진 자백은 더 이상 증거로 사용할 수 없게 되었다.

그리고 이것이 바로 건국의 아버지들이 헌법에 제 5조 수정 조

---

17 9번째 계율의 전문은 다음과 같다. "네 이웃에 대하여 거짓 증거를 말하지 말라."(출애굽기 20:16) 하지만 이 계율은 수 세기 동안 "거짓말하지 말라"로 해석되어왔다.

항을 추가한 이유였다.

해제

오래전에는 묵비권이 타당한 존재 이유를 가지고 있었다. 하지만 그때조차도 묵비권에는 문제 제기가 따랐다. 실제로 영국의 철학자이자 사회개혁가였던 제러미 벤담은 자기부죄거부 규정을 다음과 같이 비판했다. "인간의 정신에 침투한 가장 치명적이고 비이성적인 규정 중 하나다. 만약 모든 계급의 온갖 범죄자들이 모여서 자신들의 바람대로 사법 체계를 구성한 거라면, 이 규정이야말로 그들의 안전을 보장하기 위해 확립한 첫 번째 법률이 아니겠는가?"

하지만 오늘날, 규율을 준수하는 사법 소송 절차와 공정한 법정, 고문의 완전한 금지 아래 작동하는 입헌 민주주의에서 자기부죄거부라는 면책특권은 의문시될 수 있다. 1937년, 벤저민 카르도주 연방대법관은 자기부죄거부 법안의 유용성을 문제시하는 다음과 같은 의견을 대법원에 제출했다. "사실, 과거처럼 오늘날에도 우리의 형법 체계를 연구하는 사람 중에는 자기부죄거부라는 면책 조항을 이득이 아니라 해악을 끼치는 규정이라고 판단하면서 그 범위를 제한하거나 아예 완전히 폐지해야 한다고 생각하는 경우도 있다. 신체적 정신적 고문으로부터 여전히 보호를 제공할 필요가 있다는 데에는 의심의 여지가 없다. 하지만 피고가 규율을 준수하는 심문에 응답할 의무가 있다고 해서 정의가 사라지지는 않을 것이다."

그러므로 이 역설은 피고에게 증언을 강요하는 한편 피고를 신체적 정신적 고문으로부터 보호할 수 있을 때 풀릴 수 있을 것이다.

부언

이러한 수정 헌법 제 5조는 법조문 자체를 바꿀 필요도 없다. "자신에게 불리한 증언을 하도록 강요당하지 않아야 한다"는 조목의 해석을 바꾸는 것만으로도 충분할 것이다. 현재 이 문구는 피고가 어떠한 상황에서도 자신에게 불리한 증언을 하도록 법적으로 강요할 수 없다고 해석된다. 그러나 "강요당하지 않는다"를 "고문당하지 않아야 한다"의 의미로 해석한다면, 수정 헌법 제 5조는 보다 현대적인 의미를 부여받는다. 그리고 그 결과, 피고는 증언하도록 법적으로 강제될 수 있게 된다.

49

의심스럽다면, 무죄다

불특정 범죄의 역설

어니는 카운티 전역에서 싸움꾼으로 유명하다. 한 달 전에는 레드 도그 바에서 주먹싸움을 벌였고, 일주일 전에는 블루 캣 클럽에서 있었던 칼부림 사건에 연루되었다. 어니의 못된 짓거리에 진절머리가 난 지역 보안관은 그를 체포한다. 검사는 어니를 첫 번째 사건에서는 치안 방해 혐의로, 두 번째 사건에서는 신체적 위해 혐의로 기소하기로 결정한다. 선고 지침에 따르면 법정은 주먹싸움으로 처음 기소된 경우에는 어니에게 1백 시간의 사회봉사 명령을 내릴 수 있으며, 칼부림의 경우에는 징역 2년이라는 훨씬 더 가혹한 제재를 가할 수 있다.

어니의 법정 출두일이 되었다. 담당 판사는 두 사건을 함께 묶어 재판하기로 결정한다. 검사는 어니가 먼저 주먹싸움을 시작했다고 증언하는 9명의 증인을 내세운다. 변호사는 어니가 싸움을 시작했는지 아닌지 확실치 않다고 말하는 1명을 증인으로 부른다. 칼부림 사건의 경우, 5명 중 4명이 어니를 범인으로 지목하고, 마지막 1명만 어니가 아닌 다른 사람이 범인이라고 주장한다.

판사가 배심원단에 내린 지침은 분명했다. "주먹싸움과 칼부림 싸움 이렇게 2건의 사건이 당신의 판결을 기다리고 있습니다. 당신은 2건의 사건 각각에 대해 피고의 유죄 여부를 만장일치로 결정해야 합니다. 만약 피고가 범죄 혐의에 대해 유죄라고 적어도 95% 이상 확신하지 못한다면, 그에게 무죄를 선언해야 합니다."

몇 시간 후, 배심원단이 평결을 내리 못한 채 법정으로 돌아온다. 배심원단은 의견이 엇갈려 평결을 내리지 못한다. 공정성이 실현되었는가?

배심원 회의실에서는 활발한 논의가 이루어졌다. 진상은 분명했다. 주먹싸움에서 어니가 가해자일 확률은 90%였다. 어쨌거나 10명 중 9명의 증인이 그를 알아봤다. 하지만 판사의 지침에 따라 유죄판결을 내릴 수 있으려면 유죄 확신이 95%는 넘어야 한다. 그러므로 어니는 범죄 혐의에서 벗어나야 한다. 칼부림 사건의 경우는 어니의 유죄 증거가 훨씬 더 약했다. 5명 중 4명의 증인만 그를 알아봤으니, 유죄확률은 80%다. 따라서 배심원단 대표는 "혐의들에 대해 어니에게 무죄를 선고하고 집으로 돌아갑시다"라고 제안했다. 이에 배심원 10명이 동의했다.

"그래서는 안 됩니다" 입스위치 부인이 입을 열었다. 그러면서 "이 녀석은 나쁜 놈이 확실해요"라고 단호하게 주장했다. "그는 1건도 아니고 2건이나 되는 사건에 연루되었습니다. 감옥에 가야 마땅한 인간이에요. 하지만 만약 감옥에 보내지지 않더라도, 적어도 사회봉사 선고는 받아야 합니다. 그러면 그에게 교훈은 줄 수 있을 겁니다."

토론에 불이 붙었다. 배심원 대표와 10명의 배심원은 고집 센 동료에게 판사의 지침을 설명함으로써 그들의 추론을 납득시키려 애썼다. 하지만 입스위치 부인은 자신의 입장을 고수하면서 꿈쩍도 하지 않았다. 11명의 다른 배심원들은 그녀가 포기하지 않을 거라는 사실을 깨닫자 배심원단이 만장일치 평결에 도달할 수 없었음을 알리는 메모를 판사에게 보냈다. 결국 판사는 배심원의 의결 불일치에 의한 미결정 심리를 선언할 수밖에 없었다.

입스위치 부인의 행동은 정의에 부합했는가, 아니면 정의를 해쳤는가?

해제

어니는 레드 도그 바와 블루 캣 클럽에서 그저 두 번의 저녁 시간을 충실히 보내고 있던 무고한 방관자였는가? 아니면 교훈은 얼어야만 하는 나쁜 놈인가?

그가 주먹 싸움에서 무죄일 확률은 10%로, 이는 그를 무죄 방면하기에는 많은 의구심을 남기는 수치다. 다른 한편 그가 칼부림 사건에서 무죄일 확률은 20%로, 그를 곤경에서 구하고도 남는 수치다. 그렇다면 그가 이 2건의 사건 모두에서 무죄일 확률은 얼마인가? 또는 그가 이 범죄 중 적어도 하나에서 유죄일 확률은 얼마인가?

기초 확률 이론으로 그 답을 구할 수 있다. 서로 무관한 두 가지 사건이 발생할 합계 확률은 각 확률의 곱이다. 어니의 경우에 이는 10% 곱하기 20%로, 2%와 같다.

따라서 그가 2건의 범죄 모두에서 무죄일 확률은 겨우 2%에 불과하며, 적어도 1건의 범죄에서 유죄일 확률은 98%이다. 이는 어떤 범죄인지를 명시하지 않더라고 어니에게 유죄를 선언할 수 있을 정도로 충분히 높은 수치다. 입스위치 부인이 주장했듯이, 어니는 최소한 사회봉사 처분은 받아야 한다.

이는 응보주의 형벌론 지지자들이 낼 법한 의견이다. 그들은 만약 어떤 행위자가 잘못을 범했다면, 비록 그 잘못의 성격이 특정되지 않은 상태라 하더라도 그 사람에게 처벌을 부과하는 것이 타당하다고 말한다. 법률 위반자들을 치워버리는 목적이 단지 그들이 재교육을 받도록 하거나 사회로부터 격리되기 위해, 또는 미래에 저지를 수도 있는 범죄를 억제하기 위해서만은 아니다. 범죄자들은 그 자체로 의심할 여지없이 처벌받아 마땅하기 때문이다.

하지만 일반적으로 표현주의 이론에 기반한 현행 법률 체계들은 형법에 합계 확률을 적용하기를 거부한다. 그들은 유죄 선고받는 행위를 분명하게 식별할 수 있어야 한다고 요구한다. 2009년 2인의 법학 교수가 《미네소타 로 리뷰Minnesota Law Review》에 게재한 논문에 따르면 "그가 행한 범죄가 아니라 그가 저질렀을 수도 또는 저지르지 않았을 수도 있을 범죄로 그를 처벌하는 것은(그가 이 범죄나 다른 더 중한 범죄를 저질렀을 개연성이 농후하다는 이유만으로), 형벌이 가지는 표현적, 교육적, 의사소통적 메시지의 중요성을 약화시킨다. 유죄 판결을 받은 범죄자에게 가해지는 제재는 특정 행위에 대한 반감을 반영해야 하며, 그 행위는 그것에 대한 반감이 충분히 구체적일 정도로 식별 가능해야 한다." 표현주의 이론에 따르면, 범죄자를 처벌하는 것은 그들의 행동에 대한 반감과 비난을 공개적으로 표현하는 한 가지 방법이다.

법학계에서는 이를 둘러싼 논의가 지금도 계속되고 있다. 응보주의 형벌론자들이 합계 확률을 지지한다면, 표현주의자들은 허용범위를 제한하여 매우 예외적인 경우에서만 이를 수용하려고 한다.

부언

다음과 같은 사건에서 비슷한 문제가 제기될 수도 있다. 2명의 일란성 쌍둥이가 섬뜩한 범죄 현장에서 붙잡힌다. 한 여성이 쌍둥이 하나에게 간강당한 다음 다른 쌍둥이 하나에 의해 살해되었다. 강간에 대한 처벌은 20년 징역형인 반면, 살인에 대한 처벌은 사형이다. 담당 검사는 어떤 쌍둥이가 어떤 범죄를 저질렀는지 특정하지 못한다.[18] 그렇다면, 두 쌍둥이 모두 최소 20년 징역형에 처해야 하는 것 아닌가?

---

[18] 쌍둥이들은 게임 이론에서 말하는 "죄수의 딜레마"에 직면해 있다. 하지만 최근 일란성 쌍둥이의 DNA를 식별할 수 있게 되었다.

50 불법적인 2가지 행동이 더해지면, 합법적인 결과를 낳을 수 있는가?

병합 재판의 역설

커스버트는 하나가 아닌 두 가지 범죄 혐의로 기소된다. 화요일에 한 남성이 칼로 살해당했다. 그리고 수요일에는 한 여성이 강간당했다. 칼에 남은 지문이 커스버트의 지문일 확률은 96%이며, 여성의 몸에서 수집된 범인의 DNA가 커스버트의 DNA일 확률 역시 96%다.

이 사건의 담당 검사 로즈월 씨는 쉽게 해결할 수 있는 사건이라고 판단한다. 그래서 피고인 커스버트에게 재판 거래를 제안한다. 가석방 없는 50년 징역형이다. 상습범인 커스버트는 승산이 있을지도 모른다며 배심 재판을 받기로 마음먹는다. 커스버트는 무죄를 주장하며 배심 재판을 받게 해달라고 요구한다.

유감스럽게도 배심 재판에는 비용이 많이 든다. 화가 난 로즈월 검사는 납세자들의 돈이라도 아껴야겠다며 2건의 소송 사건을 한데 엮는 병합 접근법을 선택하기로 한다. 어쨌거나 두 사건은 우열을 가릴 수 없을 정도로 똑같이 중한 범죄이며, 피고는 2건 모두에 대해 명백히 유죄다. 로즈월은 "2번의 재판으로 모든 사람의 시간을 낭비하지는 말자"고 의견을 밝히면서 다음과 같이 덧붙인다. "병합 재판이 보다 효율적일 뿐 아니라 정의를 구현하는 데도 도움이 될 것이다." 담당 판사도 이 두 범죄를 하나의 사건으로 재판에 부치는 데 동의한다.

재판에는 여러 날이 소요되며 그러고도 최종 변론이 끝나야 판사는 배심원들을 법정 밖으로 내보내 평결을 내리도록 한다. 판사의 지침은 명확하다. "당신 앞에 서 있는 용의자는 살인과 강간 혐의로 기소되었습니다. 당신은 만장일치일 때만 피고에게 유죄 판결을 내릴 수 있습니다. 만약 당신이 피고가 해당 범죄들에 대해 유죄라고 적어도 95% 이상 확신하지 못한다면, 그를 무죄 방면해야 합니다."

검사는 만족해하며 웃는다. 이 재판은 식은 죽 먹기다! 지문 검사와 DNA 테스트 결과는 이미 95% 장벽을 넘은 상태다.

몇 시간 후, 배심원단이 평결을 가지고 돌아온다. 무죄다!

정의는 실현되었는가?

그렇다!

살인범이자 강간범인 커스버트는 상식에 의해, 또한 누가 봐도 합리적인 척도에 의해 바로 지금 무죄로 풀려났다. 형사 소송의 병합 재판에 어딘가 잘못된 부분이 있었는가?

배심원단 회의실에서 어떤 일이 있었는지를 살펴보도록 하자. 처음에 배심원들은 모두 같은 의견이었다. 커스버트는 남은 인생을 감옥에서 썩어야 할 나쁜 놈이다. 하지만 배심원들이 막 투표를 하기 직전, 오코너 씨가 입을 열었다. 그는 "제가 생각하기로는"이라며 말을 시작했다. "어쩌면, 정말로 어쩌면, 그 사건 상황들 중 하나에서 신원 확인 오류가 있을 개연성도 있는 것 같습니다. 아무리 2건 다 그가 범인일 확률이 95%라고는 하지만, 어쨌거나 95%는 100%가 아니니까요." 이에 배심원들은 재논의를 시작했다. 논의를 많이 하면 할수록 확신은 점점 더 떨어졌다. 마침내, 배심원들은 무죄 방면을 결정했다.

오심인가? 그럴 수도 있고, 아닐 수도 있다. 하지만 확실한 것은 그러한 평결이 역설이라는 것이다!

●

적어도 기원전 399년 소크라테스가 참석 원로들의 단순 다수에 의해 유죄판결과 사형선고를 받은 이래로 확률은 형사 사건 재판에서 중요한 역할을 해왔다. 18세기에 저명한 수학자이자 확률론자였던 피에르-시몽 라플라스는 사법 재판에서 확률을 적용하는 것에 대해 심사숙고했다. 그의 설명에 따르면, 만약 피고의 유죄 판결 요건이 배심원의 절반보다 단 1명만 더 많아도 되는 다수결이라고 한다면, 피고의 유죄 여부에는 다소 의심쩍은 부분이 존재하기 마련이다. 평결이 우연적으로 도출되었을 가능성을 배제할 수 없기 때문이다.

반면 오늘날 미국 형사 재판의 경우에서처럼 배심원들의 만장일치를 요구하는 것도 문제의 소지가 있다. 만장일치는 유죄 평결의 공정성을 거의 완벽하게 보장할 것이다. 하지만 엄격한 요건으로 인해 평결에 실패하는 결과가 종종 빚어지곤 한다. 단 한 명의 부동의자가 다른 모든 이에게 자신의 의지를 관철시킬 수도 있다. 그러다 보면 배심원단이 만장일치 평결에 도달할 수 없었다는 이유만으로 진짜 유죄인 많은 범죄자가 석방되어 사회의 장기적인 위협 요소가 되기도 한다.

라플라스는 타협안을 추천했다. 만약 유죄평결을 만장일치로 내리기를 원한다면, 그 사회는 배심원단의 규모에 제한을 두어야 한다(예컨대 31명의 재판관들로 유죄 평결 합의에 도달하기란 어쨌거나 어려울 것이기 때문이다). 하지만 다수의 재판관을 선호하는 사회라면 만장일치 요건은 포기해야 한다. 대신 범죄자 방면의 위험과 무죄추정 사이에서 균형을 유지하기 위해서는 판관의 절반보다 최소 1명이라도 더 많은 다수결 원칙을 채택해야만 한다. 확률 계산을 기초로, 라플라스는 당시의 관례였던 8명 중 5명 대신에 12명 중

9명의 다수 재판관이 찬성할 때 피고에게 유죄선고를 내리자고 제안했다.

근대로 들어오면서 논의는 확률 평가를 얼마나 신뢰할 수 있는가를 비롯한 확률 평가의 문제들뿐만 아니라 확률 이론에 따르는 문제들로 옮겨갔다. 예를 들어 재판의 증거 수집 단계에 확률을 결합할지 하지 않을지, 결합한다면 어떻게 할 것이지 그리고 확률을 판결 지침으로 활용하려면 어떻게 해야 하는지, 또한 상습적 누적 범행의 경우 확률 평가를 어떻게 해야 하는지, 여러 건의 범죄를 하나의 단일 재판으로 병합하는 것이 가능한지 아니면 적당한지와 같은 문제들이 이에 해당한다.

해제

오코너 씨의 지적은 타당했다. 만약 로즈월 검사가 강간 사건에 대해서만 재판을 청구했다면, 커스버트는 강간과 관련하여 의심의 여지없이 유죄 평결을 받았을 것이다. 피해자의 몸에서 나온 DNA가 그의 것과 일치할 확률이 96%였기 때문이다. 그리고 범행 도구에서 나온 지문이 커스버트의 지문일 확률도 96%였으며, 이는 판사가 특정한 임계점보다 더 높은 수치였다. 따라서 검사가 살인 사건에 대해서만 재판을 청구했다면, 커스버트는 역시나 유죄 평결을 받았을 것이다. 그러므로 아마도 그는 2번의 종신형을 선고받았을 것이다.

하지만 로즈월 검사는 근본적인 실수를 범했다. 검사는 2건의 범죄를 하나의 사건으로 병합해서 재판받을 수 있게 해달라고 요청했다. 그리고 이는 사실상 기준을 높이는 결과를 초래했다. 사건들을 병합한 관계로, 검사는 배심원단에게 커스버트가 2건의 범죄 모두에서 유죄인지 아닌지를 묻게 된 셈이었기 때문이다.

이 점이 결정적이다. 커스버트가 각각의 범죄에 대해 유죄일 확률은 96%였지만, 2건의 범죄 모두에 대해 유죄일 확률은 두 확률의 곱으로 계산된다. 즉 96% 곱하기 96%이다. 그 결과 92% 보다 조금 더 높은 것($0.96 \times 0.96 = 0.9216$)으로 나타나며, 이는 판사가 설정한 기준보다 낮다. 커스버트는 살인 사건에 대해 물론 여전히 유죄였다. 그리고 강간 사건에 대해서도 물론 여전히 유죄였다. 하지만 배심원들에게 평결을 내리도록 요청한 질문은 "커스버트는 강간 사건에 대해 유죄입니까?"도 아니었고 "커스버트는 살인 사건에 대해 유죄입니까"도 아니었다. 배심원들이 받은 질문은 "커스버트는 살인과 강간 모두에 대해 유죄입니까?"였다.

배심원들에게는 무죄 방면하는 것 외에 다른 선택지가 존재하지 않았다.

부언

이 장은 불특정 범죄의 역설과 대비를 이룬다. 49장의 경우, 병합 재판이 이루어졌다면 어니는 감옥에 보내졌을 것이다. 비록 각각의 사건에 대해 그 자체로 유죄일 확률은 95% 미만이지만 두 사건을 병합할 경우 그의 무죄 확률 또한 5% 미만으로 떨어질 것이기 때문이다. 이 장에서 비록 각각의 사건에 대해 커스버트가 그 자체로 유죄일 확률은 95% 이상이었지만, 2건의 사건을 결합한 병합 재판의 경우 커스버트의 유죄 확률은 5% 미만으로 나타났다.

판사가 배심원단에게 "만약 피고가 이 범죄들에 대해 무죄일 가능성이 1%라도 있다는 느낌이 든다면, 그를 무죄 방면해야 합니다"라는 지침을 내렸다면, 커스버트는 감옥으로 내쳐졌을 것이다. 왜냐하면 그가 살인 사건과 강간 사건 모두에 대해 무죄일 확률은 겨우 0.16%에 불과했기 때문이다. 하지만 정의는 그런 식으로 작동하지 않는다. 커스버트는 자신의 무죄를 입증할 필요가 없었다. 유죄가 입증되기 전까지 피고는 무죄이기 때문이다.

11장

뜻밖의 경제학

산더미처럼 쌓이고 있다.
균형은 유지되고 있는가?

경제학자와 회계사들은 자신들이 숫자를 엄격히 준수하고 있다는 생각에 스스로 뿌듯해한다. 하지만 때로는 그 숫자라는 것들이 타당하지 않거나, 이야기의 전부를 말해주지는 않는다.

51

팔면 팔수록 이윤은 제로가 된다

베르트랑의 경제학 역설

 토스티와 프레소라는 회사가 있다. 두 회사 모두 베이글을 구울 수 있는 커피 메이커를 제조해서 판매한다. 이 장치를 생산하는 기업은 전 세계에서 이 두 회사밖에 없기 때문에 경제학 용어로 이들은 시장을 복점 지배하고 있다.

 제품 1개당 들어가는 생산과 유통 비용은 100달러다. 토스티가 먼저 시장에 진출한다. 토스티는 제품 가격을 115달러로 책정해 제품당 15달러라는 썩 괜찮은 이윤을 남긴다. 토스티 다음으로 시장에 진출한 프레소는 제품을 110달러에 내놓는다. 사실상 프레소가 챙긴 이윤은 제품당 고작 10달러에 불과하다. 그러나 프레소는 토스티의 시장 점유율을 놀라운 속도로 따라잡는다. 이에 뒤질세라 토스티도 제품 단가를 105달러로 조정한다. 프레소는 딜레마에 직면한다. 가격을 100달러로 다시 낮출 수만 있다면, 그 가격으로 시장 전체를 차지할 수 있을 텐데 말이다. 하지만 그렇게 되면, 이익률은 제로가 될 것이다. 그럼에도 토스티가 가격을 낮춘다면 토스티 역시 프레소와 같이 가격을 100달러로 낮출 수밖에 없을 것이다.

이 가격 전쟁의 논리적 결말은 토스티와 프레소가 더 이상 한 푼도 벌 수 없다는 사실을 깨닫는 것이다. 따라서 두 회사 모두 생산을 중단하고 사업을 접는 편이 나을 수도 있다.

맞는가?

글쎄, 이 질문에 대한 답은 다음 두 수학자 중 당신이 누구의 말을 듣고 싶은지에 달려 있다. 경제학에 지대한 관심을 보였던 프랑스 수학자 조지프 베르트랑에 따른다면, 답은 "그렇다." 하지만 같은 프랑스 출신 수학자이자 철학자인 앙투안 오귀스탱 쿠르노에 따른다면 답은 "아니다." 누구 말이 정답인가?

물론 우리는 두 경쟁 기업(복점) 혹은 소수의 경쟁 기업(과점)이 지배하는 사업 부문들에서 그 회사들이 여전히 사업체를 운영하며 계속적으로 이윤을 내고 있다는 사실을 잘 알고 있다. 따라서 역설적이게도 베르트랑의 분석은 비록 틀린 것처럼 보이지 않을지라도, 전적으로 옳다고도 할 수 없다. 현실에는 곧 살펴보게 될 쿠르노 모델Cournot's model이 이에 더 부합한다.

경제학 연구 초창기에 일부 사상가들은 경제 모델들을 둘러싸고 심사숙고했다. 그러나 산술적인 삽화와 사례들을 제외하면 그들의 연구는 말로 설명하는 방식이 주를 이루었다. 즉, 그들은 결론을 설명하기 위해 관찰한 내용을 기술하거나 일화들을 열거하거나 했다.

따라서 수학을 도입하기 전까지만 해도 경제학은 소위 물리학, 의학, 화학에 비해 과학적이라 여겨지지 않았다. 경제학이 진지한 학문 분야의 일원이 될 수 있었던 것은 부, 이윤, 화폐 효용과 같은 경제학적 개념들이 최적화될 수 있는 방법을 제시했던 수학적 모델들이 개발되고 나서부터였다. 그리고 경제학에 수학적 모델이 등장한 것은 신고전주의 경제학자 쿠르노와 베르트랑이 수학적 방법론과 도구를 이용하기 시작한 19세기 후반의 일이었다(이 상황은 20세기 후반 행동경제학이 등장하면서 다시 바뀌게 된다).

해제

쿠르노는 복점과 과점에 대해 베르트랑과 다른 생각을 가지고 있었다. 쿠르노의 분석에 따르면 기업들은 가격이 아니라 생산량으로 경쟁한다.

2개의 기업이 있다고 가정해보자. 이 두 기업은 모두 생산물의 수요 곡선이 어떤 모양을 그리는지(가격이 낮을수록 수요는 올라간다)

를 잘 알고 있다. 각 기업은 상대 기업이 이익을 극대화하기 위해 생산하게 될 생산량을 예측한 다음, 이를 전제로 자신의 기업 이익을 극대화하려면 얼마를 생산해야 하는지를 직접 결정한다.

이제 우리의 예로 돌아가보자. 프레소는 토스티가 앞으로 얼마를 생산할시 생산량을 결정해야 한다는 사실을 알고 있다. 토스티의 생산량 선택지는 엄청나게 다양할 것이다. 따라서 프레소는 토스티가 생산할 수도 있을 모든 가능한 생산량 각각을 고려해 자신이 얼마를 생산해야 하는지를 결정한다. 토스티의 경우도 마찬가지다. 몇 번에 걸쳐 생산량을 올렸다 내렸다 한 끝에 두 회사의 생산량은 절충되어 하나의 생산량으로 수렴하며, 그 수준에서 두 회사의 책정 가능한 가격이 결정된다(쿠르노에 따르면 이 모든 과정은 동시에 일어난다). 결과적으로 이렇게 얻어진 가격은 터무니없는 독점 가격보다는 다소 낮을 테지만, 가혹한 완전 시장 가격보다는 높을 것이다. 이런 식으로 토스티와 프레소 모두 이윤을 창출하는 한편 계속해서 사업체를 유지할 수 있게 된다.

복점이 지배적인 시장이라면, 쿠르노 모델이 베르트랑 모델보다 더 현실적이다. 하지만 베르트랑 모델이 현실을 설명하지 못하는 데에는 다른 이유들도 있다. 예를 들어 토스티와 프레소 모두 매우 제한적인 생산 능력을 가진 기업일 수도 있고, 토스티가 서부 해안에 위치해 있어서 동부 해안으로 제품을 배송하려면 엄청나게 많은 비용을 들여야 할 수도 있다. 또는 프레소가 자사 제품이 토스티보다 우수하다고 주장하는 브랜드 광고를 시작할 수도 있다.

부언

소비자에게 가장 유리한 시장은 생산자가 많고 완전 경쟁으로 인해 가격이 거의 한계 비용 수준까지 내려가는 시장이다. 그렇게 되면 일반적으로 생산자는 작지만 합리적인 이윤을 얻고 소비자는 가능한 거의 최저 가격을 보장받게 된다.

반면 독점 상황에서는 단독 생산자가 원하는 가격을 마음대로 책정할 수 있다. 독점 기업은 막대한 이윤을 챙기고 소비자들은 바가지를 쓴다.

복점은 독점과 완전 경쟁, 그 중간 어디쯤에 존재한다. 생산량은 독점 시장보다는 많지만 완전 경쟁 시장 보다 적고, 가격은 독점 시장보다는 낮지만 완전 경쟁 시장보다는 높다.

토스티와 프레소가 사이좋게 지내기로 결정하고, 그 결정을 통해 독점 시장을 만들어낸다면 어떤가? 아, 그건 불법이다! 독점권을 행사하고 남용하는 기업으로부터 소비자를 보호하기 위해 전매와 카르텔을 구성하는 것은 일반적으로 불법으로 규정된다. 전력 회사라든지, 또는 오래전에 사라진 전화회사 같은 공기업들만

이 유일한 예외다. 이러한 공기업들에게는 수익성이 낮은 지역이라 할지라도 파산하지 않고 안정적인 서비스를 제공하도록 하기 위해 수익성이 좋은 지역에서 예외적으로 높은 독점 가격을 형성할 수 있게 한다.

그러니 사이좋게 지내는 건 위법이다. 이 얼마나 역설적인가!

52

효율성이 높아질수록 소비량도 증가한다

제번스의 역설

오바마 행정부 시절, 자동차 제조업체는 연방 규정에 따라 신차의 평균 연비를 갤런당 50마일 이상으로 개선해야 했다. 어느 모로 보나 모두에게 이득을 가져올 조치였다. 총 석유 소비량은 수십억 배럴 감소하고, 온실가스 배출량은 수백만 톤 감소하며, 미국 운전자들은 수천 달러를 절약할 수 있는 수준이었다.

늘 그렇듯, 효율성이 올라가면 희소 자원을 보존하고 환경을 보호하며 비용을 절감하는 데 유리하다. 맞는가?

놀랍겠지만 그렇지 않다. 적어도 항상 그런 것은 아니다. 효율성이 높아지면 자원 남용이 줄어들기는커녕 더 늘어나는 경우가 많다.

1715년에 영국의 발명가 토머스 뉴커먼이 증기기관을 발명했고, 그로부터 60년 후인 1775년에는 제임스 와트가 증기기관의 효율성을 크게 개선했다. 그렇다면, 그 결과 증기를 만들어내는 데 필요한 석탄 소비량이 영국에서 줄어들었는가?

아니다! 반대로 석탄 소비량은 급격히 증가했다.

1973년에 아랍권의 석유 보이콧이 유발한 석유 파동을 경험한 뒤로, 보다 에너지 효율이 높은 자동차들이 생산되었다. 그럼에도 불구하고 미국의 자동차 휘발유 소비량은 1973년 25억 배럴에서 2017년 34억 배럴로 36% 증가했다.

비행기 여행도 비슷한 추세를 보였다. 제트 여객기의 좌석당 연료 효율은 1960년과 2016년 사이에 3배 이상 증가했다. 연료 효율이 3배나 증가했음에도 연료 소비는 이전보다 17배나 더 늘었다.

또 다른 사례로는 에어컨을 들 수 있다. 1993년과 2005년 사이에 주거용 에어컨 장치의 에너지 효율은 28% 향상됐다. 그러나 에어컨을 사용하는 가정의 평균 에어컨 에너지 소비량은 37% 증가했다.

이 역설적인 현상은 1865년, 당시 29살이었던 영국인 윌리엄 스탠리 제번스(William Stanley Jevons)에 의해 처음으로 제기되었다. 제번스는 수학적 기법을 처음으로 사용한 경제학자 가운데 한 명으로, 영국의 석탄 의존도가 미치는 파급 효과를 연구한 『석탄 문제(The Coal Question)』라는 제목의 책을 냈다. 책에서, 제번스는 석탄이라는 에너지원의 가용성이 제한적이라는 사실을 지적하면서 영국이 과연 다음 세기에도 석탄에 의지해 경제를 유지할 수 있을지의 문제에 대해 논했다.

해제

『석탄 문제』에서는 "제번스의 역설"로 알려진 것을 명확하게 제시한다. 그는 책을 통해 다음과 같은 핵심 주제를 전개한다. "연료의 경제적 사용이 소비 감축에 상응한다고 가정하는 것은 완전한 착각이다. 진실은 정반대다." 에너지 생산 효율성이 높아지면 에너지 소비는 줄어들기보다 오히려 늘어날 수 있다.

이 현상의 대표적인 사례가 바로 앞에서 언급한 제임스 와트의 증기기관이다. 엔진의 효율성이 높아지면서 산업혁명이 일어났고, 이로 인해 석탄 사용량이 급증했다. 석탄을 이용해 엔진을 경제적으로 작동시키면 시킬수록 석탄뿐 아니라 철을 비롯한 다른 자원의 전반적인 소비량도 점점 더 증가했다.

이는 예나 지금이나 전형적인 진퇴양난(catch-22라고도 표현한다)*의 상황을 만들어낸다. 어떤 자원의 생산성이 높아진다는 말은 그 자원을 이용하는 데 드는 비용이 감소한다는 말과 같다. 비용 감소는 수요의 증가를 가져온다. 그리고 수요가 증가하면, 자원

이용률도 그에 따라 증가한다. 이것이 바로 오늘날 비행기 여행으로 태우고 있는 연료의 양이 과거보다 17배나 많아진 이유다. 연료 효율성이 3배 증가하면서 비행기 여행에 들어가는 비용이 저렴해졌고, 그로 인해 전 세계 비행기 여행은 50배가 증가했다.[19]

에어컨을 돌리는 데 드는 비용이 점차 저렴해지면서 더위가 기승을 부릴 때만 작동시키던 에어컨을 지속적으로 사용하는 경우가 전례 없이 많아졌다. 또한 토마스 앨바 에디슨의 백열전구를 계승한 제품들보다 훨씬 더 효율적인 현대의 LED 전구는 24시간 내내 켜져 있는 경우가 많다.

부언

이 이야기의 핵심은, 효율성 향상에도 불구하고 온실 효과와 환경

- catch-22는 1가지 조건을 충족하면 다른 조건을 충족할 수 없는, 상충하는 규칙이 존재하는 상황을 가리킨다. 미국인 작가 조지프 헬러의 소설 제목으로, 소설 속에서는 자기모순적인 순환 논리 구조를 가진 군사 규범 조항을 가리키기 위해 사용되었다. 일상생활에서는 예컨대 '대출을 받기 위해 신용이 필요하지만, 신용을 쌓으려면 대출이 필요한 경우'라든지, '직장에서 승진을 하고 싶지만 승진에는 경험이 필요한 상황' 같은 딜레마 상황을 가리킨다.
- [19] 비행기 여행은 일반적으로 승객-킬로미터 단위로 측정된다. 전 세계 비행기 여행의 증가는 연료 효율성이 높아져 항공료가 낮아진 이유 때문이기도 하지만, 소득과 인구 증가에 따른 결과이기도 하다. 여행이 50배 증가하고 연료 효율성이 3배 증가했다는 사실은 연료 사용이 17배 증가했음을 의미한다.

오염은 오히려 증가할 수 있다는 것이다. 아이러니한 것은 이러한 현상이 효율성 향상에도 불구하고 발생하는 것이 아니라 효율성 향상 때문에 발생한다는 사실이다!

따라서 선의의 환경 운동가들이 효율성 개선을 위해 기울이는 노력이 부메랑이 되어 돌아올지도 모른다. 효율성 향상이 가져다주는 환경적 이득은 수요 증가로 인한 희소 자원의 손실과 오염 증가로 인해 상쇄될 수 있다. 경제학자들은 이를 "반동 효과"라고 부른다. 사람들은 더 싼 값으로 더 많은 자원을 이용하기 마련이므로, 효율성이 자원 절약으로 이어지는 경우는 극히 일부에 불과하다. 예를 들어, 많은 사람이 판단하기에 휘발유 값이 이토록 저렴하니 대중교통을 이용하는 것보다 자가용을 타고 출퇴근하는 것이 더 낫다고 생각할 수도 있다.

간접적인 반동 효과는 한 부문의 에너지 절감(예컨대 자동차 휘발유 지출 감소)이 다른 부문의 에너지 지출 증가(예컨대 냉방용 전기 사용 증가)로 이어질 때 발생한다. 거시 경제적 측면에서 본다면 에너지 효율성이 증가할수록(따라서 에너지 가격은 더 저렴해진다) 경제 성장 속도도 빨라지니 좋은 일일 수 있겠지만, 경제 전반의 에너지 사용량을 증가시킨다는 점에서 반드시 좋은 일만은 아니다.

상황은 심지어 더 나쁠 수도 있다. 에너지 효율 향상으로 총 에너지 사용량이 이전보다 많아지면, 환경 경제학자들이 역효과라고 부르는 반동 효과가 발생할 가능성도 있다.

제번스에 따르면 효율성 개선이 오히려 역효과를 초래할 수 있으므로 대기 오염, 온실 효과, 희소 자원 고갈을 제한하기 위한 정부 개입이 필요할 수 있다. 환경 운동가들이 효율성 향상에 할당, 배급, 과세, 환경 기준 및 법률 같은 정책들이 반드시 결합되어야 한다고 말하는 것도 바로 이러한 이유 때문이다.

53

최적화된 자유주의

센의 역설

서구 세계에서는 대부분의 사회가 사회주의나 공산주의보다 자유주의를 선호한다. 모든 사람은 여러 가지 선택지 가운데 본인이 선호하는 것을 스스로 선택할 수 있어야 한다. 그리고 공동체의 모든 구성원이 어느 누구에게도 해를 끼치지 않으면서 모두가 더 나은 삶을 살 수 있는 방식으로 최적의 선택을 했다면 이런 상태를 "파레토 최적Pareto optimality"이라고 부른다. 이렇게 되면 우리는 세상에서 가장 좋은, 최상의 것을 얻을 수 있다.

맞는가?

맞다. 하지만 애석하게도 자유주의 사회가 항상 파레토 최적의 상태를 유지할 수 있는 것은 아니다.

다음 같은 시나리오가 있다고 생각해보자. 한 어머니가 아들에게 먹이려고 시금치 한 접시를 요리했다. 만약 아들이 시금치를 먹지 않는다면, 시금치는 상해서 버려지게 될 것이다. 따라서 여기에는 3가지 선택지가 존재한다. 아들이 시금치를 먹는다(S), 어머니가 시금치를 먹는다(M), 시금치를 쓰레기통에 버린다(G).

어머니의 선호 순위는 다음과 같다:

어머니: 아들이 시금치를 먹는다 > 엄마가 시금치를 먹는다 > 시금치를 쓰레기통에 버린다 (S > M > G).

아들은 시금치를 싫어하지만 어머니는 기쁘게 해주고 싶다. 따라서 아들의 선호 순위는 다음과 같다:

아들: 시금치를 쓰레기통에 버린다 > 아들이 시금치를 먹는다 > 엄마가 시금치를 먹는다 (G > S > M).

어머니와 아들은 자유주의를 신봉하는 가족의 구성원이다. 둘 중 누구도 상대방에게 시금치를 먹으라고 강요하지 않는다. 시금치 한 접시를 먹을지 버릴지는 각자의 결정에 맡겨진다. 어머니는 아들에게 강제로 시금치를 먹게 만들 수 없다. 따라서 자신이 결정할 수 있는 선택지들을 고려한다면, 시금치를 내다 버리기보다는 자신이 먹는 쪽을 선호한다(M > G). 아들의 경우, 그 자신이 결정할 수 있는 선택지들을 고려한다면, 자기가 먹기보다는 시금치를 버리는 쪽을 선호한다(G > S). 두 사람의 선호를 결합시키면 M > G > S 가 나온다. 결국, 시금치를 먹게 되는 사람은 어머니다.

하지만 잠깐만, 기다려보라! 그들 각각의 선호 경향을 보면, 두 사람 모두 아들이 시금치를 먹는 편을 더 선호하는 것으로 나타난다(S > M). 따라서 만약 아들이 시금치를 먹어버렸다면, 두 사람 모두 더 행복했을 것이다.

만약 상황이 이렇다고 한다면, 우리에게는 문제가 하나 생긴다. 자유주의적인 어머니와 자유주의적인 아들 각각이 가능한 선택지들 가운데 가장 선호하는 것을 선택했음에도 그러한 선택은 파레토 최적으로 이어지지 않았다. 즉, 둘 다 다른 선택을 했다면 모두에게 이익이 되었을 것이다.

역설이 아닐 수 없다!

이 역설은 인도의 경제학자 아마르티아 센이 고안해낸 것으로 그는 복지 경제학, 사회적 선택 이론, 사회 정의에 관한 연구로 1998년 노벨 경제학상을 수상했다.

1970년 《정치경제학 저널Journal of Political Economy》에 실린 "파레토 자유주의의 불가능성The Impossibility of a Paretian Liberal"이라는 제목의 논문에서 센은 자유주의와 파레토 최적이 양립 불가능함을 보여주었다. 어떤 한 개인이 한 선택지를 다른 선택지보다 선호한다고 해보자. 자유주의 사회라면 그가 원하는 대로 선택할 수 있도록 허용해야만 한다. 하지만 파레토 최적에 따르면, 모든 개인이 b보다 a를 선호한다는 전제 하에 전체로서의 사회는 b보다 a를 선택해야 한다. 즉, 자유주의와 파레토 최적은 모순을 일으킨다.

센은 에로틱 소설을 읽으려는 두 사람을 예로 들어 설명한다. 한 사람은 조신하고 다른 한 사람은 음란하다(센이 예로 든 소설은 D. H. 로렌스의 『채털리부인의 연인Chatterley's Lover』으로 요즘은 그렇지 않지만 반세기 전만해도 노골적이라 여겨지던 소설이다). 이 장에서는 시금치 먹기에 센의 예를 그대로 적용했다.

해제

해제는 없다. 센은 특정 선택지를 선호하는 개인들이 존재하는 경우라면 자유주의적 가치는 파레토 최적의 원칙과 충돌할 수밖에 없다는 사실을 수학적으로 증명했다. 즉, 이 두 원리는 양립 불가능할 수 있다.

우리는 이 이야기로부터 어떤 교훈을 끌어낼 수 있는가? 센의 대답은 대단히 우울하다. "파레토 최적의 원칙을 진지하게 수용하는 사람이라면 자유주의적 가치를 소중히 여기는 데 일관성의 문제에 직면할 수밖에 없다." 또는, "뭐가 됐건 자유주의적 가치관을 가진 사람이라면, 파레토 최적의 원칙을 고수하지 않도록 조심해야 할 수도 있다."

센은 이 문제에서 벗어날 수 있는 1가지 방법이 존재한다고 주장한다. "개인의 자유는 사회적 선택을 위한 규칙에 좌우되지 않는다. 개인의 자유를 보장할 수 있는 궁극적 방법은 사람들 개개인이 서로의 개인적 선택을 존중하는 가치들을 발전시키는 것뿐이다." 달리 말해, 개인의 가치가 공동체의 법을 따르는 한 그 개인은 자유주의자일 수 있다.

부언

센의 논문에 대한 비판 중 1가지는 논문이 각 개인마다 선호의 강도가 다르다는 사실을 무시하고 있다는 지적이다. 이는 개인 간 선호도를 비교하는 것이 불가능하다는 사실과 관계가 있다 예를 들어 아들은 시금치라면 질색을 하지만 어머니는 시금치를 쓰레기통에 버려도 개의치 않는 사람일 수 있다. 만약 이 점을 고려한다면, 어머니와 아들의 선택은 달라질 수도 있다.

이는 선호의 강도를 고려할 때 그 강도에 따라 공동체의 사회적 선택도 영향을 받을 수밖에 없다는 것을 함축한다. 예를 들어, 어떤 집 주인이 자신의 현관문을 노란색으로 칠하기를 정말로 간절하게 원한다면, 이웃들이 아무리 노란 색을 싫어한다고 할지라도 그 집주인은 현관문을 노란색으로 칠할 수 있어야 한다.

따라서 어떤 선택이 어떤 한 사람에게는 심대한 영향을 미칠 수 있지만 그 밖의 다른 사람들에게는 그다지 큰 영향을 미치지 않을 가능성이 매우 높은 경우라면, 사회는 이 선택을 그 사람에게 전적으로 맡겨야 한다는 것에 동의해야 마땅하다.

●

센의 역설은 유사한 수학적 기법을 사용하는 애로^{Arrow}의 "불가능성 정리$^{impossibility\ theorem}$"와 관련이 있다. 애로에 따르면, 어떠한 순위별 선거 시스템도 합리적인 특정 공정성 공리들을 항상 만족시키도록 설계될 수는 없다고 지적한다.[20]

---

[20] 그러나 센의 역설은 애로의 불가능성 정리처럼 소위 무관한 대안들의 독립성 공리에 의존하지 않는다. 따라서 독립성 공리를 완화한다고 해서 센의 역설에서 벗어날 수는 없다. 나의 저서 『수의 규칙(Princeton, NJ: Princeton University Press, 2010)』을 참조하라.

54

개인의 악덕, 공공의 이익

맨더빌의 역설

미덕은 좋은 것이고, 악덕은 나쁜 것이다.

연대는 좋은 것이고, 이기심은 나쁜 것이다.

정직은 좋은 것이고, 거짓은 나쁜 것이다.

관대함은 좋은 것이고, 탐욕은 나쁜 것이다.

그래, 맞는 말이다. 하지만, 탐욕은 나쁜 것이 아니다.

오, 정말로 그런가?

1987년 영화 《월 스트리트》의 주요 장면 중에는 영화 속 악당 고든 게코(마이클 더글라스 분)가 텔다 제지 연례 총회에서 연설하는 대목이 있다. "탐욕은, 아마 이보다 적절한 말을 없을 테니 탐욕이라 칭하겠습니다. 탐욕은 좋은 것입니다."라는 말로 운을 뗀 게코는 주주들에게 다음과 같이 간곡히 호소한다. "탐욕은 옳습니다. 탐욕은 효과적입니다. 탐욕이야말로 인간 정신의 진화적 본질을 명확히 하고, 관통하고, 포착해냅니다. 생명에 대한 탐욕, 돈에 대한 탐욕, 사랑에 대한 탐욕, 지식에 대한 탐욕, 이 모든 형태의 탐욕이 바로 인류 발전의 원동력이었습니다. 당신, 제 말을 명심하십시오. 탐욕, 오직 탐욕만이 텔다 제지뿐만 아니라 이른바 미국이라는 오작동에 빠진 기업을 구해낼 수 있습니다. 대단히 감사합니다."

따라서 우리는 다음 같은 결론에 도달한다. 탐욕은 어떤 합리적 기준에 의해 악덕으로 규정되기는 하지만, 나쁜 것은 아니다. 아니 반대로 탐욕은 좋은 것이다. 그리고 다른 악덕 역시 마찬가지다. 어쩌면 앞서 언급한 미덕들이 나쁜 것일지도 모른다. 그야말로 역설이다!

고든 게코가 등장한 시대보다 거의 300년 전인 1705년, 네덜란드인 의사이자 사회 철학자인 버나드 맨더빌은 "불만에 찬 벌집: 혹은 정직해진 악당들"이라는 제목의 시 한 편을 영국에서 익명으로 게재했다. 이 시는 1714년, 벌집과 그 안에 사는 꿀벌들의 이야기를 담은 그의 저서 『꿀벌의 우화, 개인의 악덕과 공공의 이익 The Fable of the Bees or Private Vices, Publick Benefits』에도 등장한다. 책 속의 꿀벌들은 오로지 이기심, 성욕, 탐욕, 허영심에 이끌려 속이고 훔치고 매수하고 살인을 저지른다. 놀랍게도 맨더빌은 다음과 같이 썼다. "그리하여 구석구석 모든 곳에서 악이 넘쳐났으나, 그들의 사회 자체는 낙원과 같았다." 그 벌집이 다른 벌집보다 우월할 수 있었던 것은 그들이 정확히 도덕적으로 실패했기 때문이다. "그들이 공모한 범죄 덕분에 그들은 위대해졌다. 가장 사악한 군중이 공공선을 위해 무언가 엄청난 것을 일궈냈다." 교활함과 부정직, 속임수를 쓰고 사기를 치고 기만하고자 하는 의지, 이것이 바로 다른 벌집의 꿀벌들에 비해 그들이 유리할 수 있었던 이유다.

그러던 어느 날, 악행이 도를 넘어버렸다. "선하신 하느님, 우리에게 조금이라도 정직함을 주시지 그러셨어요!" 그들은 울부짖었고, 그 자리에서 선한 존재가 되기로 결심했다. "모두의 마음에 진실함이 넘쳐나자" 빚쟁이들이 빚을 갚고, 변호사들은 정직해졌으며 의사들은 돌팔이 짓을 멈추고 성직자들은 게으름에서 깨어났다.

그것이 종말의 시작이었다. 벌집 주민들은 월급으로만 생활하면서 빚을 갚아나갔다. 그러려면 자기 소유의 물건을 전당 잡히고 마차며 말이며 우아한 시골 저택을 팔 수밖에 없었다. 그 후로는 호화스러운 궁전, 화려한 옷, 그 밖에 쓸데없는 낭비를 피했다. 그러자 건축업이 붕괴됐고 장인들은 일자리를 잃었으며 여관과 선술집은 문을 닫았다. "보여주기 식 자랑과 사치가 줄어들자 모든 예술과 공예품이 방치된 채 나뒹굴었다."

경제 구조와 사회 구조가 붕괴하면서 벌집 거주 개체 수가 급격하게 감소한다. 생존한 벌들은 속이 빈 나무를 찾아 날아가고,

한때 어마어마한 크기를 자랑했던 벌집은 하찮은 규모로 전락한다. 이 이야기의 교훈은 무엇인가? "바보들만이 선하고 정직한 벌집을 만들기 위해 애쓰는 법이다. 사기, 사치, 우쭐거림은 반드시 존속되어야 한다. 결국 그러한 악덕의 수혜자는 우리 자신이기 때문이다."

이 운율도 맞지 않는 서투른 시가 잘한 게 1가지 있다면, 시 속 악덕에 대한 찬양과 도덕에 대한 힐난이 그 후 200년 이상을 지속될, 그래서 심지어 현대의 경제학자들에까지 영향을 미치게 될 논쟁을 촉발시켰다는 사실뿐이다.

해제

개인의 악덕이 공공의 이익을 창출한다는 이 우화시의 핵심 주장은 출판 당시에 일반 독자들에게 혐오감을 불러일으켰다. 뿐만 아니라 이는 기독교의 모든 가르침과 어긋나기도 했다. 시에서 표현되는 원리 속에는 무언가 중요한 것이 존재했다. 경제적 상황을 개선하고 안락함을 즐기고 싶다는 바람, 그리고 심지어 사치를 누리고 싶다는 욕망은 무역과 산업의 발전을 북돋운다. 또한 사회적 사다리에서 위로 올라가기 위해 노력할수록 생산성도 높아지기 마련이다.

그렇다면 뭐라 정의하든 악덕이 분명한 자랑과 허영이 대체 어떻게 경제와 공공의 이익을 풍요롭게 한다는 말인가? 우쭐거림과 허영심이 없다면 사람들은 새 옷, 비싼 자동차, 최고급 부동산, 고가의 예술품을 사려는 동기를 가지지 못할 것이다. 도락이 없다면 개인을 위한 소비 지출은 거의 일어나지 않을 것이다. 그 결과, 기업은 파산하고 실업률은 증가하며 산업은 붕괴하고 경제는 황폐해질 것이다. 논점을 명확하게 하기라도 하려는 듯, 맨더빌은 심지어 도둑, 강도, 시정잡배조차 경제에 활력을 불어넣는 존재들이라고 주장했다. 이들이 없다면 자물쇠 제조공도 경찰관도 변호사도 존재하지 않을 것이다. 맨더빌은 나중에 시를 수정하면서 갈봇집brothels을 옹호하는 말을 덧붙이기까지 했다. 이제 당신도 슬슬 이야기의 요점이 파악되기 시작할 것이다.

맨더빌의 사상은 근대 경제학의 아버지라 불리는 스코틀랜드 사상가 애덤 스미스에게도 영향을 미쳤다. 애덤 스미스는 경제가 보이지 않는 손에 의해 움직인다고 믿었다. 사회에서 모든 사람이 자신의 이기심에 따라 행동할 때, 그 이기심을 양분으로 시장의 보이지 않는 손이 작동함으로써 생산과 소비가 최적의 방식으로 배분된다. 이는 시장을 기반으로 자유롭게 자원이 배분되는 체계를 일컫는다. 가격, 임금, 비용은 모종의 권력 통제에 의해 결정되는 것이 아니라 오직 개인들의 이기심이 작동한 결과 스스로 균형점에 도달한다. 이기심이 없다면, 보이지 않는 손도 사라지고 없다.[21]

부언

꿀벌의 우화는 20세기에 다른 많은 사람 중에서도 특히, 1974년 노벨 경제학상 수상자 프리드리히 하이에크와 1976년 노벨 경제학상 수상자 밀턴 프리드먼이 수창한 자유방임 경제학이라는 이름으로 재현되었다.

자유방임 경제학 원리에 따르면, 정부가 자유 시장에 대한 간섭을 줄이고 개별 주체(사람뿐만 아니라 기업)가 자신의 이익을 추구하도록 내버려둘수록 경제는 더 잘 기능한다. 즉, 경제 주체들이 규제를 거의 받지 않는 상태에서 경쟁하면 경쟁할수록 시장의 자기 조절 능력은 강화될 것이라고 주장한다.

하지만 불행하게도, 제한되지 않는 자유방임 경제는 과잉 생산과 장기적 손해를 초래하는 경우가 대부분이다. "불만에 찬 벌집: 혹은 정직해진 악당들"이 게재된 지 1세기하고도 반이 지났을 무렵, 카를 마르크스는 맨더빌의 관찰이 신흥 자본주의 체제의 본질과 관련해 중요한 통찰을 제공한다고 지적했다. 마르크스는 "맨더빌은 그 어떤 속물적 대변자들도 따라 올 수 없을 정도로 한없이 대담하고 정직하게 부르주아 사회를 옹호했다는 점에서 타의추

---

[21] 보이지 않는 손이 상징하는 시장과 같은 역할을 하는 것이 중앙통제경제, 즉 비효율적인 것으로 악명 높은 공산주의다.

종을 불허했다"고 썼다.

 강경한 자유 시장 옹호론자들을 제외한다면, 오늘날의 경제학자들은 시장의 보이지 않는 손과 국가의 보이는 손이 협력해 사적 기업과 공적 개입이 균형을 이룰 때, 오직 그럴 때에만 자본주의 경제의 부수적 피해를 줄일 수 있다는 데 합의하고 있다.

55

허리띠 졸라매기

절약의 역설

경제학적으로 본다면, 앞날을 내다보고 미래를 대비하는 것은 신중한 행동이다. 만일의 경우를 대비해 저축하는 것은 특히 칭찬할 만한 일이다. 돈이 궁한 날이 오고 재정 상황이 어려워진다면, 바로 그때가 허리띠를 졸라매고 지출을 줄여야 할 시점이다.

맞는가?

개인이라면 맞지만, 정부가 그렇게 한다면 틀렸다.

미국의 2007년~2008년의 금융 위기는 부동산 시장의 붕괴, 주택담보 대출인 서브프라임 모기지 비율의 급증, 은행의 위험한 대출 관행, 기업의 무분별한 위험 부담 감수, 규제 기관의 실패가 원인이었다. 이는 전 세계 시장의 경기 침체와 경기 후퇴로 이어지면서 1930년대 대공황 이후 최악의 경제 위기를 가져왔다고 평가된다.

상식대로라면, 그때가 바로 허리띠를 졸라매야 할 시점이라고 여겼을 수도 있다. '신중한' 의사 결정자라면 그렇게 했을 것이다. 그러나 버락 오바마 미국 대통령은 그러지 않았다. 그는 허리띠를 졸라매는 대신 경기 부양책에 서명해 거의 8,000억 달러에 이르는 돈을 지출했다. 이는 모든 영역에 걸쳐 과잉 지출을 부추겼다. 개인과 기업이 소비를 더 대담하게 할 수 있도록(3,000억 달러 가까이) 세제 혜택이 주어졌다. 의료(1,550억 달러), 교육(1,000억 달러), 실업자, 퇴직자 및 저소득층에 대한 지원(820억 달러), 인프라(1,050억 달러), 재생에너지(270억 달러), 주택(150억 달러) 분야에 대한 추가 지출도 승인되었다.

신중한 결정이었는가? 80년 만에 미국을 강타한 최악의 경제 위기였는데도 정부는 허리띠를 졸라매는 대신 가늠도 되지 않는 무수한 달러를 지출하기로 결정했다. 정말로 어처구니없고 도저히 이해할 수 없는 결정으로 보였다.

기독교의 핵심 덕목으로 간주되곤 하는 근검절약은 20세기 가장 영향력 있는 경제학자 중 한 명인 존 메이너드 케인스의 역작 『고용, 이자 및 화폐의 일반이론The General Theory of Employment, Interest and Money)』에서 하나의 역설로 등장한다. 이후 케인스 경제학의 정수라 불리게 될 그의 논문에서, 케인스는 기존의 통념을 정면으로 반박했다. 논문에는 경기 침체기에 정부가 허리띠를 졸라매는 긴

축 정책을 펴서는 안 된다는 내용이 담겨 있었다. 이와 반대로, 정부는 국민들이 돈을 쓰도록 장려하고 정부 지출을 늘려야 한다고 했다. 직관에 반하며 심지어 역설적으로 보이기까지 하는 이러한 권고를 그가 이론화하게 된 논리적 과정에 대해서는 해제에서 살펴볼 것이다.

케인스가 이 이론을 처음으로 제안한 사람은 아니었다. 케인스는 정치학자이자 작가였던 버나드 맨더빌의 책 『꿀벌의 우화, 개인의 악덕과 공공의 이익』을 인용했다. 맨더빌은 허영심과 탐욕 같은 개인적 악덕이 국가 전체에는 이익이 된다고 주장했다. 예상대로, 맨더빌의 이 도발적인 저서는 당시에 상당한 스캔들을 일으켰다.

그러나 맨더빌 역시 이 의견을 맨 처음 제안한 인물은 아니었다. 실제로, 성경 잠언 11장 24절에는 맨더빌의 생각과 유사한 구절이 나온다. "인심이 후하면 더욱 부자가 되지만 인색하게 굴면 오히려 궁해진다."*

해제

개인이든 정부든 돈을 아끼는 것보다 합리적이고 미덕인 행동이 있는가? 성경은 개인의 행동에 대해 이야기한다. 하지만, 맨더빌과 케인스는 그들의 거시 이론을 통해 국민들의 근검절약이 복지에 역효과를 내며, 어려운 시기일수록 특히 역효과적이라고 말한다. 어떻게 그럴 수 있는가? 지출 규모를 줄이고 돈을 아껴 쓰는 고귀한 행동이 대체 왜 나쁘다는 말인가?

케인스에 따르면, 소비는 경제 성장을 주도한다. 반면 절약은 상품과 서비스에 대한 수요를 감소시킨다. 유통되는 돈이 줄어들고 수요가 감소하면, 기업의 생산량이 줄어들어 경제 성장을 저해한다. 예를 들어 사람들이 식당에 가는 대신 돈을 절약하면 식당에 대한 수요가 줄어들고 요식업은 어려움을 겪게 된다. 식당에 식자재를 공급하는 기업도 마찬가지이다. 웨이터, 요리사, 종업원 등이 해고되고 실업률이 올라간다. 이러한 부정적 영향이 불경기 때 특히 더 강하게 느껴지는 이유는 경기 침체의 장기화로 이어지는 상황 때문이다. 악순환이 일어난다.

따라서 국민들이 저축을 줄이고 소비를 늘리면, 기업은 추가 이윤을 얻게 되고 이를 재투자해서 사업을 확장한다. 이는 다시 더 많은 근로자의 고용을 필요로 하며, 이러한 고용 증가는 또 다시 수요 증가로 이어진다. 그 결과 실업률이 감소한다.

물론, 국민뿐만 아니라 정부도 지출 규모를 늘리는 데 일익을 담당해야 한다. 정부는 금리를 낮추고 정부 지출을 늘리는 등의

• 공동번역성서에서 인용했다.

정책 수단을 활용할 수 있다. 금리 인하로 저축이 억제되고 투자가 장려되는 한편, 정부 지출의 증가로 고용이 증가한다. 적어도 케인스와 그의 추종자들에 따르면, 이는 개인, 기업, 정부 모두에게 윈-윈-윈이다. 하지만 애석하게도 현실은 케인스주의자들의 수장처럼 그렇게 희망적이지 않다.

부언

우리는 저축을 억제하면 소비가 늘어나고 상품과 서비스에 대한 수요가 증가한다는 사실을 확인했다. 이는 기업이 생산 수단에 추가로 투자하도록 함으로써 경제가 성장할 수 있게 돕는다. 지금까지는, 아주 좋다.

그러나 투자를 하려면 기업은 대출을 받아야 하고, 은행이 기업에 대출을 해주려면 자금이 있어야 한다. 그렇다면 이 자금은 어디에서 나오는가? 이 자금은 사람들, 우리가 지금 막, 저축을 억제했던 그 사람들의 저축에서 나온다. 역설 속의 역설이 아닐 수 없다.

경제는 움직이는 많은 부품들로 이루어진 복잡한 기계와 같다. 특정 정부 정책의 결과로 어떤 일이 일어날지, 그 일이 일어나는 이유는 무엇인지를 완전하고 명확하게 알 수 있는 경우는 극히 드물다. 예를 들어, 케인스주의자들에 따른다면 지출 증가는 좋은 일이지만, 지출 증가로 현재의 공급이 따라가지 못할 만큼의 초과 수요가 발생한다면 물가 상승으로 이어질 수 있다. 즉, 인플레이션이라는 원치 않는 결과가 초래될 수 있다.

케인스주의자들 입장에서 본다면 저축 증가는 그다지 바람직한 현상이 아니다. 하지만 저축이 증가하면, 은행은 투자를 늘리기 위해 대출을 받으려는 기업에게 필요한 자금을 제공해줄 수 있다. 소위 오스트리아 경제학파[22] 지지자들의 주장에 따르면, 저축 증가와 지출 감소로 인해 기업의 이윤은 줄어들지만, 추가적인 저축이 새로운 공장이나 기계 등에 투자됨으로써 생산이 증가하고 경제는 성장한다. 결국, 케인스주의자들과 정반대의 제안이 케인스주의자들이 바라던 것과 동일한 결과를 가져오게 될 것이다.

따라서 이 순환이 반드시 악순환인 것은 아니다. 사람들이 소비보다 저축을 선호해 수요가 감소하면, 가격이 하락해 더 많은 소비를 주장하게 될 것이다. 그러므로 수요 감소는 어느 정도 시간이 지나면 수요 증가로 이어져 경제 성장의 동력으로 작용할 수 있다. (물론, 생산자의 이윤과 노동자의 임금이 타격을 입게 될 것이라는 점은 감수해야 한다.) 그렇게만 된다면, 결과적으로 우리는 선순환에 도달할 수 있을 것이다.

---

[22] 이들은 개인과 개인의 선호가 경제 과정을 결정한다고 주장한다.

12장

수수께끼의 정치
민주주의를 괴롭히는 수학적 난제

민주주의는 여러 가지 모순을 품고 있다. 다수결 투표도 그 중 하나다. 이 역설들은 중대한 정책적 함의를 지니고 있기에 더더욱 주의가 필요하다.

56 승자는 누구인가?

콩도르세의 사이클

대부분의 서구 국가에서 시민들은 민주주의에 대해 자부심을 가지고 있다. 모든 시민은 누가 국가를 이끌고 관리할 것인지를 정할 수 있는 발언권을 가지고 있다. 몇 년에 한 번씩 전국적으로 선거가 실시되고 가장 많이 득표한 후보가 당선된다. 이와 비슷하게 이사회에서, 위원회에서, 회사에서, 학교에서, 친구들 사이에서도, 우리는 간단하게 투표를 통해 다수결로 의사를 결정한다. 이것이 가장 공정한 방법이기 때문이다.

정말인가? 우리가 사랑해 마지않는 다수결 원칙이 유권자의 진정성 있는 의사를 정말로 반영하는가?

정말 그런지 직접 확인해보도록 하자. 피터와 폴, 메리는 저녁 식후 음료로 어떤 메뉴를 주문할지를 결정해야 한다. 피터는 그라파보다 아마레토를, 리몬첼로보다는 그라파를 선호한다. 폴은 리몬첼로보다 그라파를, 아마레토보다 리몬첼로를 선호한다. 메리는 아마레토보다 리몬첼로를, 그라파보다는 아마레토를 선호한다. 기호 ">"를 사용한 이들의 음료 선호 결과는 다음과 같이 표현할 수 있다:

피터: 아마레토 > 그라파 > 리몬첼로

폴: 그라파 > 리몬첼로 > 아마레토

메리: 리몬첼로 > 아마레토 > 그라파

세 사람은 진정한 민주주의자였으므로 다수 의견에 따르기로 결정한다. 선호 결과를 살펴보면, 다수(피터와 폴)가 리몬첼로보다 그라파를 선호하고, 또 다른 다수(피터와 메리)가 그라파보다 아마레토를 선호하는 것을 알 수 있다. 그러니 리몬첼로와 그라파, 그라파와 아마레토를 두고 벌인 두 차례의 투표 결과를 바탕으로 결정을 내려도 아무런 문제가 없을 것이다. 그래서 그들은 아마레토 한 병을 주문한다.

하지만 여기에는 미처 생각지 못한 놀랄만한 사실이 존재한다. 세 사람 각각의 선호 결과를 보면, 폴과 메리는 심지어 선호 순위에서 가장 하위로 꼽힌 리몬첼로를 아마레토보다 더 좋아하는 것으로 나타난다. 어떻게 이런 일이 가능한가? 문제의 실마리를 쫓아가보자. 각자 다른 음료가 제일 좋다고 말하는 이 세 사람이 만약 리몬첼로와 아마레토를 놓고 세 번째 투표를 벌였다면 다수(폴과 메리)가 선호하는 음료는 리몬첼로였을 것이다. 그런 경우라면 리몬첼로를 주문하고, 선택을 끝내버리면 된다. 하지만 잠깐만 기다려보라. 만약 리몬첼로를 주문한다면, 피터와 폴의 반대가 만만치 않을 것이다. 그들은 리몬첼로보다 그라파를 더 좋아하기 때문이다. 역설이다.

이 문제를 처음 발견한 사람은 18세기의 프랑스 귀족 콩도르세 후작이었다. 프랑스 혁명 전후에 등장한 출중한 지식인 가운데 한 명이었던 콩도르세는 수학자이자 경제학자, 정치학자이자 인권 옹호자였다.

콩도르세는 수학과 사회 문제를 결합시킨 중요한 연구들을 집필했다. 그리고 그의 가장 흥미로운 글 가운데 일부는 투표와 선거 이론에 지대한 공헌을 했다. 그는 1785년에 저술한 200페이지 분량의 소논문 "다수결 의사결정에 확률 분석을 적용하는 문제에 대한 소론Essay on the Application of Probability Analysis to Majority Decisions"에서 이 역설을 설명했다.

이 역설을 해결할 수 있는 1가지 방법을 제안한 사람은 콩도르세와 동시대를 살았던 같은 프랑스 출신 장 샤를 드 보르다였다. 보르다 역시 귀족이자 저명한 과학자였다. 하지만 그는 정치가 아닌 군대가 자신의 천직임을 발견하고 해군에서 뛰어난 해양 기술자로 두각을 나타냈다.

보르다는 실험 물리학과 공학, 측지학, 지도학을 비롯한 여러 다른 분야에서도 학문적 업적을 남겼으며 중요한 진전을 이루는 데 일익을 담당했다. 또한 투표와 선거라는 주제에도 지대한 관심도 가지고 있었으며, 그 일환으로 1781년 "비밀 무기명 투표 선거에 관한 소론Essay on Ballot Elections"이라는 제목의 논문을 남기기도 했다.

해 제

이 역설을 수학적 논리로 이해하기 위해 다수결 원칙을 가중치 및 측정값과 비교해보도록 하자. 마크가, 오스카보다 키가 큰 낸시보다도 더 크다면, 마크는 분명 오스카보다 키가 더 크다. 수학적 용어로 표현한다면, 사람들의 신장 측정치는 이행성*의 특징을 보인다. 그러나 선거라는 맥락에서는 "다수가 A를 B보다 선호하고, B를 C보다 선호한다"는 진술이 "다수가 A를 C보다 선호한다"는 의미를 함축하지는 않는다. 즉, 콩도르세의 역설이 발생하는 이유는 다수의 의견이 이행성을 나타내지 않기 때문이다.

• 선호 체계에 대한 공리로, 선호 관계에는 삼단논법이 적용되어야 하며 선호 체계 사이에 논리적 모순이 있어서는 안 된다는 것을 의미한다. 즉 A>B, B>C라면 A>C가 성립되어야 한다.

보르다는 이 역설을 극복하기 위해 어떤 방법을 제안했는가? 보르다는 투표자들에게 그들 각자의 취향에 따라 후보자들의 순위를 매긴 다음, 순위에 따라 후보자들에게 점수를 부여해보라고 제안한다. 예컨대 최하위 후보자에게는 1점, 그다음으로 낮은 후보자에게는 2점, 그다음 후보자에게는 3점을 부여해나가다가 최상위에 랭크된 후보자에 도달하면 가장 많은 점수를 부여하는 식이다. 그러고 나면 각 후보의 총점을 합산할 수 있는데, 이때 가장 많은 점수를 얻은 후보가 선출되는 방식이다. 점수를 부여하는 투표자가 많기 때문에, 둘 이상의 후보자들이 동점을 얻는 경우는 드물다. 따라서 일반적으로 "보르다 승자"를 정하기란 그리 어렵지 않으며, 그런 이유로 게임과 TV 프로그램에서는 보르다 집계 방식을 자주 활용한다.

부언

하지만 보르다 방식에도 그 나름의 문제들이 존재한다. 우선, 아무도 1순위로 꼽지 않은 사람이 보르다 계산 방식에 따라 승자로 선출될 수도 있다. 예를 들어, 30명의 학생이 학급 회장을 선출한다고 가정해보자. 학생들의 선호 순위는 다음과 같다:

11명: 폴 > 메리 > 존 > 피터

10명: 피터 > 메리 > 존 > 폴

9명: 존 > 메리 > 피터 > 폴

    전통적인 투표 방식에 따른다면, 폴이 당선될 것이다. 물론 16표가 필요한 과반수 방식이 아니라 최다 득표수 방식에 따를 때 폴이 가장 많은 득표수인 11표를 획득했기 때문이다. 하지만 보르다 집계에 따른다면, 폴이 63점, 피터가 69점, 존이 78점을 얻는 데 반해, 아무도 1순위로 꼽지 않았던 메리가 90점을 얻으며 당선될 것이다.

    결국, 보르다 집계 방식은 각 순위에 부여되는 점수에 따라 승자가 결정적으로 달라진다는 문제를 안고 있다. 어쨌거나 각 순위 마다 정확히 1점씩의 점수를 추가해야 할 본질적인 이유란 존재하지 않는다. 보르다 방식에서 우승자는 어떤 점수 추가 시스템을 사용하느냐에 따라 달라질 수 있다. 예를 들어, 앞의 학급 회장 선거에서 1등 후보에게 10점, 2등에게 6점, 3등에게 5점, 꼴찌에게 0점을 부여한다면, 존이 195점으로 우승자가 되고 메리가 180점으로 준우승자가 될 것이다. 또는 각 투표자에게 특정 점수(예컨대, 100점)를 부여한 다음, 그들이 후보자에게 느끼는 감정의 강도에 따라 어떤 식으로든 점수를 배분하도록 하는 방법도 가능할 수 있다.

다음으로, 보르다 방식에는 보조^{Bozo}* 문제가 존재한다. 즉 선거와 무관한 후보(이 후보를 보조라 부르자)가, 경쟁에 참여하는 것만으로도 선거 결과가 바뀔 수 있다. 비록 보조가 모든 투표자들의 선호도 순위표에서 낮은 순위를 차지하더라도, 선거 결과에 영향을 미칠 수 있다. 예를 들어, 51명의 투표자가 프레드보다 진저를 선호하고 49명이 진저보다 프레드를 선호한다고 가정해보자:

51명의 투표자: 진저 > 프레드
49명의 투표자: 프레드 > 진저

보르다 방식으로 집계하면 진저가 151점, 프레드가 49점으로 진저가 당선된다. 하지만 이제, 보조가 선거에 등장했다고 생각해보자. 아무도 보조를 좋아하지 않는다. 그러나 그의 등장으로 프레드에게 가장 많은 표를 줬던 46명의 사람 중 3명이 진저를 보조보다 후순위에 두는 일이 생길 수 있다:

51명의 투표자: 진저 > 프레드 > 보조
46명의 투표자: 프레드 > 진저 > 보조
3명의 투표자: 프레드 > 보조 > 진저

* 아둔하고 어리석은 사람을 뜻한다.

이번에는 진저가 248점, 프레드가 249점, 보조가 102점을 받는다. 보조가 입후보하는 바람에 프레드가 당선되었다(보조 문제는 무관한 대안으로부터의 독립성independence of irrelevant alternatives*이라는 케네스 애로Kenneth Arrow의 악명 높은 공리와 관련이 있다. 우리의 예에서는 보조가 무관한 대안의 역할을 한다).

•

콩도르세도는 비현실적일 만큼 단순한 대안이긴 하지만, 나름의 해법을 제안했다. 모든 후보가 다른 모든 후보와 짝을 이루어 일련의 대결을 펼치고, 각 대결마다 투표자들은 어느 후보를 선호하는지 의사를 밝힌다. 이때, 대결에서 다수표를 얻은 후보는 다른 후보들보다 우세하다고 간주된다. 모든 대결이 완료되면, 후보자들의 순위가 매겨진다. 다른 모든 후보를 제치고 가장 높은 순위에 오른 후보가 우승자로 선언된다.

하지만 상황은 그렇게 간단하지 않다. 우선, 수학의 순열조합론에 따르면, 콩도르세의 제안은 N명의 후보에 대해 $N(N-1)/2$번의 대결이 필요하다는 점을 시사한다. 후보가 20명이라면 190번의 대결이 필요하다는 뜻이다. 둘째, 어떠한 순위도 명확하게 작

* A와 B 사이의 우선순위는 무관한 제3의 대안 C의 존재에 따라 영향받아서는 안 된다.

성하는 것이 불가능하다. 짝짓기의 결과가, 또 다시 이행적이지 않기 때문이다. 사이클이 출현한다. 애초에 아마레토-그라파-리몬첼로의 역설을 초래했던 바로 그 사이클이다.

57

의석수를 늘릴 것인가, 아니면 줄일 것인가?

앨라배마의 역설

국회의 의석은 선거구의 인구 규모에 따라 비율로 할당된다. 그리고 애석한 일이지만, 그 비율이 정수로 딱 떨어지는 경우는 거의 없다. 그렇다면 의석수가 100개인 상황에서, 전체 인구의 10.2%인 지역구와 16.8%인 지역구가 있다면, 각 지역구는 몇 석씩 가져가야 하는가? 의석수를 10과 17로 반올림해야 하는가?

불행히도 가장 가까운 정수로 반올림하면 일반적으로 한 석이 줄어들거나 늘어나기 때문에 반올림을 할 수는 없다. 미국 하원의 경우 가장 가까운 정수로 반올림하면, 바라던 대로의 435석이 아니라 433석이나 434석 또는 436석이나 437석이 나올 가능성이 크다.

1850년, 오하이오의 새뮤얼 빈턴 상원의원은 다툼을 피하기 위해 초대 재무부 장관이었던 알렉산더 해밀턴의 제안을 참고해 간단한 방법 1가지를 제안했다. 먼저 적절한 나눗수, 즉 제수를 구한다. 그런 다음 이 제수로 각 주의 인구를 나누고, 모든 결과는 반올림으로 처리한다. 그러면 몇 개의 의석이 남는다. 끝으로 남은 의석들은 남은 분수의 값, 즉 반올림할 때 버리거나 올린 값이 큰 주부터 순차적으로 할당된다. 여기까지는, 좋다.

지속적으로 증가하는 국가의 인구 규모를 따라잡으려면 입법부의 규모 역시 이따금씩 키워줄 필요가 있다. 예를 들어 1880년의 인구 조사 이후에, 미 의회는 당시 293석이었던 하원의 규모를 늘리는 방안을 검토했다. 당연히 하원이 한 석씩 늘어날 때마다, 운이 좋은 주는 의석을 추가로 확보하게 될 것이다.

당연하다고?

수십 년 동안 인구조사 때마다 하원 의석 배분을 둘러싸고 다툼과 언쟁이 이어졌다. 1880년 하원 의석 배분을 앞두고도 의원들 사이에서 논쟁이 벌어질 것은 불 보듯 뻔한 일이었다. 이들에게 논쟁에 필요한 정보를 제공하기 위해 인구조사국의 수석 사무관 C. W. 시턴은 몇 가지 사전 계산을 수행했다. 인구 조사 결과를 활용해 시턴은 하원 의석이 275석부터 350석까지 하나씩 늘어날 때마다 의석수 배분이 어떻게 이루어져야 하는지를 계산해냈다. 해밀턴-빈턴 방식Hamilton–Vinton method에 따라 긴 나눗셈을 수행한 결과였다. 의석이 275석에서 시작해 299석이 될 때까지는 모든 것이 순조로웠다. 의석이 하나씩 늘어날 때마다 운이 좋은 몇몇 주들이 추가 의석을 가져갔다.

1880년 인구 조사의 실제 수치를 살펴보자. 당시, 미국의 총인구는 49,713,370명이었다. 하원의 의석수가 299석이라면, 적절한 제수는 165,120이고 그에 따라 앨라배마, 텍사스, 일리노이에 할당된 의원 수는 다음 표와 같이 구할 수 있다:

하원 규모가 299석일 경우 앨라배마, 텍사스, 일리노이의 하원 의석 배분

	앨라배마	텍사스	일리노이
인구수	1,262,505	1,591,749	3,077,871
"원래의" 할당 의석수	7.646	9.640	18.640
1차 의석수	7	9	18
소수점 이하	0.646	0.640	0.640
추가 의석	1	0	0
총 의석	8	9	18

그러나 인구조사국의 수석 사무관이 의석수 300석에 도달하자 예상치 못한 돌발적인 결과가 나왔다. 하원의 의석수가 1석 증가해서 300석에 이르렀다고 가정할 경우, 적절한 제수는 164,580이고 그에 따른 주별 할당 의석수는 다음 표와 같이 계산된다:

하원 규모가 300석일 경우 앨라배마, 텍사스, 일리노이의 의석 배분

	앨라배마	텍사스	일리노이
인구수	1,262,505	1,591,749	3,077,871
"원래의" 할당 의석수	7.671	9.672	18.701
1차 의석수	7	9	18
소수점 이하	0.671	0.672	0.701
추가 의석	0	1	1
총 의석	7	10	19

앨라배마의 의석수는 8명에서 7명으로 1명 줄어든 대신에, 일리노이와 텍사스의 의석수는 각각 1석씩 추가되었다. 역설적 결과가 아닐 수 없다!

의회는 혼란에 빠졌다. 대부분의 의원이 사랑해 마지않았던 해밀턴-빈턴 배분 방식이 위기에 처했다. 1842년 다니엘 웹스터 상원의원이 1가지 대안을 다시 제시했지만, 오래 가지는 못했다. 웹스터는 가장 가까운 정수로 반올림하거나 내림할 때, 바라는 대로의 의석수가 나오게 할 수 있는 제수를 찾자고 제안했다. 분위기가 격앙되었다. 한 하원의원은 "하원이 보는 앞에서 통계라는 연막을 치고 고전적인 강탈 행위를 자행하려 한다"며 다른 의원들을 맹비난했다.

해 제

앨라배마의 역설이 발생한 이유는 수치를 조금 더 자세히 들여다보면 분명해진다. 총 의석수가 299석에서 300석으로 증가하면 각 주의 "원래" 할당 의석수는 평균적으로 약 3분의 1씩 증가한다. 그러나 텍사스와 일리노이는 앨라배마보다 인구가 더 많은 상태에서 시작하기 때문에 절대적인 수치도 더 많이 증가한다. 따라서 "원래의" 할당 의석수는 텍사스에서 0.032석(9.640석에서 9.672석), 일리노이에서 0.061석(18.640석에서 18.701석) 증가하는 데 반해 앨라배마에서는 0.025석(7.646석에서 7.671석)밖에 증가하지 않는다. 그 결과 인구 규모가 더 큰 주들이 앨라배마의 증가세를 앞지른다.

이 문제는 하원의 규모가 커지면서 발생했다. 확실한 해결책은 하원의 규모를 그대로 유지하는 것이다. 그리고 1911년 이래로 미국의 하원 의석수는 435석으로 고정되어 앨라배마의 역설을 피할 수 있게 되었다. 오늘날에는 의석의 공정한 배분을 위해 초기 제수를 계산한 다음 반복적으로 조정하는 이른바 헌팅턴-힐Huntington–Hill 방식이 사용되고 있다.

부언

그렇다면, 1880년에 대체 무슨 일이 있었던 건가?

웹스터 방법과 해밀턴-빈턴 방법을 지지하는 사람들 사이에 경쟁이 더 추악해지는 것을 막기 위해, 의회는 어떤 방식으로 할지 결정을 내리지 않는 대신 하원을 325석으로 늘리기로 결의했다. 이 규모를 두고 의원들이 편을 가를 필요는 없었는데, 두 방법의 결론이 일치했기 때문이다. 그런데다 합의에 도달했으니 당면 문제를 적어도 10년 이상은 유예할 수 있을 터였다. 어쩌면 그 사이에 완전히 다른 배분 방법을 고안해냈을 수도 있지 않을까? 아니면 두 방법이 다시 일치하는 의석수를 찾아내거나? 그것도 아니면 논쟁의 당사자들이 의회를 떠나게 되면서 앨라배마 역설에 대한 걱정을 후임 하원 의원들에게 떠넘길 수 있을지도 모른다.

어쨌거나 그들은 옳았다. 1890년에 의석수를 356서으로 늘렸지만, 1880년과 같은 타협안을 도출할 수 있었다. 이 정도의 의석 규모라면, 2가지 방법 다 같은 결과를 내는 데 문제가 없으며, 어떤 주도 이전 배분과 비교했을 때 의석을 잃는 상황은 발생하지 않는다.

10년 후, 더 이상의 행운은 없었다. 1901년, 하원 의석 규모가 350석에서 400석 사이일 때를 가정한 총 의석규모 별 의석 배분표가 작성되었다. 메인에 할당된 의석은 3석에서 4석 사이를 오갔고, 콜로라도는 357석을 제외한 모든 경우에 3석을 배정받았으나 357석일 때는 2석을 배정받았다. 콜로라도에 우호적이지 않았던 제12차 인구조사 선거구 획정위원회 위원장은 몇 석을 선택했을 것 같은가? 그는 선택 가능한 모든 경우의 수 가운데 정확히 357석으로 하원 규모를 고정하자고 제안했다. 이에 의회 안 감정이 격앙되었고, 분위기는 다시 험악해졌다. 이번에는 의회가 명확하게 입장을 표명했다. 의회는 1900년 인구 조사 데이터에 적용했던 해밀턴-빈턴 방식을 포기하는 대신에 웹스터 방식을 채택하기로 했다. 웹스터 방식에는 적어도 앨라배마의 역설이라는 결함이 나타나지 않았기 때문이다. 또한 하원 의회의 전체 의석수를 386석으로 늘려 어떤 주도 의석을 잃는 일이 생기지 않게 했다.

58

투표하지 않기

기권 투표의 역설

학급 회장 선거가 열띤 경쟁을 벌이며 치러진다. 당신은 마음에 드는 후보가 없어서 선거에 참여하지 않기로 결정한다. 한 표를 행사하지 않았음으로써 당신은 그 싸움에 관여하지 않는다.

맞는가?

아니, 틀렸다!

"나는 선거에 참여하지 않겠다" 그리고 "나는 누구에게도 투표하지 않겠다"와 같은 선언은 논리적으로 모순을 일으킨다. 투표를 거부하는 행위를 통해 당신은 선거에 참여한 것과 마찬가지이며, 사실상 후보자 중 하나에게 표를 던지는 것과 같다. 따라서 선거에 참여하지 않겠다는 당신의 진술은 당신의 행동과 모순된다.

사람들이 굳이 번거롭게 투표하러 가는 이유가 뭔지, 알다가도 모를 일이다. 투표소에 가서 줄을 서고 신분증을 제시하는 행동 등은 어쨌거나 번거로운 일이기 때문이다. 수많은 투표 용지 중 한 장에 불과한 당신의 한 표가 결과에 아무런 영향도 미치지 못할 것이라는 점을 고려한다면, 투표는 엄청난 시간 낭비일 수도 있다. 그런데도, 번거로움을 무릅쓰고 반드시 투표해야 하는가?

찬반양론의 논거를 살펴보도록 하자. 한편으로 민주주의가 작동하려면 시민은 납세, 의무 교육, 배심원 의무, 병역의 의무는 물론이거니와 선거 참여의 의무도 져야 한다. 정책을 수립하기 위해 정부는 전체 유권자의 의사를 고려해야 한다. 그러나 모든 사람의 욕구와 열망이 정책 결과에 반영되기 위해서는, 모든 사람이 선거, 국민투표, 설문조사, 인구조사에 참여해야만 한다. 투표를 포기한 사람은 어떤 후보를 당선시킬지 또는 어떤 의제를 찬성하거나 반대할지와 관련해 투표권을 행사한 사람들에게 자신의 결정을 위임한 것과 같다. 그러다 보니 몇몇 국가에서는 투표를 의무화하는 법률을 제정하기도 한다.

다른 한편, 투표를 의무가 아닌 권리라고 생각하는 사람들도 많다. 이들은 사람들에게 투표를 강요하는 것은 비민주적이며 자유를 침해하는 행위라고 주장한다. 언론의 자유가 있는 것처럼 투표를 보류할 권리도 있다는 것이다. 게다가 사람들이 선거나 국민투표에 강제로 참여해야 하는 경우, 투표를 해치워버리려고 아무 후보나 이슈를 무작위로 선택할지도 모를 일이다. 끝으로 문맹이거나 무지한 사람들의 경우, 투표가 강제된다면 아니 실제로 투표가 허용되는 것만으로도 소위 그들의 영적 지도자나 교사, 배우자의 뜻대로 투표가 이루어질 수 있다(결국, 이는 투표가 원칙적으로 의무화되어 있는 국가에서조차 정신 장애인의 투표를 일반적으로 금지하는 이유다).

의무 투표제가 좋은 생각일 수도 있고 아닐 수도 있지만, 유권자 등록을 어렵게 하거나 자격 증명을 부당하게 강요하는 등, 사람들이 선거나 국민투표에 참여할 수 없도록 억압하는 것은 분명 나쁜 생각이다.

지금까지 우리는 사람들이 왜 선거에 참여해야 한다고 생각하는지, 또는 왜 선거를 포기하고 싶어 하는지를 살펴보았다. 그렇다면 "나는 선거에 참여하지 않는다"와 같은 진술이 역설을 야기하는 이유는 무엇인가?

해제

전체 유권자 중에서 일개 개인인 당신의 한 표는 차이를 만들지 못할 수도 있다. 실제로, 당신은 1인에 불과하다. 하지만 투표하는 다른 모든 사람도 마찬가지이며 많은 사람이 다 같이 그렇게 생각한다면, 이런 방식은 결과에 영향을 미칠 수 있다.

확실히 박빙의 선거에서는, 그리고 선거가 압승이 될지 박빙이 될지 아무도 예측할 수 없는 선거에서는 모든 투표가 다 중요하다. 예를 들어 2000년 미국 대선에서 앨 고어는 50,999,897표를 얻어 일반 유권자 투표에서 승리했고, 조지 W. 부시는 50,456,002표를 얻어 패배했다. 그 차이는 겨우 약 0.5%에 불과했다. 하지만 어쨌거나 대통령을 결정하는 것은 일반 유권자가 아니라 대통령 선거인단이다. 그리고 2000년 선거에서 결정적으로 승패를 갈랐던 25인의 선거인단을 가진 플로리다에서는 2,912,790명이 부시에게 투표한 반면 2,912,253명이 고어에게 투표했다. 투표 기권자 가운데 단 538명만이라도 고어에게 찬성표를 던졌더라면, 역사는 바뀌었을지도 모른다! 조지 W. 부시에게 승리를 안겨준 것은 투표에 참가하지 않았던 바로 그들이었을 수도 있다.

다른 예를 하나 더 들어 보자. 고등학교에 다니는 당신의 학급에 18명의 급우가 있다고 가정하자. 현재의 학급 회장은 마티지만, 많은 급우가 그를 싫어한다. 그래서 그를 탄핵하고 싶어 한다. 오델리아가 학급 회장 자리를 놓고 마티에게 도전장을 내밀면서 선거가 치러진다. 회장 교체 선거 규칙대로라면, 오델리아가 새로운 학급 회장이 되기 위해서는 가중 다수결에 따라 학급 인원의 3분의 2가 그에게 찬성표를 던져야 한다. 그렇지 않을 시 마티가 그대로 회장직을 유지하게 된다.

당신은 누가 학급 회장이 되든 전혀 관심이 없다. 따라서 투표하지 않기로 결정한다. 선거가 진행된다. 11명이 오델리아에게, 6명이 마티에게 찬성표를 던진다. 오델리아는 당선에 필요한 가중 다수결 3분의 2를 획득하지 못했기 때문에(17표 중 11표만을 얻었다), 마티가 그대로 회장직을 유지한다. 만약 당신이 오델리아에게 찬성표를 던졌다면 오델리아는 당선에 필요한 가중 다수결 3분의 2(18표 중 12표)를 획득했을 테고, 그렇게 마티를 대신할 수 있었을 것이다. 결국 당신은 선거에 참여하지 않음으로써 사실상 마티에게 투표한 셈이 되었다. 어쩌면 당신은 어느 쪽이 회장이 되든 상관없으니 아무렇지 않을지도 모른다. 하지만 중요한 점은 당신이 선거 결과에 영향을 미쳤다는 사실이다.

부언

당신은 후보자나 당면 이슈에는 관심이 없지만, 민주적 절차에는 지대한 관심이 있다고 가정해보겠다. 백지 투표를 하는 것이 해답일 수 있는가?

백지 투표도 당신의 딜레마에 대한 해답이 아닐 수 있다. 당신은 여전히 투표 결과에 영향을 미칠 수 있기 때문이다. 기표되지 않고 공란만 남은 투표용지도, 그러한 공란을 유효 투표로 집계하는 경우라면, 선거나 국민투표의 결과에 영향을 미칠 수 있다. 예를 들어 어떤 결정을 내리려고 할 때, 절대 과반수 즉 전체 투표의 50% 이상이 필요할 수도 있지만, 모든 유효 투표의 50% 이상이 필요할 수도 있다. 이 맥락에서 학교 건립과 관련해 실시한 1,000표의 투표 중 찬성 499표, 반대 498표, 백지 3표가 나온 경우가 있었다고 가정해보자. 유효 투표의 과반수(997표의 50%)가 필요한 경우라면, 학교는 건립된다. 하지만 모든 투표수의 절대 과반이 필요한 경우라면, 학교는 건립되지 않으며 이러한 결과에 결정적 영향을 미친 것은 다름 아닌 바로 백지 투표다.

그러므로 "나는 선거에 참여하지 않는다. 아예 투표하러 가지 않거나 백지 투표를 하기 때문이다"라는 말은 논리적으로 모순이다.

.

59

묶고 쪼개서
선거 구획을 재편성하라

게리맨더링

국회의원 선거에서 각 정당은 인구 대비 정당 점유율을 반영한 대략의 의석을 차지한다. 예를 들어, A 정당이 인구 60%의 지지를 얻는다면, 그 정당의 국회의원 수는 의회의 약 60%를 차지하게 될 것이다.

맞는가?

맞을 때도 있고, 맞지 않을 때도 있다.

2016년 미국 하원의원 선거에서 버지니아주의 경우 1,859,426명의 시민이 민주당에, 1,843,010명이 공화당에 투표했다. 그럼에도 불구하고 더 적은 표를 받은 공화당은 워싱턴 DC에 7명의 대표를 보낸 반면, 더 많은 표를 받은 민주당은 겨우 4명만을 대표로 보냈다. 오하이오주에서는 공화당이 58%를 득표해 의석의

75%를 차지한 데 반해, 42%를 득표한 민주당은 의석의 25%를 차지했다.

전체적으로 보면, 2016년 선거에서 공화당은 63,173,815표(50.56%)를, 민주당은 61,776,554표(49.44%)를 얻었다. 하원 435석이 엄격하게 비례 배분되었다면 공화당은 220석, 민주당은 215석을 가져갔을 것이다. 그러나 실제로 공화당은 가져갔어야 할 몫보다 21석 많은 241석을 얻었고, 민주당은 가져갔어야 할 몫보다 21석 적은 194석을 얻었다.

국가는 다양한 종류의 사람들로 구성된다. 젊은이와 노인, 부자와 가난한 사람, 도시 거주자와 교외 거주자, 종교적인 사람과 세속적인 사람, 보수와 진보, 힙스터와 크랭크$^{hipsters\ and\ cranks}$•, 태양을 사랑하는 사람과 눈을 즐기는 사람. 이웃은 어느 정도 동질성을 지니기 마련이다. 따라서, 서로 가까이 사는 사람들은 대개 비슷한 관심사와 걱정거리를 가지고 있다. 대의제 민주주의에서는 시민들의 목표와 열망들을 대변하되 이들 각각이 지닌 특징과 특수성을 반영하기 위해 전국을 지리적으로 구획해 각 구역에서 한 명의 대표자를 의회로 보낸다.

예를 들어, 미국은 435개의 의회 선거구로 나뉜다. 각 선거구

• 힙스터는 음악, 패션 등에서 독특한 문화적 코드를 좇는 부류를 뜻하고, 크랭크는 자기 생각만을 고집하는 괴짜나 괴팍한 사람을 지칭한다.

는 거의 같은 수의 시민(평균 약 71만 명)으로 구성되어야 하며, 넓은 강이나 산맥과 같은 자연적 장애물이 중간에 있는 경우를 제외하면 선거구들은 빈틈없이 조밀하게 서로 인접해서 국토 전체를 포괄할 수 있어야 한다. 그리고 이런 식으로 뽑힌 435명의 하원의원이 저마다 고유한 특이성과 특수한 이해관계를 가진 시민 집단의 이익을 대변하게 된다.

정당은 자당의 대표들을 최대한 많이 의회에 진출시키기 위해 노력한다. 그리고 일반적으로 의회 선거구를 설계하는 일은 집권당의 몫이다. 여기에서 문제가 발생한다. 미국에서 하나의 선거구는 약 71만 명의 시민으로 구성되어야 하지만, 각 주의 집권당은 선거구 경계를 설정할 때 상당한 정도의 유연성을 발휘할 수 있는 권한을 가지고 있다. 그리고 대개의 경우, 집권당은 이러한 자유를 이용해 자당 후보를 최대한 많이 당선시킬 수 있도록 선거구 경계를 조정한다.

이러한 조작과도 다름없는 선거구 조정은 1812년 매사추세츠주 선거구를 재획정할 당시부터 일찍이 발생했다. 이 작업을 주도한 사람은 엘브리지 게리$^{Elbridge\ Gerry}$ 주지사였다. 한 풍자 화가가 이 새로운 선거구의 이상한 모양을 도롱뇽으로 묘사하면서 새로운 용어가 탄생했다. 게리가 그린 도롱뇽이라는 의미의 "게리맨더^{gerrymander}"가 그것으로, 오늘날에는 명사와 동사 모두로 사용되고 있다.

해 제

앞서 살펴본 대로 2016년 공화당은 득표율에 비례하는 의석수보다 21석이나 더 많은 하원 의석수를 확보하는 데 성공했다. 어떻게 이런 일이 가능했는가? 묶고 쪼개는 선거 구획 재편성 기술을 동원한 덕분이었다. 다시 말해 민주당 지지자들은 소수의 선거구에 몰아넣고 공화당 유권자들은 다수의 여러 선거구로 분산시키는 방법을 사용했기 때문에 가능한 일이었다.

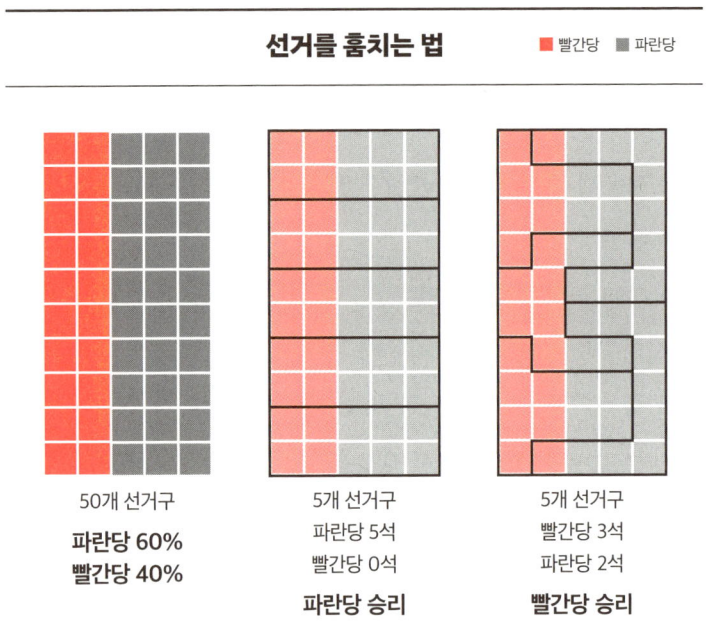

다음 그림은 50명의 시민이 5명의 대표를 선출할 때 어떤 일이 일어날 수 있는지 보여준다. 파란당에 총 60표, 빨간당에 총 40표가 주어질 경우, 파란당이 3석, 빨간당이 2석을 얻어야 공정한 배분이라 할 수 있을 것이다. 그러나 선거구를 묶고 쪼개서 신중하게 설계하면 파란당에 5석, 빨간당에 0석 또는 파란당에 2석, 빨간당에 3석이 배정되도록 할 수도 있다.

집권 정당은 약 71만 명의 시민을 포함하는 각각의 선거구를 설계할 때 게리가 그랬듯, 가능한 많은 야당 유권자들을 한 선거구로 모아 넣되 자당 표의 낭비는 최소화하기 위해 선거구 모양을 국토를 가로지르며 뱀처럼 구불구불하게 기형적으로 만들 수도 있다. 가능하기만 하다면, 야당 유권자들을 하나의 단일 선거구에 밀어넣어버리려 할지도 모른다. (정당에게 가장 좋은 전략이란, 상대 정당으로 하여금 적은 수의 의석을 압도적인 표차로 가져가게 하는 반면, 자신들은 간발의 차로 이길지라도 가능한 한 많은 의석을 확보하는 것이다.)

부언

예상할 수 있듯이, 게리맨더링으로 인해 의석을 잃었다고 생각하는 정당은 언제든 소송을 제기한다. 보통은 묶인 표들이 낭비되고 쪼개진 표들이 원래 가져야 하는 1표의 가치보다 더 큰 비중을 차지하게 됨으로써, "1인 1표"라는 민주주의의 원칙이 침해되었다는 주장이 제기된다. 하지만 선거구 경계의 조작 정도를 정량화하지 못했다는 이유로 소송은 원고 패소로 끝나는 경우가 대부분이다. 그렇다면 이러한 맥락에서 빈틈없이 조밀하다는 것은 무엇을 뜻하는가? 수학적으로 가장 조밀한 형태는 원이지만, 현실에서는 호수, 강 또는 산맥이 선거구에서 자연적인 경계 역할을 할 수도 있다. 게다가 국토 전체를 원형의 선거구들로 빈틈없이 채우는 것은 수학적으로 불가능하다. 그러니 일반적으로 판사들로서는 어쩔 줄을 몰라 갈팡질팡하는 수밖에 없다.

몇 년 전, 한 법학 교수와 정치학자가 게리맨더링의 정도를 판단할 수 있는 측정치를 고안해냈다. 그들은 낭비되는 표를 고려한, 이른바 효율성 격차를 규정했다. 그들에 따르면 낭비된 표는 2가지로 나뉜다. 하나는 패배한 후보가 획득한 표며, 다른 하나는 승리한 후보가 획득한 표 중 당선에 필요한 그 이상의 표다.

예를 들어 유권자가 각각 100명인 5개 선거구가 있다고 가정해보자. A 정당은 1선거구부터 4선거구까지 각각 53표 대 47표로 승리한다. 반면 B 정당은 5선거구에서 85표 대 15표로 승리한다. 따라서 A 정당은 4석, B 정당은 1석을 차지한다. 하지만 득표 비율(227대 273)에 따르면 A 정당은 B 정당보다 더 적은 의석을 차지해야 마땅하다.

여기서, 효율성 격차는 다음과 같이 계산된다. A 정당은 승리한 4개 선거구에서 각각 2표씩 불필요한 8표를 얻었고(각 선거구에서 필요한 과반수인 51표 대신 53표를 얻었음), 5선거구에서는 졌으므로 불필요한 15표를 얻었다. 따라서 23표를 낭비한 셈이다. 반면 B 정당은 5선거구에서 34표(과반수인 51표 대신 85표를 얻음)를, 나머지 4개 선거구에서 188표 전부를 낭비했으니 총 222표를 낭비한 셈이다. 효율성 격차는 총득표수 대비 각 정당의 낭비된 표의 차이로 정의되므로, (222 - 23)/500, 즉 40%가 나온다.

효율성 격차는 부당하게 차지한 의석의 비율을 보여주는 측정치다. 이 예에서 선거가 공정했다면 A 정당은 (227/500) × 5 = 2.27(반올림해서 2)이므로 2석만 가져갔어야 한다. 그러나 실제로는 2석을 추가로 더 가져갔다.

60 민주주의자라면 어떤 선택을 내려야 하는가?

울하임의 역설

에이드리엔은 열렬한 환경운동가다. 그녀는 깨끗한 공기와 깨끗한 물이 있는 마을에서 살고 싶어 한다. 그래서 인근 숲을 자연 보호 구역으로 전환하는 법안을 발의한다. 하지만 안타깝게도 개발업자들이 바로 그 숲에 수압파쇄 우물을 설치하려고 한다. 마을 사람들은 의견이 분분하다. 자연 보호구역으로 지정되면 관광객을 불러들일 수 있다는 사람도 있고, 수압파쇄 작업으로 현장 일자리가 창출될 거라는 사람도 있다. 그래서 문제를 주민투표에 부쳐 다수결로 결정하기로 했다.

주민투표 당일, 투표소 문이 닫히고 투표가 종료되자 에이드리엔은 두근거리는 마음으로 결과를 기다린다. 물론 그녀는 자신의 법안이 통과되기를 바란다. 하지만 에이드리언은 열렬한 환경 운동가인 동시에 열렬한 민주주의자이기도 하다. 그러므로, 개발업자들이 과반수 이상의 표를 얻게 된다면, 비록 자신의 바람과는 다르더라도 유권자들의 판단이 존중되기를 바랄 것이다.[23]

따라서 에이드리엔은 숲이 자연보호 구역으로 바뀌기를 원하지만, 집계 결과 자기편이 패배한 것으로 드러나면 숲이 수압파쇄 우물로 바뀌는 것 역시 바라는 셈이다.

시민들이 법안에 찬성하거나 특정 후보자를 지지하는 데 표를 던진다(이 상황을 B라고 부르자)고 가정해보자. 이 경우, 만약 개표 결과로 법안이 부결되거나 상대 후보가 더 많은 표를 얻는다(이 상황을 ~B라고 부르자)면, 딜레마가 발생한다. 법안 지지자인 시민들은 B를 원한다. 하지만 민주주의자이기도 한 그 시민들은 ~B 역시 원한다. 어떻게 한 사람이 같은 것을 원하는 동시에 원하지 않을 수 있는가?

역설이 아닐 수 없다!

1962년. 영국의 철학자 리처드 울하임은 정치와 사회의 철학적 측면을 다룬 한 저서에서 이 문제를 탐구했다. 그는 민주적인 유권자들이 겪는 내적 갈등을 "민주주의의 역설"이라고 명명했다.

---

[23] 많은 민주주의자와 민주당원들이 도널드 트럼프의 2016년 대통령 당선에 반대해왔다. 하지만 "도널드 트럼프는 나의 대통령이 아니다(Donald Trump is not my president)"와 같은 구호와 시위는 매우 민주적이지 못한 행동이었다.

처음에 울하임은 유권자의 딜레마가 하나의 역설을 구성한다고 생각하지는 않았다. B를 원하지만 ~B가 실행되는 편이 더 좋다고 생각하는 것에는 모순이 존재하지 않는다고 그는 믿었다. 우리는 "욕망과 그 욕망에 반하는 도덕적 신념을 동시에 가질 수 있다." 하지만 원칙과 욕구가 서로 다른 방향을 가리킨다 하더라도, 거기에 반드시 모순이 존재한다고 할 수는 없다. 민주적 절차에 대한 믿음은 더 상위의 원칙이기 때문에 유권자의 개인적인 욕구에 우선한다. 따라서 유권자인 에이드리엔이 B를 원하지만 동시에 상위의 민주적 원칙 또한 고수하고 싶다면, ~B를 수용할 것이며, 여기에 역설이나 딜레마가 끼어들 여지는 없다.

"민주주의의 진정한 역설"이 발생하는 순간은, 유권자가 단순히 원하는 바를 표현할 때가 아니라 바로 후보자에 대한 평가를 표현할 때다. 어떤 유권자가 후보 B를 선호하지만, 유권자 전체를 보면 ~B의 선호가 우세한 것으로 나타났다고 가정해보자. 이 유권자가 만약 민주적 마인드를 가진 사람이라면, ~B가 선출되어야 한다는 생각에 따르지 않을 수 없을 것이다. 그렇다면 이 유권자는 양립 불가능한 2가지 욕구, 즉 자신의 선호와 민주적 선택을 존중하라는 요청 가운데 실제로 어느 쪽을 무시해야 하는가?

해 제

 울하임은 만약 유권자들이 자기 자신에게 솔직하면서도 민주적 가치에도 충실하기를 원한다면, 어떠한 선택지도 받아들일 수 없다고 주장했다.

 어쨌거나 언론이나 정당 같은 민주적 장치들이 ~B에 대한 선호를 가리키는 것이 확실할 경우, 언제든 B에 대한 자신의 선호를 포기할 준비가 되어 있는 유권자라면, 사실상 다음과 같이 말하고 있는 셈이다. "나는 B가 당선되어야 한다고 생각한다. 단, 충분히 많은 다른 사람들이 나처럼 B를 선호하는 견해를 지니고 있는 경우에 한해서 그렇다." 이런 경우라면, 이 유권자는 ~B에 표를 던지거나, 아니면 실제로 아예 투표를 기권하거나 할 수 있다. 하지만 그렇게 된다면, 그는 민주주의에는 충실할지 모르지만, 자기 자신에게는 솔직하지 못하게 된다.

 또한 B를 여전히 확고하게 지지하는 유권자 중에는, 민주적 장치들이 실용적인 측면에서 ~B를 지지한다는 소리를 듣고 나서 ~B를 받아들이는 경우도 있을 수 있다. 하지만 이러한 유권자는 민주주의에 대한 진정한 확신이 부족한 사람이다. 실제로, 그는 민주적 선택을 수용한다. 하지만 그 이유는 민주적 선택이 도덕적으로 실현되어야만 하는 하나의 가치이기 때문이 아니다. 겉으로는 그런 척을 한다 하더라도, 그의 속내는 민주적 선택이 그저 분별 있고 실용적으로 보이기 때문이다. 이런 경우라면 그는 자기 자신에게는 솔직할지 모르지만, 민주주의에는 충실하지 못한 것이 된다.

민주주의의 역설에서 벗어나는 방법이 있는가? 울하임에 따르면, 비록 그의 제안이 혼란스러워하는 유권자의 문제를 더 쉽게 만들어주지는 못한다고 치더라도, 그러한 방법이 있기는 하다.

울하임은 직접적 원칙("살인은 잘못된 일이다"와 같은 정책)과 간접적 원칙("국민의 의지로 이루어진 결정은 옳다"와 같은 결정 절차)을 구분했다. B와 ~B는, 만약 다른 의미로 사용된다면, 다른 수준에서 작동하므로 서로 모순을 일으키지 않는다. 이를 우리의 사례에 적용해보면, B는 직접적 원칙이고 ~B는 간접적 원칙이다. 실제로 유권자들은 각기 다른 요인들을 고려해야 하는 2가지 별개의 질문들에 답하는 중이다.

울하임은 B와 ~B가 동시에 실현될 수 없다고 해서 양립 불가능한 것은 아니라고 주장한다. B와 ~B가 서로 다른 의미를 지니고 있기 때문이다. 따라서 논리적 관점에서 본다면, B와 ~B는 서로 모순을 일으키지 않는다. 즉, 유권자는 직접적 원칙에 솔직하면서도 여전히 간접적 원칙에 충실할 수 있다.

부언

그렇다면, 민주적 유권자들은 이로 인해 어떤 상황에 처하게 되는가? 대체 그들은 어떤 선택을 해야 하는가? 애석하게도 울하임은 이 점에 대해 침묵한다. 이 철학자는 B와 ~B가 논리적인 의미에서 모순되지 않는다는 점을 입증했으니 자신의 할 일은 다 끝났다고 여기는 듯하다. 실망스럽지만, 민주적 마인드를 지닌 유권자들은 스스로의 힘으로 이 문제를 헤쳐 나가는 수밖에 없다.

  이 역설이 민주주의에만 있는 것은 아니다. 군주제 지지자 중에는 누군가의 제안이 왕의 제안보다 낫다고 판단하지만, 그럼에도 불구하고 왕의 뜻에 따르는 사람도 있을 수 있다. 또한 공산주의자 중에는 자신의 정책이 더 낫다고 생각하지만, 그럼에도 불구하고 공산당 중앙정치국의 결정에 따르는 사람도 있을 수 있다.

맺음말

책이 끝나갈수록 확실해지는 건, 역설에 대한 연구가 결코 끝나지 않는 여정과 같다는 사실이다. 일견 단순해 보이는 일상 생활의 역설들에서부터 법, 정치, 철학, 수학을 비롯한 다양한 분야에서 발견되는 복잡하고 미묘한 역설들에 이르기까지, 역설은 세상에 대한 우리의 지식에 도전하고, 우리로 하여금 그동안 지니고 있던 암묵적인 가정들을 의문시하게 한다.

이 책에서 논의된 역설 중 일부는 추가적인 숙고와 분석을 통해 해결되어왔고, 이 과정에서 우리에게 인간 행동의 복잡성과 세상의 작동 방식에 대한 보다 깊이 있는 이해를 제공했다. 하지만 개중에는 어찌해볼 도리가 없을 정도로 역설적이어서, 쉽게 설명하는 것이 불가능하고 계속해서 우리를 당혹스럽게 만드는 경우도 있다.

그럼에도 불구하고, 역설을 탐구하는 데 들이는 노력은 가치 있다. 역설이 세상에 대한 우리의 지식을 비판적으로 돌아보고 의문시해보라고 우리를 독려하기 때문이다. 역설은 세상이 항상 흑과 백으로 나뉘지는 않으며, 종종 어떤 상황에는 눈으로 볼 수 있는 것보다 훨씬 더 많은 것들이 존재한다는 사실을 우리에게 상기시킨다. 중요한 것은, 역설이 인간의 지식과 경험에 내재하는 자연스러운 일부라는 사실을 기억하는 일이다.

결국, 역설은 단순히 뛰어넘어야 할 곤혹스러운 장애물에 불과한것이 아니라 복잡한 세상에 대한 우리의 이해와 인식의 폭을 넓힐 수 있는 기회라는 사실을 기억해야 한다. 이러한 역설들을 계속해서 탐구하고 숙고할수록, 역설이 삶을 풍요롭게 하는 새로운 통찰과 관점으로 우리를 안내한다는 사실을 발견하게 될 것이다. 또한 잊지 말아야 할 것은, 역설에 대한 연구가 매혹적인 지저 추구인 동시에 지식을 추구할 때 우리가 늘 열린 마음과 호기심을 가져야 한다는 점을 잊지 않게 해준다는 점이다.

나는 이 책을 통해 당신이 삶 속에 존재하는 모든 현상을 비판적으로 바라보고 탐구하게 되기를, 또한 다양한 역설들을 호기심과 경외심으로 들여다보기를 바란다. 이 탐구와 발견의 여정에 나와 함께 해준 당신에게 진심으로 감사한다.

후기

2023년 1월, 이 책의 맺음말을 쓰기 시작하던 즈음, 한 매혹적인 응용 소프트웨어 프로그램이 인터넷에 막 출시되었다. 대화형 인공지능 챗봇, 챗지피티다. 몇 주 만에, 호기심에 찬 전 세계 수백만의 사용자들이 챗지피티를 시도해보았다. 그리고 나 역시 그중 한 사람이었다. 그러니, 친애하는 독자들이여, 제발 나를 용서하기 바란다. 사실 앞에 제시한 이 책의 맺음말은 전적으로 챗지피티가 작성했다. 정확히 말한다면, 맺음말은 "일상 생활, 법, 경제, 철학, 수학 등등에서의 역설들에 대한 책의 맺음말을 써보라"라는 제시어에 대해 챗지피티가 내놓은 3가지 결과물들을 합친 다음, 내가 약간 손본 것에 불과하다.

물론, 이는 즉각적으로 다음과 같은 질문을 던지게 한다. 맺음말은 하나의 명쾌한 논평인가, 아니면 혼란스러운 문장들을 그저 한데 버무려 놓은 글에 불과한가? 만약 당신이, 아마도 이 책을 다 읽은 덕분에 역설에 대해 잘 알게 된 상태라면, 챗지피티의 맺음말이 실제로 이 책에 대한 꽤 합리적인 마무리라는 사실을 알아차릴 수 있을 것이다. 하지만 그럼에도, 당신은 이로부터 그 어떤 새로운 사실도 배우지는 못할 것이다. 반면에, 만약 당신이 역설에 대해 아무것도 알지 못하는 상태라면(예를 들어, 맺음말을 읽는 것으로 이 책을 시작했다면), 맺음말이 맞는 말인지 아니면 헛소리에 불과한지를 분간할 수 없을 것이다. 즉 맺음말을 읽는 것이 당신에게 깨달음을 주지는 못할 것이다. 따라서 당신은 역설에 대해 이미 충분히 알고 있어서 맺음말을 읽을 필요가 없거나, 아니면 역설에 대해 전혀 모르므로 맺음말이 유용한지 무의미한지를 결코 판단할 수 없을 것이다. 이로써 당신은 역설적 상황에 놓이게 된다. "메논의 역설"의 귀환이다.

참고문헌

서문	Quine, Willard Van Orman. The Ways of Paradox and Other Essays. Cambridge, MA: Harvard University Press, 1976.
	Sainsbury, R. M. Paradoxes. 3rd ed. Cambridge: Cambridge University Press, 2009.
2	Knuth, Donald E. "The Gamov-Stern Elevator Problem." Journal of Recre- ational Mathematics 2 (1969): 131 - 37.
3	Frankl, Victor E. Ein Psychologe erlebt das Konzentrationslager. Vienna: Verlag für Jugend und Volk, 1946.
	Veenhoven, Ruut. "Hedonism and Happiness." Journal of Happiness Studies 4 (2003): 437 - 57.
5	Cheval, Boris. "Avoiding Sedentary Behaviors Requires More Cortical Resources Than Avoiding Physical Activity: An EEG Study," Neuropsycho- logia 119 (2018): 68 - 80.
	Ponther, Herman, Ramon Durazo-Arvizu, Lara R. Dugas, Jacob Plange- Rhule, Pascal Bovet, Terrence E. Forrester, Estelle V. Lambert, Richard S. Cooper, Dale A. Schoeller, and Amy Luke. "Constrained Total Energy Expenditure and Metabolic Adaptation to Physical Activity in Adult Humans." Current Biology 26, no. 3 (2016): 410 - 17.
	Thomas, Diana M., and Steven B. Heymsfield. "Exercise: Is More Always Better?" Current Biology 26, no. 3 (2016): R102 - R104.
7	Kœssler, Maxime, and Jules Derocquigny. Les faux amis, ou les trahisons du vocabulaire anglaise (conseils aux traducteurs). Paris: Librairie Vuibert, 1928.
9	Cabe, Patrick A. "Grelling's Paradox and the Stroop Effect." Perception and Motor Skills 87 (1988): 848 - 50.
	Nelson, Leonard, and Kurt Grelling. "Bemerkungen zu den Paradoxien von Russell und Burali-Forti." Abhandlungen der Fries'schen Schule, Neue Folge 2 (1908): 301 - 34.
	Newhard, Jay. "Grelling's Paradox." Philosophical Studies 126, no. 1 (2005): 1 - 27.
10	Langford, C. H. "The Notion of Analysis in Moore's Philosophy." In The Philosophy of G. E. Moore, ed. Paul Arthur Schilpp, 319 - 42. Evanston, IL: Northwestern University, 1942.
	Moore, G. E. Principia Ethica. Cambridge: Cambridge University Press, 1922.
11	Bettelheim, Bruno. The Uses of Enchantment: The Meaning and Importance of Fairy Tales. New York: Vintage, 1975.
	Carroll, Noël. "The Paradox of Suspense." In Beyond Aesthetics: Philosophical Essays, 254 - 70. Cambridge: Cambridge University Press, 2001.
	Gerrig, Richard. "Is There a Paradox of Suspense? A Reply to Yanal." British Journal of Aesthetics 37 (1997): 168 - 74.

Smuts, Aaron. "The Desire-Frustration Theory of Suspense." Journal of Aesthetics and Art Criticism 66, no. 3 (2008): 281–91.

———. "The Paradox of Suspense." Stanford Encyclopedia of Philosophy, July 6, 2009. https://plato.stanford.edu/archives/fall2009/entries/paradox-suspense/.

Yanal, Robert J. "The Paradox of Suspense." British Journal of Aesthetics 36, no. 2 (1996): 146–58.

12 Feagin, Susan L. "The Pleasures of Tragedy." American Philosophical Quarterly 20 (1983): 95–104.

Hume, David. "Essay 12: Of Tragedy." In Essays Moral, Political, and Literary. 1742–1754.

Morreall, John. "Enjoying Negative Emotions in Fictions." Philosophy and Literature 9 (1985): 95–102.

Smuts, Aaron. "Art and Negative Affect." Philosophy Compass 4, no. 1 (2009): 39–55.

———. "The Paradox of Painful Art." Journal of Aesthetic Education 41, no. 3 (2007): 59–77.

Szpiro, George G. Risk, Choice, and Uncertainty: Three Centuries of Economic Decision-Making, 37–39. New York: Columbia University Press, 2020.

13 Carroll, Noël. "The Paradox of Junk Fiction." Philosophy and Literature 18, no. 2 (1994): 225–41.

———. The Philosophy of Horror or Paradoxes of the Heart, 63–79, 87. New York: Routledge, 1990.

Radford, Colin, and Michael Weston. "How Can We Be Moved by the Fate of Anna Karenina?" Proceedings of the Aristotelian Society 49 (1975): 67–93.

15 MacIver, A. M. "Report on Analysis 'Problem' no. 8." Analysis 1, no. 2 (1956): 25–32.

Makinson, D. C. "The Paradox of the Preface." Analysis 25, no. 6 (1965): 205–207.

Williams, John N. "The Preface Paradox Dissolved." Theoria 53, nos. 2–3(1987): 121–40.

18 Romero, Gustavo E. "The Collapse of Supertasks." Foundations of Science 19, no. 2 (2014): 209–16.

Thomson, J. F. "Tasks and Super-Tasks." Analysis 15, no. 1 (1954): 1–13. "Thomson's Lamp and the Possibility of Supertasks." Stack Exchange (Mathematics), July 17, 2013. https://math.stackexchange.com/questions/445817/thomsons-lamp-and-the-possibility-of-supertasks/1683079#1683079.

20 Euler, Leonhard. "Remarques sur un beau rapport entre les séries des puissances tant directes que réciproques." Euler Archive—All Works, September 25, 2018 (originally published 1768). https://scholarlycommons.pacific.edu/cgi/viewcontent.cgi?article=1351&context=euler-works.

Grandi, Luigi Guido. "Quadratura circuli, et hyperbolae per infinitas hyper- bolas, & parabolas quadrabiles geometricè exhibita, & demonstrate," 30. Internet Archive, June 3, 2016 (originally published 1710). https://archive.org/details/bub_gb_44IhsrpdFAAC/page/n57/mode/2up.

21 Kelvin, Lord William. "On Ether and Gravitational Matter Through Infinite Space." Scientific American, September 12, 1903.
22 Einstein, Albert. "Die Ursache der Mäanderbildung der Flußläufe und des sogenannten Baerschen Gesetzes." Die Naturwissenschaften 14 (1926): 223–24.
23 Hong, Daniel C. "The Reverse Brazil Nut Problem: Competition Between Percolation and Condensation." Physical Review Letters 86, no. 15 (2001): 3423–26.

Missel, Andrew. "The Brazil Nut and Reverse Brazil Nut Effects." Nigel Goldenfeld's Group, December 13, 2005. http://guava.physics.uiuc.edu/~nigel/courses/563/Essays_2005/PDF/missel.pdf.

Trevithick, C. C., M. M. Chartrand, J. Wahlman, F. Rahman, M. Hirst, and J. R. Trevithick. "Shaken, Not Stirred: Bioanalytical Study of the Antioxidant Activities of Martinis." British Medical Journal 319 (1999): 1600–1602.

24 Mpemba, E. B., and D. G. Osborne. "Cool?" Physics Education 4, no. 3 (1969): 172–75.
25 Mach, Ernst. Die Mechanik in ihrer Entwickelung. Leipzig: F. A. Brockhaus, 1883.
26 Herbranson, Walter, and Julia Schroeder. "Are Birds Smarter Than Mathematicians? Pigeons (Columba livia) Perform Optimally on a Version of the Monty Hall Dilemma." Journal of Computational Psychology 124, no. 1 (2010): 1–13.
29 Bar Hillel, Maya, and Ruma Falk. "Some Teasers Concerning Conditional Probabilities." Cognition 11 (1982): 109–22.
30 Jeffreys, Harold. Theory of Probability. Oxford: Clarendon, 1939. Lindley, D. V. "A Problem in Forensic Science." Biometrika 64, no. 2 (1977): 207–13.

———. "A Statistical Paradox." Biometrika 44, nos. 1–2 (1957): 187–92.

33 Fitch, Frederick B. "A Logical Analysis of Some Value Concepts." Journal of Symbolic Logic 28, no. 2 (1963): 135–42.

Szpiro, George. G. Poincaré's Prize: The Hundred-Year Quest to Solve One of Math's Greatest Puzzles. New York: Dutton, 2007.

34 MacFarquhar, Larissa. "How to Be Good: An Oxford Philosopher Thinks He Can Distill All Morality Into a Formula. Is He Right?" New Yorker, September 1, 2011.

Parfit, Derek. Reasons and Persons, viii. Oxford: Oxford University Press, 1986.

35 Kripke, Saul A. Wittgenstein on Rules and Private Language. Cambridge, MA: Harvard University Press, 1982.
38 Szpiro, George G. Kepler's Conjecture: How Some of the Greatest Minds in History Helped Solve One of the Oldest Math Problems in the World. Hoboken, NJ: Wiley, 2003.
40 Good, I. J. "The White Shoe Is a Red Herring." British Journal for the Philosophy of Science 17, no. 4 (1967): 322.

Hempel, Carl G. "Studies in the Logic of Confirmation (I)." Mind 54, no. 213 (1945): 1–26.

———. "Studies in the Logic of Confirmation (II)." Mind 54, no. 214 (1945): 97–121.

41 Arnold, Mark Paul. "Revealing the Name." PhD diss., University of Gloucestershire, 2015.

43	Weber, Max. "Die protestantische Ethik und der Geist des Kapitalismus." Archiv für Sozialwissenschaft und Sozialpolitik 20, no. 1 (1904): 1–54, and 21, no. 1 (1905): 1–110.
45	"Florentin Smarandache." Wikipedia. Accessed June 13, 2023. https://de.wikipedia.org/wiki/Florentin_Smarandache.
46	Epstein, Richard A. "Blackmail, Inc." University of Chicago Law Review 50, no. 2 (1983): 553.
	Lindgren, James. "Unraveling the Paradox of Blackmail." Columbia Law Review 84, no. 3 (1984): 670.
	Robinson, Paul H., Michael T. Cahill, and Daniel M. Bartels. "Competing Theories of Blackmail: An Empirical Research Critique of Criminal Law Theory." Texas Law Review 89 (2010): 291–352.
47	Thompson, William C., and Edward L. Schumann. "Interpretation of Statistical Evidence in Criminal Trials: The Prosecutor's Fallacy and the Defense Attorney's Fallacy." Law and Human Behavior 11, no. 3 (1987): 167–87.
48	Palko v. Connecticut, 302 U.S. 319, 325, 58 S. Ct. 149, 152, 82 L. Ed. 288, 292 (1937).
49	Harel, Alon, and Ariel Porat. "Criminal Responsibility for Unspecified Offenses." Minnesota Law Review (2009).
50	Porat, Ariel, and Eric A. Posner. "Aggregation and Law." Yale Law Journal 122, no. 2 (2012).
	Stein, Alex. "Of Two Wrongs That Make a Right: Two Paradoxes of the Evidence Law and Their Combined Economic Justification." Texas Law Review 79 (2001): 1199.
51	Szpiro, George G. 2020. Risk, Choice, and Uncertainty: Three Centuries of Economic Decision-Making. New York: Columbia University Press, 2020.
53	Sen, Amartya. "The Impossibility of a Paretian Liberal." Journal of Political Economy 78, no. 1 (1970): 152–57.
54	Marx, Karl. "Economic Manuscripts." 1861–1863.
56	For more on the Marquis de Condorcet, a truly fascinating personality, see Szpiro, George G. Numbers Rule: The Vexing Mathematics of Democracy. Princeton, NJ: Princeton University Press, 2010.
57	For more on the Huntington-Hill method of allocating seats, see Szpiro, George G. Numbers Rule: The Vexing Mathematics of Democracy. Princeton, NJ: Princeton University Press, 2010.
59	Stephanopoulos, Nicholas O., and Eric M. McGhee. "Partisan Gerrymandering and the Efficiency Gap." University of Chicago Law Review 82, no. 2 (2015).
60	Wollheim, Richard. "A Paradox in the Theory of Democracy." In Philosophy, Politics and Society (Second Series): A Collection, ed. Peter Laslett and W. G. Runciman, 71–87. Oxford: Blackwell, 1962.

보이는 모든 것을 의심하라
상식과 통념을 부수는 60개의 역설들

초판 1쇄 발행 2025년 4월 15일

지은이 조지 G. 슈피로
옮긴이 이혜경
펴낸이 조미현

책임편집 박다정
디자인 [★]규
마케팅 이예원, 공태희
제작 이현

펴낸곳 (주)현암사
등록 1951년 12월 24일 (제 10-126호)
주소 04029 서울시 마포구 동교로12안길 35
전화 02-365-5051
팩스 02-313-2729
전자우편 editor@hyeonamsa.com
홈페이지 www.hyeonamsa.com

ISBN 978-89-323-2417-3 (03170)

- 책값은 뒤표지에 있습니다. 잘못된 책은 바꾸어 드립니다.